Publications de la

# Dotation Carnegie pour la Paix Internationale

Section d'Économie et d'Histoire

(33)

# HISTOIRE ÉCONOMIQUE & SOCIALE DE LA GUERRE MONDIALE

## Série Française

DIRECTEUR

### James T. SHOTWELL

Professeur d'Histoire à l'Université Columbia (U. S. A.)


AVEC LA COLLABORATION DU

## COMITÉ FRANÇAIS

CHARLES GIDE, Professeur au Collège de France (*Président*).

ARTHUR FONTAINE, Président du Conseil d'Administration du Bureau International du Travail.

HENRI HAUSER, Professeur à la Sorbonne et au Conservatoire national des Arts et Métiers.

CHARLES RIST, Professeur à la Faculté de Droit.

---

*(Voir à la fin de ce volume la composition des Comités étrangers et la liste des monographies se rapportant à chaque pays).*

# LES
# FINANCES DE GUERRE
# DE LA FRANCE

PAR

**Henri TRUCHY**
Professeur d'économie politique à la Faculté de Droit
de l'Université de Paris, Membre de l'Institut.

PUBLICATIONS DE LA DOTATION CARNEGIE
POUR LA PAIX INTERNATIONALE
*LES PRESSES UNIVERSITAIRES DE FRANCE, PARIS*
*YALE UNIVERSITY PRESS, NEW-HAVEN, U.S.A.*

# PRÉFACE

A l'automne de 1914, quand l'étude scientifique des répercussions de la guerre sur la vie moderne passa tout à coup du domaine de la théorie dans celui de l'histoire, la Division d'Économie et d'Histoire de la Dotation Carnegie se proposa d'adapter son programme de recherches aux problèmes nouveaux que la guerre allait susciter ou, si l'on préfère, aux problèmes anciens qu'elle allait transformer.

Le programme existant, tel qu'il avait été rédigé dans la conférence des économistes tenue à Berne en 1911 et qui traitait des questions alors actuelles, avait déjà donné lieu à des travaux de haute valeur, mais pour bien des raisons il ne pouvait plus être maintenu tel quel. Un nouveau plan fut donc tracé, à la demande du Directeur de la Division. Il avait pour but de mesurer, par une vaste enquête historique, le coût économique de la guerre et les perturbations qu'elle causerait dans la marche de la civilisation. Il y avait lieu de penser qu'en confiant une telle entreprise à des hommes compétents et d'esprit pondéré, et en la menant selon la méthode vraiment scientifique, elle pourrait finalement fournir au public les éléments nécessaires pour se former une opinion éclairée — et servir par là les intentions d'une Fondation consacrée à la cause de la Paix internationale.

Le besoin d'une telle analyse, conçue et exécutée dans le véritable esprit de la recherche historique, s'est fait de plus en plus sentir au fur et à mesure que la guerre s'est développée, déclanchant toute la multiplicité des forces nationales — non seulement celles qui visaient à la destruction, mais aussi celles qui aboutissaient à la création de nouvelles énergies productives. L'apparition de ces formes nouvelles d'activité économique qui, en temps de paix, se seraient traduites par un accroissement de richesse sociale et qui ont donné parfois l'illusion d'une prospérité grandissante — et, d'autre part, le spectacle de l'incroyable endurance dont firent preuve toutes les nations belligérantes pour supporter des pertes sans cesse accrues — ont rendu nécessaire de soumettre à un examen plus approfondi tout le domaine de l'économie de guerre.

Une double obligation s'imposa donc à la Division d'Économie et d'Histoire. Elle dut prendre pour règle de concentrer son travail sur les problèmes ainsi posés et de les étudier dans leur ensemble ; en d'autres termes, de leur appliquer les critériums et les disciplines de la méthode historique. En raison même de ce que la guerre, prise dans son ensemble, constituait un seul fait, quoique se répercutant par des voies indirectes jusqu'aux régions les plus reculées du globe, l'étude de la guerre devait se développer sur un plan unique, embrassant tous ses aspects à la fois et pourtant ne négligeant aucune des données accessibles.

Aussi longtemps que la guerre a duré, on ne pouvait songer à l'exécution d'un tel programme. On pouvait tenter des études occasionnelles et partielles (quelques-unes ont été publiées sous la direction de la Division Économique), mais il était impossible d'entreprendre une histoire générale — et cela pour des raisons évidentes. D'abord toute étude autorisée sur les ressources des belligérants aurait influencé directement la conduite des armées. Aussi les gouvernements avaient-ils grand soin de soustraire à toute enquête les données de la vie économique, même celles auxquelles, en temps normal, le public a accès. En dehors même de cette difficulté, les collaborateurs qui eussent été qualifiés pour ces études étaient pour la plupart mobilisés et par conséquent hors d'état de se livrer à de pareilles recherches. Le plan d'une histoire de la guerre fut donc ajourné jusqu'au moment où les circonstances rendraient possibles dans chaque nation non seulement la communication des documents, mais la collaboration des spécialistes, économistes, historiens, hommes d'affaires ; et où leur coopération à ce travail collectif ne pourrait plus donner lieu à des malentendus, ni quant à ses buts, ni quant à son contenu.

Dès la guerre finie, la Dotation reprit son plan primitif. Il se trouva qu'il s'adaptait assez bien, sauf quelques légères modifications, à la situation nouvelle. Le travail commença dans l'été et l'automne de 1919. Une première conférence des économistes composant le Conseil consultatif (*Advisory Board of Economists*), fut convoquée à Paris par la Division d'Économie et d'Histoire. Elle se borna à tracer un programme de courtes études préliminaires ayant trait aux principaux aspects de la guerre. Comme le caractère purement préliminaire de ces études fut encore accentué par le fait qu'elles portaient plus spécialement sur les problèmes urgents de l'Europe à ce moment, on décida de ne pas en faire des fragments de l'histoire générale mais d'y voir simplement des essais d'intérêt immédiat pour la période de l'après-guerre. Visiblement la conférence ne pouvait établir *à priori* aucun programme d'ensemble ; il fallait créer un instrument plus spécialisé que celui qui existait, si l'on voulait entreprendre l'histoire économique et sociale de la guerre. Pour cela il fallait une enquête menée d'abord par une organisation nationale et ne faisant appel que subsidiairement à une coopération internationale. Aussi longtemps que les faits relatifs à l'histoire de chaque nation ne seraient pas parfaitement connus, il serait vain de procéder à des analyses comparatives et l'histoire de chaque pays constituerait elle-même un inextricable labyrinthe. On décida donc de dissoudre l'ancien Comité européen de recherches et de le remplacer par un Comité de direction (*Editorial Board*) dans chacun des principaux pays (ou par un seul directeur dans les petits pays). La tâche de ces Comités devait se concentrer, au moins pour l'instant, sur l'histoire économique et sociale de leur pays respectif.

La première démarche du Directeur général fut de choisir les membres de ces Comités de Direction dans chaque pays. Si le plan de la Dotation avait besoin d'une justification, il suffirait de montrer les listes des noms de tous ceux qui, hommes de science ou hommes d'État, ont accepté la responsabilité de ces publications. Cette responsabilité est assez lourde, car elle implique l'adaptation du plan général aux conditions spéciales de chaque pays et à ses habitudes de travail. Le degré de réussite de l'entreprise dépendra du zèle avec lequel les collaborateurs de chaque nation accepteront d'y coopérer.

Une fois constitués les Comités de direction, un premier pas s'imposait pour la mise en train de notre histoire. Pas d'histoire sans documents. Avant tout il fallait rendre accessibles pour les recherches, dans la mesure compatible avec les intérêts de l'État, tous les documents de quelque importance relatifs à la guerre, locaux ou nationaux. Mais la constitution des archives est une lourde tâche qui appartient de droit aux Gouvernements et autres détenteurs de ces documents historiques, non aux historiens ou économistes qui se proposent de les utiliser. C'est une obligation incombant aux propriétaires qui les détiennent pour le compte du public. Les collaborateurs qui se sont chargés de cette partie de l'Histoire de la Guerre ne pouvaient que se borner à un rôle d'enquêteurs, et en acceptant la situation telle qu'elle était, résumer leurs découvertes sous forme de guides ou de manuels bibliographiques ; et peut-être aussi, en procédant à une comparaison des méthodes employées, contribuer à faire adopter celles trouvées les plus pratiques. Tel a été dans chaque pays le point de départ de nos travaux, quoiqu'on n'ait pas dans chaque cas rédigé sur ce point de monographie spéciale.

Pendant quelque temps il sembla qu'on ne pouvait dépasser cette première étape du travail limitée à la mise à jour de documents. Et si notre plan avait comporté le dépouillement des seuls documents officiels, on n'aurait guère pu aller au delà, car une fois certains documents catalogués comme « secrets », il y a peu de gouvernements assez courageux pour oser briser les scellés. Par suite, des mines de matériaux indispensables à l'historien lui restent inaccessibles, quoique leur publication ne puisse présenter bien souvent aucun inconvénient. Tant que l'état d'esprit né de la guerre pesait ainsi sur nos recherches et risquait de les entraver pendant bien des années encore, il fallait découvrir quelque autre solution.

Heureusement cette solution a pu se trouver grâce aux souvenirs et aux impressions personnels, appuyés d'ailleurs sur des documents dignes de foi, de ceux qui au cours de la guerre ont participé à la direction des affaires ou qui, simples observateurs, mais favorablement placés, ont pu recueillir de première ou de seconde main une connaissance précise de certaines phases de la guerre et de leurs conséquences sociales. C'est ainsi qu'a pu être établi le plan d'une série de monographies historiques ou descriptives où les faits seront exposés, non à titre officiel, mais néanmoins de source aurorisée, monographies qui se classent à mi-chemin entre le type des mémoires personnels et celui des rapports officiels. Ces monographies constituent le principal de notre œuvre. Elles ne sont pas limitées aux faits de guerre ni même à ses suites immédiates, car l'histoire de la guerre se prolongera longtemps après que celle-ci aura pris fin. Elles doivent embrasser aussi la période de « déflation » au moins assez pour permettre de se faire, sur les perturbations économiques dues à la guerre, un jugement plus sûr que ne le permettrait le seul examen des faits immédiatement contemporains.

Avec cette nouvelle phase du travail, la tâche des directeurs a pris un nouveau caractère. Le plan des monographies a dû être compris en raison des collaborateurs disponibles plutôt qu'en raison des matériaux existant comme c'est le cas dans la plupart des histoires, car les sources étaient aux mains des collaborateurs eux-mêmes. Ceci, à son tour, impliquait une nouvelle attitude à prendre en face du double idéal d'exactitude et d'objectivité auquel doit toujours tendre l'historien. Pour permettre à chaque collaborateur de donner toute sa mesure, il fallait éviter de l'enfermer dans le cadre d'un programme trop rigide : il fallait prévoir que les mêmes faits seraient présentés sur des plans différents et vus sous des angles variés, et que des événements y seraient compris qui ne rentrent pas strictement dans les limites de l'histoire. Il ne fallait même pas vouloir obtenir partout une stricte objectivité. On ne pouvait empêcher une certaine partialité, née des nécessités de la controverse et de la défense. Mais cette partialité même est dans bien des cas une partie intégrante de l'histoire, les appréciations des faits par les contemporains étant aussi instructives que les faits mêmes sur lesquels elles portent. D'ailleurs le plan, dans son ensemble, est établi de façon que les monographies d'un même pays se contrôlent mutuelle-ment ; là où ce ne serait pas le cas, nul doute que d'autres ouvrages parallèles, publiés dans les autres pays, ne puissent servir de correctif.

Outre ces monographies destinées à utiliser les sources, d'autres études sont en préparation ayant un caractère technique et limité, et portant sur des points précis d'histoire ou de statistique. Ces monographies ont, elles aussi, le caractère de travaux de première main, car elles enregistent des faits recueillis assez près de leur source pour permettre des vérifications qui deviendraient impossibles plus tard. Mais d'autre part elles constituent aussi des applications de la méthode constructive par laquelle l'historien passe de l'analyse à la synthèse. Mais il s'agit d'une tâche difficile et longue et qui commence à peine.

On pourrait dire, pour caractériser les premières phases d'une histoire comme celle-ci, que l'on n'en est encore, suivant l'expression américaine, qu'à la « cueillette du coton ». Les fils emmêlés des événements restent à tisser pour fabriquer l'étoffe de l'histoire. Dans un travail constructif et créateur comme celui-ci on peut être obligé de changer de plan et d'organisation.

Dans une entreprise qui implique une coopération aussi complexe et aussi variée, il est impossible d'établir, autrement que d'une façon très générale, la part de responsabilité des directeurs et des auteurs dans la rédaction des monographies. En ce qui concerne le plan de l'Histoire de la Guerre dans son ensemble et son exécution, c'est le Directeur général qui assume la responsabilité ; mais quant aux arrangements de détail et à la répartition des travaux entre les collaborateurs, c'est surtout l'affaire des Comités de direction et d'édition dans chaque pays, qui ont aussi à lire les manuscrits préparés sous leur direction. Néanmoins l'acceptation d'une monographie n'implique nullement l'approbation des opinions et conclusions qui s'y trouvent formulées. La Direction borne son rôle à s'assurer de la valeur scientifique des travaux, et à vérifier s'ils rentrent bien dans le cadre du plan adopté, mais les auteurs auront naturellement toute liberté de traiter les sujets à leur gré. De même aussi la Dotation, par le fait qu'elle autorise la publication de monographies, ne doit pas être considérée comme donnant son approbation aux conclusions qui s'y trouveront formulées.

C'est devant l'histoire seulement que la Dotation sera responsable : d'où résulte pour elle l'obligation de réunir et de présenter tous les faits et tous les points de vue aussi complètement et aussi exactement que possible, sans chercher à en éliminer aucun dès qu'ils sont essentiels à l'intelligence générale de la guerre.

*<br>* *

La série française comprend un grand nombre de volumes, dans lesquels la guerre est étudiée dans ses rapports avec les divers aspects de l'économie nationale : la guerre et l'industrie française, la guerre et le commerce, la guerre et les transports, la guerre et le travail, etc... Pour ce qui est des finances, quatre volumes y sont consacrés, dont deux traitent du coût de la guerre : *Les Dépenses de guerre de la France*, par M. G. JÈZE, et *Le Coût de la guerre pour la France*, par M. Ch. GIDE. Des deux autres, l'un, écrit par M. AUPETIT, est consacré à l'étude du marché monétaire et financier français pendant la guerre ; l'autre, c'est celui-ci, a pour objet l'étude des diverses ressources : emprunts, impôts, émissions de billets, dont l'État français s'est servi pour couvrir les dépenses de guerre. L'ensemble de ces **quatre** volumes permettra d'embrasser les divers aspects financiers de la guerre.

James T. SHOTWELL.

# INTRODUCTION



Les données du problème des finances de guerre en France

Le problème qui consiste, pour un pays engagé dans une grande guerre, à réunir des ressources adéquates aux dépenses, est toujours difficile à résoudre. Dans les termes où il s'est posé pour la France, dans la guerre de 1914, il était d'une solution particulièrement malaisée, et cela pour deux séries de raisons, les unes antérieures à la guerre, les autres nées de la guerre même.

Pour ce qui est d'abord des raisons antérieures à la guerre, ce sont les suivantes :

*a*) La gestion des finances publiques, depuis les dernières années du XIX\ :sup:`e` siècle, n'avait pas été bonne ; elle témoignait d'un assez grand relâchement des mœurs politiques. Les budgets étaient presque toujours votés en retard et, assez souvent, ils étaient votés en déficit, l'équilibre n'étant assuré que par l'autorisation donnée au ministre des Finances d'émettre des obligations à court terme pour le montant de l'insuffisance prévue. Des comptes spéciaux rompaient l'unité budgétaire et, en fractionnant les dépenses, en dissimulaient le total. La nécessité d'un effort fiscal était évidente dans les années qui ont précédé la guerre, mais cet effort était ajourné d'année en année. On admettait, lors du vote du budget de 1914, qu'il eût dû être de l'ordre de grandeur de 500 à 600.000.000 de francs. Toutefois, le mal résultant d'une gestion financière relâchée n'était pas encore très grave. La France traversait une période de vif essor économique ; la richesse nationale croissait rapidement et l'effort à faire pour mettre les budgets en solide équilibre eût été modique eu égard aux ressources du pays.

*b*) Ce qui était plus grave, c'était la grandeur de la dette publique. Au 1\ :sup:`er` janvier 1914, la dette totale de l'État français s'élevait à un peu plus de 33.000.000.000 de francs ; c'était une des plus lourdes dettes d'État qu'il y eût alors. Il n'avait pas été fait, depuis la guerre de 1870, sauf dans les premières années qui ont suivi, d'effort sérieux pour amortir la dette publique ; elle était, en 1914, plus lourde qu'en 1876, date à laquelle les conséquences financières de la guerre de 1870 se faisaient pleinement sentir, et il était paradoxal que, dans cette longue période de paix, la dette se fût accrue au lieu d'avoir diminué.

*c*) Notre système d'impôts directs était en période de transformation. Des discussions poursuivies depuis plus de vingt ans avaient ébranlé le système des impôts directs issu de la Révolution et dont les principes essentiels n'avaient pas changé depuis lors : impôts réels, assis de préférence sur les signes extérieurs du revenu ; impôts forfaitaires qui tendaient moins à suivre avec exactitude les mouvements de la matière imposable qu'à épargner au contribuable des contacts trop étroits avec les administrations fiscales ; impôts, à tout prendre, d'un bon rendement, surtout si l'on tient compte du fait qu'ils pourvoyaient aussi aux besoins des départements et des communes, mais qui n'étaient pas faits pour s'adapter avec beaucoup de précision aux facultés contributives de chacun. Ce vieux système d'impôts avait été critiqué, depuis longtemps, avec véhémence. A la veille de la guerre, la loi du 15 juillet 1914 venait de lui porter le premier et décisif coup, en instituant un impôt général sur le revenu, à caractère personnel. Le nouvel impôt ne rencontrait guère d'adhésion parmi ceux qui devaient le payer ; il heurtait violemment des préjugés, des répugnances, des habitudes ; il ne pouvait d'ailleurs fonctionner qu'au prix d'une modification sérieuse des méthodes administratives jusque là en usage. Le gouvernement français se trouvait donc, au moment où la guerre a éclaté, entre deux selles, pour ce qui est des impôts directs : entre un système ancien qu'il avait discrédité de tout son pouvoir et auquel il venait de porter le premier coup, et un système nouveau pour l'application duquel ni le contribuable ni l'administration n'étaient prêts. La conséquence a été qu'on n'a rien pu tirer des impôts directs, comme accroissement de rendement, pendant la durée de la guerre.

A ces difficultés du problème antérieures à la guerre, la situation dans laquelle la guerre a placé la France en a ajouté d'autres qui étaient beaucoup plus graves :

*a*) La mobilisation a eu en France un caractère extrêmement rigoureux. Si l'on ajoute aux services combattants les services auxiliaires et les services de l'arrière, près de huit millions d'hommes ont été mobilisés, soit plus de 20 pour 100 de la population. C'est une proportion de mobilisés supérieure à celle de tous les autres belligérants, la Serbie exceptée. En outre, cette mobilisation a été faite, au début, sans un souci suffisant de laisser en place les hommes qui étaient indispensables au maintien de la vie économique nationale. On a pris tout le monde, d'abord parce que le préjugé démocratique de l'égalité paraissait l'exiger.

et aussi parce que la croyance générale, parmi les civils et parmi les militaires, était que la guerre serait courte ; une fois la guerre finie, en quelques semaines ou tout au plus en quelques mois, la vie économique reprendrait son cours. Cette mobilisation générale faite sans discernement a eu pour conséquence la désorganisation de la vie économique.

*b)* La désorganisation de la vie économique a été beaucoup aggravée par l'invasion. Ce n'est qu'une partie relativement petite du territoire français qui a été couverte par l'invasion. Mais la richesse de ce territoire, richesse agricole et richesse industrielle, était bien plus que proportionnelle à son étendue. Pour apprécier la place qu'il tenait dans l'économie nationale, il suffira de se souvenir que la France s'est trouvée privée de 64 pour 100 de sa production de fonte, de 62 pour 100 de sa production d'acier, que sur 170 hauts fourneaux fonctionnant lors de la déclaration de guerre, 85 tombèrent aux mains de l'ennemi, 48 fours Martin sur 164 et 53 convertisseurs sur 100. De 41.000.000 de tonnes avant la guerre, la production française de houille tomba à moins de 20.000.000 de tonnes en 1915, et de près de 22.000.000 de tonnes la production du minerai de fer tomba à 620.000 tonnes. Pour que la France survécût à cette ablation effroyable pratiquée, aux première semaines, dans sa capacité de production, il a fallu la fertilité de son génie improvisateur ; mais, comme la faculté contributive d'un pays n'est que le reflet de sa puissance productive, il n'est pas surprenant que le problème des finances de guerre ait été chez nous bien plus compliqué qu'ailleurs.

*c)* Une cause supplémentaire de désorganisation économique est venue s'ajouter à la mobilisation et à l'invasion. Des moratoires mal étudiés, trop larges et trop prolongés, ont jeté le trouble dans les affaires de crédit et sur le marché financier, et démoralisé les milieux commerciaux. Les pouvoirs publics n'avaient pas du tout envisagé les problèmes de cet ordre que la guerre allait faire naître et ils se sont trouvés désemparés lorsque ces problèmes ont surgi.

*
* *

Posé dans ces conditions difficiles, le problème des finances de guerre a été, par surcroît, d'un ordre de grandeur qui a dépassé toutes les prévisions.

Les budgets français des dernières années d'avant la guerre étaient de l'ordre de grandeur de 5.000.000.000 de francs, avec une rapide croissance des dépenses. Pour 1914, le budget voté était de 5.192.000.000 de francs, mais il y avait des comptes spéciaux du Trésor et des dépenses hors budget qui venaient s'y ajouter. En fait, sans la guerre, on serait arrivé assez vite à des budgets de 6.000.000.000 de francs

Les gens compétents estimaient qu'une grande guerre pourrait bien coûter de 15 à 20.000.000.000 de francs. On était très loin de compte, car les dépenses auxquelles le trésor français a dû pourvoir, dans la période qui va du 4 août 1914 à la fin de 1919, se sont élevées à plus de 200.000.000.000 de francs (1). Les dimensions de cette guerre, au point de vue financier comme au point de vue militaire, ont dépassé tout ce qu'on avait pu, auparavant, imaginer. Or, dans la même période, les dépenses du temps de paix, si on les calcule sur le pied de 5 à 6.000.000.000 de francs par année, auraient été de l'ordre d'une trentaine de milliards. Le seul rapprochement des deux chiffres fait apparaître la grandeur du problème financier que la guerre a posé devant la France. Il ne s'agit pas, en donnant ces chiffres, de prétendre indiquer avec une rigoureuse précision ce qu'ont été les dépenses de guerre ; la notion même de dépenses de guerre est assez incertaine et donne lieu à des controverses. Mais l'écart entre la somme vraisemblable des dépenses du temps de paix et la somme des dépenses du temps de guerre, s'il ne représente la dépense du fait de la guerre que par une approximation assez grossière, fournit cependant une indication suffisante pour l'objet qu'on se propose ici.

Une remarque importante, toutefois, doit être faite, sur laquelle on aura l'occasion de revenir. Pour la plupart des autres belligérants la guerre, au point de vue financier, a été terminée à la fin de 1918 en fait, au milieu ou à la fin de 1919 si l'on considère la date officielle du rétablissement de la paix. Pour la France, il n'en a pas été de même. Son territoire a été le principal champ de bataille et des ruines immenses y ont été accumulées, soit du fait même des opérations, soit par la volonté de nuire qui animait l'adversaire. Il en résulte que la cessation de la guerre ne lui a pas procuré de soulagement financier immédiat. A côté de son budget ordinaire, nécessairement très grossi par la charge des dettes de guerre, et par le changement de valeur du signe monétaire, elle a eu un budget dit des dépenses recouvrables où ont été inscrites les sommes consacrées à la reconstitution des régions dévastées et au paiement des pensions, c'est-à-dire les sommes mises par le Traité de paix à la charge de l'Allemagne, mais dont l'Allemagne ne s'acquittait pas (2). Les dépenses totales, budget ordinaire et budget des dépenses recouvrables, auxquelles le trésor est ainsi obligé de pourvoir chaque année, depuis la fin de la guerre, ont été au début, de l'ordre de 40 à 50.000.000.000 de francs, donc tout à fait comparables à celles des dernières années de

---

(1) Les hostilités ont pris fin en novembre 1918, mais les armées sont restées sur le pied de guerre une partie de l'année 1919, et cette dernière année est lourde de dépenses qui sont la suite immédiate de la guerre. Nous comprendrons donc l'année 1919 dans le cadre de cette étude.

(2) Le budget de dépenses recouvrables a été incorporé au budget général pour 1925.

guerre. Les choses se sont passées pour la France, au point de vue financier, comme si la guerre n'était pas terminée. Il en sera ainsi tant que la reconstitution des régions dévastées ne sera pas complètement achevée.

***

Dans les conditions où le problème de la couverture des dépenses de guerre s'est posé devant la France, il est évident que les ressources normales, constituées principalement par l'impôt, ne pouvaient pas, et de loin, être considérées comme susceptibles d'un accroissement assez grand et rapide pour faire face aux dépenses. C'est une question bien souvent débattue que celle de savoir si c'est à l'impôt ou à l'emprunt qu'il vaut mieux, en cas de guerre, avoir recours. Question d'ailleurs qui dépend si étroitement des circonstances qu'il est impossible d'y donner une solution de doctrine. Il n'est pas douteux que le recours à l'impôt vaut mieux, dans la mesure où ce recours est possible et n'implique pas une menace pour la capacité de production du pays. Mais c'est précisément cette mesure qui est la question délicate à résoudre, et il est clair que c'est une question de fait, dont les termes et la solution varient avec chaque pays et chaque guerre. Il est arrivé dans la dernière guerre que les dépenses étaient si grandes qu'aucun des belligérants n'a pu éviter le recours à l'emprunt dans une proportion très forte. Même la Grande-Bretagne et même les États-Unis, ceux-ci cependant qui avaient tiré de la guerre, jusqu'au moment où ils y sont entrés, d'énormes profits, n'ont couvert par l'impôt que la plus faible partie de leurs dépenses.

Le cas de la France était particulièrement défavorable, parce qu'elle a servi de champ de bataille, qu'elle a dû faire dès le début de la guerre un prodigieux effort et que cet effort et l'invasion d'une des parties les plus riches de son territoire ont désorganisé sa vie économique. La somme totale des revenus privés en France était estimée, avant la guerre, aux environs de 35 à 36.000.000.000 de francs. Or, dès 1915, la dépense totale s'est élevée à 22.800.000.000 de francs, soit à peu près 64 pour 100 du revenu national d'avant la guerre, et en 1916, la dépense s'est élevée à tout près de 33.000.000.000 de francs, soit plus de 90 pour 100 de ce revenu. A partir de 1917, la dépense annuelle est supérieure au revenu d'avant la guerre. Ce revenu, d'ailleurs, était en réalité diminué par la désorganisation de la vie économique ; ce n'est guère qu'à partir de 1917 que la dépréciation du papier-monnaie et la hausse générale des prix ont donné du revenu national une expression monétaire qui en masquait la diminution réelle et qui, au point de vue purement fiscal, en faisait une grandeur égale et bientôt même supérieure à celle d'avant la guerre. Il était donc impossible, au moins dans les deux ou trois premières années de guerre, que l'impôt et les autres ressources normales fournissent plus qu'une très petite part des sommes dont l'État avait besoin. En fait, le rendement des impôts existants a été, jusqu'en 1917, inférieur à celui d'avant la guerre ; ce n'est qu'à partir de 1917 que les plus-values ont commencé à apparaître, tant à cause du rétablissement graduel de l'activité économique que par l'effet des mesures fiscales nouvelles. Jusqu'à la fin de la guerre, la majeure partie, et de beaucoup, des dépenses, a été couverte par le recours à l'emprunt sous des formes variées.

Si l'on fait le total des ressources de toute sorte réalisées par le Trésor français depuis le début de la guerre jusqu'à la fin de l'année 1919. on obtient le tableau suivant :

1º *Recettes budgétaires :*

Millions de francs

*a*) Recettes budgétaires permanentes ................. 32.194
*b*) Recettes budgétaires exceptionnelles (contribution sur les bénéfices de guerre et produit de la liquidation des stocks)..................................... 2.666

Total ................................... 34.860

2º *Ressources d'emprunts* (1) ........................., 175.520

Total général........................... 210.380

Ce tableau fait ressortir la faible proportion des recettes autres que es emprunts dans l'ensemble des moyens financiers appliqués à la couverture des dépenses de guerre. Même en tenant compte des recettes budgétaires exceptionnelles, la proportion n'est que de 16,5 pour 100 ; c'est donc sensiblement plus des quatre cinquièmes des recettes totales qui ont été fournies par l'emprunt sous des formes variées.

* * *

Nous allons maintenant étudier les diverses catégories de recettes auxquelles l'État français a eu recours, et nous les étudierons suivant le plan que voici :

Chapitre I. — *Les ressources normales.*

Chapitre II. — *Appréciation de la politique fiscale de la France pendant la guerre.*

Chapitre III. — *Les avances des Banques d'émission.*

---

(1) Défalcation faite des remboursements nets effectués par la trésorerie et non portés aux dépenses budgétaires.

Chapitre IV. — *Les moyens de trésorerie.*

Chapitre V. — *Les emprunts de consolidation.*

Chapitre VI. — *Les emprunts extérieurs. Leur nécessité. La politique suivie pour limiter les recours aux capitaux étrangers.*

Chapitre VII. — *Les emprunts extérieurs ; les modalités de leur réalisation.*

Chapitre VIII. — *Le mécanisme financier de la guerre.*

CHAPITRE PREMIER

## Les ressources normales

I. — *Les ressources normales avant la guerre ; les rendements à partir d'août 1914*

Les ressources normales ne comprennent pas seulement le produit des impôts, mais aussi les produits des monopoles et exploitations industrielles de l'État, ceux du domaine de l'État et deux catégories de recettes, de nature assez variée, qui s'appellent « produits divers du budget » et « recettes d'ordre ». Le rendement de toutes ces catégories de ressources avait atteint, en 1913, 4.903.000.000 de francs, sur quoi les impôts avaient fourni 3.524.000.000 de francs, et les produits des monopoles, exploitations industrielles et domaine de l'État, 1.097.000.000, soit ensemble 4.621.000.000 de francs, le reste étant fourni par les produits divers du budget et les recettes d'ordre. La croissance des ressources budgétaires normales était d'ailleurs rapide : dix ans auparavant, en 1903, leur total n'atteignait que 3.651.000.000 de francs.

Dès le début de la guerre il y a eu une baisse brusque et profonde des recettes. En prenant comme point de comparaison ce qu'eussent été vraisemblablement les recettes en période normale, on trouve les moins-values suivantes :

Les cinq derniers mois de 1914.................. 38,6 %
Année 1915.................................... 19,0 —
Année 1916.................................... 3,5 —

Au moment donc où l'État avait à faire face à des dépenses énormément accrues, il voyait le niveau de ses recettes baisser d'une façon impressionnante. Baisse de niveau qui s'explique par les faits rappelés dans l'introduction : l'étendue de la mobilisation, l'invasion d'une des régions les plus riches du territoire, le trouble grave subi par l'économie nationale. Ce n'est qu'à partir de 1917 que les recettes budgétaires remontent au niveau qui eût été atteint sans la guerre, et même le dépassent. La plus-value a été de 20,9 pour 100 en 1917, de 33 pour 100 en 1918, de 68,6 pour 100 pour les quatre premiers mois de 1919. Du début de la guerre au 30 avril 1919, il y a une plus-value globale, par rapport à ce qu'eût été le rendement probable en temps de paix, d'environ 8 pour 100. Mais il convient d'observer que cette modeste plus-value globale provient des mesures fiscales qui ont été prises, et qu'à ne tenir compte que des seuls impôts existant antérieurement, il y a, du 1$^{er}$ août 1914 au 30 avril 1919, une perte d'environ 10 pour 100 sur l'ensemble des recettes budgétaires. Cela témoigne assez de la gravité et de la persistance du trouble apporté par la guerre au rendement de la machine fiscale française.

En chiffres absolus, voici quel a été le rendement, par année, des recettes normales, du 1$^{er}$ août 1914 à la fin de 1919 (1) :

| | | |
|---|---|---|
| Août-décembre 1914 | 1.235 | millions de francs |
| 1915 | 4.130 | — |
| 1916 | 4.932 | — |
| 1917 | 5.977 | — |
| 1918 | 6.213 | — |
| 1919 | 9.707 | — |
| Total | 32.194 | millions de francs |

Ce n'est qu'en 1916 que les recettes normales, en chiffres absolus, sont remontées au niveau de 1913 et l'ont même un peu dépassé. Mais, en temps de paix, 1916 aurait, sauf des circonstances tout à fait exceptionnelles, donné plus que 1913. En 1917 seulement les recettes ont été supérieures à ce qu'elles auraient été en temps de paix, parce que l'effet des mesures fiscales déjà prises a commencé à se faire sentir.

II. — *La politique financière du gouvernement français ; son évolution*

Jusqu'au milieu de l'année 1916, la politique financière du gouvernement a été de ne pas proposer d'impôts nouveaux, de faire face aux dépenses de la guerre avec les avances de la Banque de France et les émissions de Bons du Trésor. Dans l'exposé des motifs du projet de loi relatif aux crédits provisoires demandés pour le premier semestre de 1915 (Chambre des députés, annexe au procès-verbal de la séance du 22 décembre 1914, doc. n° 433), le ministre des Finances, M. Ribot, après avoir montré la baisse énorme des recettes budgétaires, la grandeur des

---

(1) Non compris les recettes budgétaires exceptionnelles autres que les emprunts, c'est-à-dire la contribution sur les bénéfices de guerre et la liquidation des stocks.

dépenses et les moyens employés pour y faire face, s'exprimait ainsi :
« Dans la situation actuelle, nous ne vous proposons ni de créer de nouveaux impôts ni de relever les impôts existants. On peut voir, par les chiffres que nous avons donnés, que la rentrée des impôts est difficile. Nous ne devons pas songer à ajouter en ce moment quelque chose aux charges que le pays supporte. Sans doute, certaines régions et dans toutes les parties du pays certaines personnes souffrent moins que d'autres de la crise actuelle, mais des distinctions seraient plus que malaisées à établir et il vaut mieux attendre pour augmenter le poids des impôts que le pays ait été délivré de l'invasion et que la vie économique ait pu reprendre tout son élan. »

On comprend très bien qu'il ait paru impossible, au début de la guerre, d'augmenter le produit des impôts. Outre les raisons valables données par le ministre des Finances dans le document cité ci-dessus, il y avait la désorganisation que la mobilisation avait apportée dans les administrations financières, comme d'ailleurs dans les autres. Il faut ajouter, si l'on veut se représenter exactement l'état des esprits à cette époque, que la croyance à une guerre courte était encore très générale ; tant dans les milieux militaires que dans les milieux politiques même les mieux informés, il n'y avait pour ainsi dire personne qui eût réalisé ce que serait cette guerre. La nécessité de l'effort fiscal ne viendrait, pensait-on, qu'une fois la guerre terminée.

Aussi n'y a-t-il à signaler, dans cette première période de la guerre, que la mise en application de mesures décidées avant qu'elle eût éclaté : à partir du 1er janvier 1915, la mise en application de la loi du 29 mars 1914 relative à la réforme de l'impôt sur les terres ; à partir du 1er janvier 1916, celle de la loi du 15 juillet 1914 instituant l'impôt général sur le revenu. D'ailleurs ni l'une ni l'autre réforme n'apportait de ressources nouvelles à l'État. De l'impôt général sur le revenu il sera traité un peu plus tard. Pour ce qui est de la réforme de l'impôt sur les terres, elle consistait à dégrever l'agriculture et à chercher dans une taxation aggravée des valeurs mobilières la compensation du dégrèvement.

A mesure que la guerre se prolongeait et que les dépenses grandissaient, l'opinion devait se modifier sur l'opportunité d'une politique de fiscalité. Personne évidemment ne pouvait penser que de nouveaux impôts combleraient l'écart entre les dépenses et les recettes budgétaires normales. Cet écart avait été de 7.664.000.000 de francs pour les cinq premiers mois de la guerre et de plus de 19.000.000.000 de francs en 1915. Mais il était impossible de laisser cet écart grandir ainsi sans faire un effort pour accroître les recettes normales ; ne fût-ce que pour le maintien du crédit de la France, cela était indispensable. Ce l'était aussi au point de vue moral ; il fallait que l'effort national s'affirmât vigoureux et résolu dans tous les domaines et qu'il n'y eût pas que les sacrifices des combattants — si toutefois il est permis de comparer sans ridicule et même sans impiété des sacrifices aussi démesurément inégaux que celui du soldat et celui du contribuable. Enfin, de nouvelles richesses se créaient, ou tout au moins de nouvelles apparences de richesses nées de l'émission accrue des signes monétaires. Des usines s'étaient édifiées ou transformées, qui travaillaient pour l'État et réalisaient de gros profits ; les salaires montaient ; dans des milieux étendus de la population il se développait un luxe nouveau, un luxe de guerre, dont le contraste était poignant avec la misère et les privations de certains. Le pays, après le choc formidable du début, s'adaptait à la guerre, reprenait une sorte d'équilibre, et il n'y avait aucun doute qu'il fût possible d'instituer des impôts nouveaux ou d'augmenter le taux des impôts anciens.

Les commissions des finances de la Chambre et du Sénat ont, de bonne heure, poussé le gouvernement dans la voie des créations et relèvement d'impôts. C'est dans le milieu de l'année 1916 que le gouvernement a décidé de changer la politique financière d'expectative qu'il avait jusque là suivie. L'exposé des motifs du projet de loi portant ouverture des crédits provisoires applicables au troisième trimestre de 1916 (Chambre des députés, annexe au procès-verbal de la séance du 18 mai 1916, doc. n° 2.115) s'exprime ainsi sur ce point : « A mesure que la guerre dure, il est indispensable que le pays accepte de faire de plus grands sacrifices. Nous avons pu jusqu'à présent ne pas vous demander d'augmenter les impôts existants, ni de créer des taxes nouvelles. Cette politique qu'on nous a parfois reprochée se justifiait par des raisons solides que nous avons à plusieurs reprises indiquées et sur lesquelles il est inutile de revenir. Mais le temps qui s'écoule, en changeant les termes du problème, nous amène à modifier nos vues. Il arrive un moment où les inconvénients que nous avons signalés doivent être mis en balance avec ceux qui résulteraient d'une attente trop prolongée. Les emprunts que nous sommes obligés de faire pour la Défense nationale entraînent des charges croissantes auxquelles il est sage de pourvoir, même avant la conclusion de la paix, dans la mesure où le permet l'état de la fortune publique et des revenus particuliers. La Commission du budget a insisté sur ce point dans plusieurs de ses rapports avec beaucoup de force et nous ne saurions méconnaître ce qu'il y a de juste dans les considérations qu'elle nous a présentées. Le pays s'est habitué, d'autre part, à la pensée que de nouveaux efforts lui seraient demandés à l'heure où leur nécessité apparaîtrait plus évidente. Enfin, la prolongation même de la guerre et l'obligation qu'elle entraîne de faire au pays le sacrifice d'opinions respectables et d'intérêts particuliers doivent rendre plus facile l'entente entre tous les représentants de la nation. Nous espérons fermement que les discussions auxquelles donneront lieu les propositions que nous avons le devoir de vous soumettre seront animées d'un esprit sincère de conciliation, comme doivent l'être tous les débats des Chambres en temps de guerre et dans un pays en partie occupé par l'ennemi. Ainsi disparaîtra l'une des principales et peut-être la plus forte des raisons qui nous ont fait différer jusqu'à ce jour le dépôt des propositions sur lesquelles vous serez appelés à délibérer. »

Faire face, par le produit de ressources normales, aux charges permanentes qui allaient naître de la guerre, c'est-à-dire au service des dettes, c'est l'idée essentielle du passage que nous venons de citer. Idée qui s'impose avec force et qui ne représente que le sacrifice minimum qu'il y ait lieu de demander à un pays en guerre. Les dépenses successives que la guerre entraîne, on les couvre comme on peut, et en fait, au-delà d'un certain degré d'intensité de la guerre, il est difficile, voire même impossible, de les couvrir par l'impôt. Mais l'intérêt et l'amortissement des emprunts contractés pour les besoins de la guerre, voilà la charge durable que laisse celle-ci, et il faudrait poser comme une règle impérative, qui doit être respectée même au prix des plus grands efforts, la nécessité de couvrir cette charge, au fur et à mesure qu'elle se créée, par des impôts nouveaux.

Le passage cité fait allusion, dans ses dernières phrases, à l'esprit de conciliation qui doit animer l'examen des propositions ministérielles en matière d'impôts. C'est que la lutte se poursuivait entre les partisans de l'ancien système des impôts directs et ceux du nouveau système dont l'édification avait commencé avec la loi du 15 juillet 1914 et avait été interrompue par la guerre. Le programme ministériel du 18 mai 1916 contenait une disposition qui ne fut pas acceptée par le Parlement : c'était le doublement des anciennes contributions directes, à l'exception de la contribution des portes et fenêtres. La mesure ne fut pas acceptée par le Parlement parce qu'elle paraissait consolider des impôts que la réforme fiscale en cours avait pour objet de faire disparaître et qui, effectivement, ont été supprimés par la loi du 31 juillet 1917. Ainsi se manifestait, dès le premier programme fiscal que le gouvernement présentait, la difficulté que nous avons signalée dans l'introduction et qui tenait à ce que la guerre avait surpris la France en plein travail de réfection de son système fiscal.

Le programme fiscal du 18 mai 1916 contenait un ensemble de dispositions dont le rendement était évalué à un peu plus de 900.000.000 de francs. De ces dispositions, les unes n'ont pas été admises par le Parlement ; d'autres ont été insérées dans la loi du 30 juin 1916 portant ouverture des crédits provisoires applicables au troisième trimestre de 1916 ;

d'autres encore, les plus nombreuses, ont fait l'objet d'une élaboration plus longue et n'ont été insérées, plus ou moins gravement modifiées, que dans la loi du 30 décembre 1916 portant ouverture des crédits provisoires applicables au premier trimestre de 1917. Dans cette loi du 30 décembre 1916, il n'y avait pas seulement des dispositions issues du programme du 18 mai, mais d'autres dispositions sorties des initiatives prises par la Commission du budget. En 1916, outre les mesures fiscales comprises dans les deux lois du 30 juin et du 30 décembre, une loi du 1er juillet institua la contribution extraordinaire sur les bénéfices de guerre.

En 1917 et en 1918 l'effort fiscal a continué. Un second programme fiscal fut présenté par le gouvernement le 22 juin 1917 ; mais le ministre qui l'avait présenté ayant quitté le pouvoir, son successeur le retira et le remplaça par un ensemble de dispositions contenues dans le projet de loi portant fixation du budget ordinaire des services civils pour l'exercice 1918 (Chambre des députés, annexe au procès-verbal de la séance du 13 novembre 1917, doc. n° 3.941). Dans ce projet d'ailleurs étaient reprises certaines des dispositions du programme du 22 juin, les unes sans changement, les autres plus ou moins modifiées. En 1919, il n'y a pas eu de programme d'ensemble, mais diverses mesures, notamment le relèvement du prix de vente des allumettes et des tabacs et l'institution de coefficients de majoration appliqués aux droits de douane, ont fourni des ressources importantes.

Le tableau qui suit résume, par l'indication des lois (ou dans certains cas des décrets) portant création ou relèvement d'impôts, et pour chaque loi par l'indication du rendement espéré, en période normale, des mesures prises, l'effort fiscal accompli de 1916 à 1919. Ce tableau ne comprend que les mesures fiscales destinées à durer, à l'exclusion de la contribution extraordinaire sur les bénéfices de guerre, instituée par la loi du 1er juillet 1916, et de la taxe exceptionnelle de guerre, instituée par la loi du 30 décembre 1916, contribution et taxe à caractère temporaire.

Créations ou relèvements d'impots de 1916 a 1919

Rendement évalué (en millions de francs)

1916 :

Loi du 30 juin . . . . . . . . . . . . . . . . . . . . . . . . . . . . . . . . . . .     125
Loi du 30 décembre. . . . . . . . . . . . . . . . . . . . . . . . . . . . . . .     678

    1917 :

Loi du 31 juillet (1). . . . . . . . . . . . . . . . . . . . . . . . . . . . . .     *— 32*

---

(1) Cette loi du 31 juillet 1917 a supprimé les anciennes contributions directes et institué des impôts cédulaires sur les revenus ; elle s'est traduite, au total, par une moins-value de 32.000.000 de francs.

Loi du 29 septembre ...........................          0,3
Décret du 1er octobre..........................          16
Loi du 31 décembre.............................          877

   1918 :

Loi du 17 janvier .............................          170
Loi du 18 avril................................          39
Loi du 29 juin ................................          705

   1919 :

Décret du 26 mai ..............................          15
Loi et décret du 27 mai et décret du 28 mai.......      150
Loi du 14 juin ................................          1
Décret du 8 juillet et décrets postérieurs..........    300
Loi du 29 août.................................          5
Loi du 7 novembre .............................          9
Décret du 23 décembre (1).......................        — 4

L'accroissement de recettes attendu de ces diverses mesures prises
de 1916 à fin 1919, est de l'ordre d'un peu plus de 3.000.000.000 de francs,
l'évaluation étant faite en période normale, non pas en période de guerre
ou de transition. Il faudrait y ajouter, pour être complet, le produit de
la contribution extraordinaire sur les bénéfices de guerre, produit qui
s'est élevé, pour les trois exercices 1917 à 1919, à 1.459.000.000 de francs ;
mais il ne s'agit pas là d'une recette permanente.

L'effort fiscal ainsi accompli est important, surtout si on considère
les circonstances défavorables dans lesquelles il a été fait ; nous aurons
à nous demander s'il aurait pu être plus grand. C'est au cours de l'année
1920, après la période dans laquelle cette étude se renferme, que le premier grand effort a été fait en France pour restaurer l'équilibre budgétaire. Le produit des mesures fiscales prises au cours de l'année 1920
est de l'ordre de plus de 7.500.000.000 de francs ; elles auraient suffi à
rétablir les finances françaises, à peu de chose près, si la carence de
l'Allemagne n'avait pas posé, à côté du problème du budget ordinaire,
le problème bien plus grave du budget des réparations.

Nous allons avoir, dans la suite de ce chapitre, à suivre, dans leurs
grandes lignes, les changements apportés au système fiscal de la France
au cours de la période de la guerre. Nous ne ferons que mentionner
brièvement les impôts exceptionnels, contribution extraordinaire sur
les bénéfices de guerre et taxe militaire ; nous nous arrêterons davantage sur les créations et transformations d'impôts faites à titre durable.

---

(1) Le décret du 23 décembre 1919 porte réduction du droit de douane sur les automobiles, d'où
une moins-value de 4.000.000 de francs.

III. — *La contribution extraordinaire sur les bénéfices exceptionnels ou supplémentaires réalisés pendant la guerre. La taxe exceptionnelle de guerre.*

La contribution extraordinaire sur les bénéfices exceptionnels ou supplémentaires réalisés pendant la guerre a été instituée par la loi du 1er juillet 1916. C'est la première mesure fiscale à laquelle on ait pensé ; dès les premiers mois de 1915 des propositions d'initiative parlementaire étaient faites en ce sens. Lorsque le gouvernement soumit aux Chambres le premier projet d'emprunt en rentes, en novembre 1915, il annonça son intention de demander la création d'un impôt sur les bénéfices de guerre ; le projet relatif à cet impôt fut déposé deux mois après le projet d'emprunt, le 14 janvier 1916 ; il était lié à la demande des crédits nécessaires au paiement des arrérages des nouvelles rentes.

L'idée d'instituer un impôt sur les bénéfices de guerre devait se présenter naturellement à l'esprit des gouvernements et être, non pas seulement accueillie avec faveur, mais véhémentement réclamée par l'opinion publique. Les bénéfices de guerre sont de la nature de la rente au sens où les économistes prennent ce mot ; ils sont fils de la conjoncture. En outre, formés grâce à des circonstances qui sont calamiteuses pour l'ensemble de la nation, nés parmi les deuils, les souffrances, l'appauvrissement, la ruine de beaucoup, ces gains qui vont à quelques-uns sont d'une extrême et ostentatoire immoralité. L'Angleterre a, la première parmi les belligérants, frappé les bénéfices de guerre au moyen de l'*Excess profit Duty* ; tous les belligérants et quelques pays neutres ont institué ce genre d'impôt.

La loi française de 1916 assujettit à l'impôt les bénéfices exceptionnels, c'est-à-dire ceux que certaines personnes ont réalisés par des opérations étrangères à leurs occupations habituelles, et les bénéfices supplémentaires, c'est-à-dire ceux que les industriels et commerçants ont réalisés dans l'exercice normal de leur profession, mais qui ont dépassé, grâce à la guerre, le niveau normal. Les gains des agriculteurs, en tant qu'ils ne vendent que leurs produits, n'ont pas été assujettis à l'impôt ; c'est une des nombreuses et importantes faveurs que les lois fiscales françaises accordent aux exploitants agricoles ; la prospérité paysanne pendant et depuis la guerre a trouvé un solide point d'appui dans cette exemption. Le taux de l'impôt sur les bénéfices de guerre avait été fixé à 50 pour 100 par la loi du 1er juillet 1916 ; une loi du 31 décembre 1917 l'a fait progressif, compris entre 50 pour 100 pour la fraction des bénéfices imposables qui ne dépasse pas 100.000 francs et 80 pour 100 pour tout ce qui est au delà de 500.000 francs.

L'impôt sur les bénéfices de guerre a cessé de s'appliquer aux opérations postérieures au 30 juin 1920. Mais le mécanisme de l'assiette et des recouvrements et les délais accordés pour le paiement font que les gros rendements se placent après la fin des hostilités. Le produit de l'impôt a été : en 1917, de 209.000.000 de francs ; en 1918, de 578.000.000 de francs ; en 1919, de 672.000.000 de francs ; soit 1.459.000.000 de francs pour la période qui nous intéresse. A la date du 31 août 1925, le montant des rôles émis était de 17.688.000.000 de francs, et le produit global de l'impôt paraît devoir être de 18 milliards de francs environ.

La taxe exceptionnelle de guerre a été instituée par la loi du 30 décembre 1916. Elle avait pour objet de frapper d'un supplément d'impôt les Français appartenant à une classe mobilisable et qui, pour une autre cause que des blessures de guerre ou une maladie contractée au service pendant la durée des hostilités, ne servaient pas aux armées. Elle comprenait un droit fixe et un droit proportionnel égal à 25 pour 100 du montant de l'impôt général sur le revenu dû par le contribuable. L'objet de cette taxe était plutôt politique que financier ; on voulait donner satisfaction à l'opinion publique en frappant d'un impôt spécial les Français d'âge militaire qui n'étaient pas aux armées.


IV. — *La transformation des impôts directs. L'impôt général sur le revenu et les impôts cédulaires*

Lorsque la guerre a éclaté, le Parlement venait de voter la loi qui commençait de transformer le système des impôts directs (loi du 15 juillet 1914). La loi du 15 juillet 1914 ne supprimait pas les anciens impôts directs, mais elle instituait un impôt général sur le revenu. Cet impôt, d'un taux très modique (2 pour 100), ne comportant pas de déclaration obligatoire, n'était guère qu'une expérimentation, une sorte d'impôt de statistique. Pourtant, il marquait une date dans l'histoire financière de la France, il commençait d'instituer un système nouveau et annonçait la chute plus ou moins prochaine de l'ancien système.

La question des impôts directs était depuis longtemps discutée en France ; la discussion était entrée, au point de vue parlementaire, dans la période des réalisations avec le projet de loi déposé en 1907 par M. Caillaux. Ce projet instituait, en remplacement des anciennes contributions directes, deux impôts nouveaux :

*a)* un impôt *général* sur les revenus, ceux-ci étant répartis en sept catégories ; *b)* un impôt *complémentaire* sur l'ensemble du revenu.

Telle est l'idée essentielle qui a été réalisée, avec un changement de dénomination, l'impôt complémentaire étant devenu l'impôt *général,* et l'impôt général sur les revenus étant devenu l'*impôt par catégories ou cédules* de revenus. L'impôt général, institué par la loi du 15 juillet 1914, a été modifié dans son assiette et le taux en a été relevé par une série de lois à partir de 1916. L'impôt par cédules a été institué par la loi du 31 juillet 1917.

C'est vraiment une conception nouvelle de l'impôt direct qui s'est installée avec les lois de 1914 et de 1917.

L'ancien système des impôts directs en France datait, dans ses idées directrices, de la Révolution. Les principes en étaient les suivants :

*a*) L'impôt est réel, non personnel. Il est assis sur la matière imposable abstraction faite de la personnalité du contribuable.

*b*) Il est, autant que possible, forfaitaire. Le revenu imposable, ce n'est pas le revenu exact, par année, dont le contribuable a bénéficié, mais un revenu moyen : le revenu que telle terre, que telle entreprise, doit en moyenne donner dans une assez longue période de temps.

*c*) La constatation du revenu imposable se fait du dehors, par le moyen de signes extérieurs faciles à saisir ; le revenu est présumé plutôt que constaté. La déclaration obligatoire et contrôlée est considérée, dans cette conception, comme une chose intolérable, une sorte d'attentat à la liberté du citoyen. En somme, c'était une conception fiscale fortement empreinte de cet individualisme qui marque les idées et les institutions de la fin du xviiie siècle, un système d'impôts fait pour un peuple de petits propriétaires, de petits et moyens industriels et commerçants, chacun vigoureusement retranché dans sa terre ou dans sa boutique, très jaloux de ses droits et tenant l'État pour un ennemi. Entre le fisc et l'assujetti le moins possible de contacts, et pour celui-ci le maximum de liberté.

Dans le nouveau système fiscal inauguré en 1914, c'est la conception de l'impôt personnel qui s'est installée, l'impôt à la mesure exacte — exacte au moins théoriquement et sur le papier — des facultés contributives de chacun, l'impôt qui, serrant d'aussi près que possible les réalités, a pour instrument nécessaire, dans les opérations de constatation du revenu, la déclaration obligatoire contrôlée. Cet instrument, la loi de 1914, étant une loi d'introduction et d'essai, ne l'avait pas créé ; il l'a été par la loi du 30 décembre 1916, que d'autres textes ont renforcée (notamment la loi du 31 juillet 1920).

L'ancien système des impôts directs en France comprenait un impôt assis sur la valeur locative de l'habitation personnelle, appelé *contribution mobilière* ; un impôt assis sur le nombre et la nature des ouvertures des maisons, *portes et fenêtres*, qui, en fait le plus souvent, jouait comme un complément de l'impôt foncier ; un impôt foncier à deux branches, impôt sur *les propriétés bâties* et impôt sur *les propriétés non bâties* ; un impôt, *la patente*, qui frappait le commerce et l'industrie et quelques professions libérales. L'impôt sur *le revenu des valeurs mobilières*, créé en 1872, n'était pas classé administrativement parmi les impôts directs, mais économiquement en faisait partie. L'impôt sur le revenu des valeurs mobilières, l'impôt de la patente, l'impôt foncier, étaient des fragments d'un système d'impôts cédulaires, mais incomplet et disparate. Quant à la contribution mobilière et à la contribution des portes et fenêtres, pour celle-ci dans les cas où elle n'était pas un simple complément de l'impôt foncier, elles jouaient, mais d'une manière évidemment bien imparfaite, le rôle d'un impôt général sur l'ensemble du revenu, le revenu du contribuable étant présumé en relation avec la valeur de son habitation personnelle.

Le système nouveau des impôts directs est un édifice plus harmonieux. A la base, une collection complète d'impôts cédulaires : *a*) Des impôts sur les revenus des capitaux fonciers et mobiliers ; *b*) Des impôts sur les revenus mixtes, c'est-à-dire les bénéfices du commerce et de l'industrie et les revenus des charges et offices ; *c*) Des impôts sur les revenus de travail, traitements, salaires et pensions, bénéfices des professions non commerciales, et, par une faveur spéciale, bénéfices de l'exploitation agricole, ces bénéfices, qui sont en réalité des revenus mixtes où le capital a sa part à côté du travail, étant taxés au tarif des revenus du travail.

Au sommet, l'impôt général sur l'ensemble des revenus, impôt personnel et progressif.

Le tarif des impôts cédulaires varie avec la nature du revenu. Il est actuellement de 10 pour 100 pour les revenus du capital ; de 8 pour 100 pour les revenus mixtes ; de 6 pour 100 pour les revenus du travail et pour les bénéfices de l'exploitation agricole. Le tarif de l'impôt général est actuellement, au point le plus élevé de la progression, de 50 pour 100, ce taux de 50 pour 100 ne s'appliquant qu'à la fraction du revenu qui dépasse 550.000 francs (1). A ces taux de base ont été ajoutés deux décimes (loi du 22 mars 1924).

Il y a cumul, sur le même revenu, de l'impôt cédulaire et de l'impôt général.

Un vieux proverbe français dit qu'on ne change pas de chevaux au passage d'un gué, C'était un gué difficile et périlleux que la France traversait d'août 1914 à novembre 1918. La loi du 15 juillet 1914, qui instituait l'impôt général sur le revenu, en fixait l'application au 1ᵉʳ janvier 1915. Mais l'établissement de l'impôt était manifestement impos-

---

(1) Le taux est uniformément de 50 %, mais la computation du revenu imposable est faite de telle façon que les tranches inférieures à 550.000 francs ne sont pas comptées pour leur montant total. Le résultat est le même que si le tarif était progressif.

sible à cette date, et la loi du 26 décembre 1914 reporta au 1er janvier 1916 la mise en vigueur de l'impôt. Dans les dernières semaines de l'année 1915, le 10 décembre 1915, le ministre des Finances fit connaître à la Commission du budget son intention de demander au Parlement un nouvel ajournement, en se fondant sur les difficultés pratiques que l'état de guerre apportait à la mise en application d'un nouvel impôt qui impliquait une collaboration étroite des agents du fisc et des contribuables. La Chambre n'accepta pas le nouvel ajournement, et, après quelque résistance, le Sénat se rangea à l'avis de la Chambre. Il faut d'ailleurs observer que la mise en application de l'impôt général sur le revenu ne faisait pas disparaître les deux impôts qui, dans le système existant, en tenaient lieu, la contribution mobilière et celle des portes et fenêtres. Ces deux impôts n'ont disparu que le 1er janvier 1918, par application de la loi du 31 juillet 1917 relative aux impôts cédulaires.

Une réforme fiscale ainsi faite en pleine guerre ne pouvait pas être d'un bon rendement financier. D'une façon générale l'impôt personnel, à base de déclaration obligatoire, a été difficile à acclimater en France ; aujourd'hui encore il s'en faut que l'acclimatation soit complète. Il y a à changer de vieilles habitudes des contribuables, à vaincre une résistance diffuse et généralisée. C'est pour l'administration fiscale des méthodes nouvelles à adopter, une technique à constituer. Enfin, outre la difficulté générale qu'il y a à acclimater en France le nouveau système d'impôts directs, la guerre apportait à son fonctionnement des obstacles de toute sorte sur lesquels il est inutile d'insister.

Aussi le produit de l'impôt général sur le revenu n'a-t-il pas été grand dans les premières années d'application. Il a été :

<pre>
En 1916....................   51.503.000 francs
En 1917....................  254.368.000   —
En 1918 ...................  547.465.000   —
En 1919....................  562.871.000   —
</pre>

Depuis la cessation des hostilités, l'élévation des tarifs et le renforcement du contrôle, joints à la restauration progressive de l'économie nationale, ont très notablement accru le produit de l'impôt général. Pour l'année 1925, l'évaluation est fixée à 2.924 millions de francs.

L'impôt général sur le revenu n'est qu'un des éléments, et non l'élément prépondérant, du système français d'impôts directs qui comprend aussi les impôts *cédulaires* et les *taxes assimilées* (1). Si l'on fait le

---

(1) Les taxes assimilées sont des impôts de quotité recouvrés par rôles nominatifs, d'ailleurs très disparates par leur nature fiscale. Le produit en est évalué à 248.000.000 de francs, pour 1925 Ces taxes assimilées ont fourni un rendement accru depuis 1917 à raison des remaniements et des élévations de taux dont elles ont été l'objet (lois du 30 décembre 1916, du 29 juin 1918, du 25 juin 1920). En 1913 leur produit avait été de 63.000.000 de francs.

compte du produit total de ces divers impôts (y compris l'impôt sur le revenu des valeurs mobilières qui, administrativement, n'est pas classé comme impôt direct), on obtient le tableau suivant :

| | | |
|---|---|---|
| En 1913 .................... | 772 | millions de francs |
| En 1914.................... | 764 | — |
| En 1915 .................... | 704 | — |
| En 1916.................... | 731 | — |
| En 1917.................... | 972 | — |
| En 1918.................... | 949 | — |
| En 1919 .................... | 1.359 | — |

Pendant les trois premières années de la guerre, le rendement a donc été inférieur au rendement de l'année 1913. En 1917 et 1918, il y a une appréciable, mais encore modeste plus-value, d'environ 25 pour 100. Ce n'est qu'en 1919 que la plus-value prend son essor (76 pour 100). Depuis 1919 le rendement des impôts directs, valeurs mobilières comprises, n'a pas cessé de croître ; il est évalué, au budget de 1925, à la somme de 8 milliards de francs.

Réformer en pleine guerre le système fiscal, c'était jouer la difficulté. Le Parlement n'a pas voulu renier la réforme amorcée par la loi du 15 juillet 1914 et considérée comme un des points vitaux de la politique radicale. Mais les hommes compétents en finance n'avaient pas d'illusion sur le rendement immédiat à attendre de la réforme. Pour ce qui est des finances de guerre, l'accroissement du taux des vieilles contributions directes eût donné davantage.

V. — *Les autres mesures fiscales. Enregistrement et timbre. Impôts de consommation. Monopoles et exploitations industrielles de l'État*

Les impôts directs n'ont pas fourni, jusqu'en 1919, des ressources bien abondantes, pour les raisons qui ont été exposées. La majeure partie des ressources nouvelles créées pendant la guerre provient des autres catégories d'impôts. Nous allons prendre une vue sommaire des mesures fiscales réalisées ; elles sont loin de présenter le même intérêt doctrinal que la transformation des impôts directs. Nous distinguerons trois catégories d'impôts ou revenus de l'État : enregistrement et timbre ; impôts de consommation, y compris les douanes et les impôts sur les transports ; monopoles et exploitations industrielles de l'État.

I. Dans l'ordre des droits d'enregistrement et de timbre, qui forment une catégorie fiscale très développée en France, les ressources nouvelles

créées résultent de deux lois du 31 décembre 1917 (il y a deux lois de
cette date, l'une portant ouverture de crédits provisoires pour le premier
trimestre de 1918, l'autre portant ouverture et annulation de crédits
pour l'exercice 1917), de la loi du 29 juin 1918 relative au budget ordinaire des services civils de l'exercice 1918, et de la loi du 14 juin 1919.

La première loi comprend les mesures suivantes :

*a*) En ce qui concerne les successions et donations, institution d'une
taxe assise sur le capital net global de la succession, quand le défunt ne
laisse pas au moins quatre enfants vivants ou représentés, taxe progressive et calculée par tranches, qui s'ajoute aux droits de mutation
par décès assis sur les parts successorales ; majoration des droits de
mutation par décès et des droits sur les donations entre vifs ; limitation
de la vocation successorale, en ligne collatérale, au sixième degré inclu-
sivement ;

*b*) Majoration du timbre des effets de commerce ;

*c*) Institution de la taxe sur les paiements (qui a été remplacée
depuis par l'impôt sur le chiffre d'affaires) et de la taxe sur les marchandises de luxe.

La seconde loi ne contient qu'une disposition sans importance sur
le prix des passeports et leur visa.

La troisième contient une série de dispositions : augmentation de
la taxe sur les biens de mainmorte ; obligation de soumettre à l'enregistrement tous les actes synallagmatiques ; augmentation du taux des
droits proportionnels réduits ; taxe annuelle d'enregistrement sur les
polices d'assurance-vie et d'assurance-accidents ; relèvement des droits
de timbre de dimension ; majoration des droits de timbre sur les
polices d'assurance.

Dans la quatrième il n'y a qu'une seule disposition, relative à la taxe
annuelle d'enregistrement sur les polices d'assurances agricoles.

Le rendement de ces diverses mesures, évalué pour une période
normale, était considéré comme devant atteindre, en chiffres ronds,
1.000.000.000 de francs, dont la plus forte part, 876.000.000 de francs,
à provenir de la première loi du 31 décembre 1917.

Il faut ajouter aux mesures fiscales prises dans l'ordre des droits
d'enregistrement et de timbre les dispositions de la loi du 18 avril 1918.
Cette loi porte un titre très général : loi relative aux mesures contre les
fraudes fiscales. Mais, en fait, elle ne contient que des mesures destinées
à assurer une perception plus exacte des catégories susdites d'impôts :
mesures relatives à l'ouverture des coffres-forts après décès ; aux décla-
rations de mutation par décès ; à la prescription de l'action qui appartient à l'État pour le recouvrement des droits de succession ; aux actes
de donation ; aux titres et valeurs présumés appartenir à une succes-

sion. Le rendement de ces mesures a été évalué à 38.000.000 de francs, qu'il convient d'ajouter à l'évaluation du produit des mesures fiscales prises en matière d'enregistrement et de timbre.

II. — Dans l'ordre des impôts de consommation, y compris les douanes et les impôts sur les transports, les textes sont les suivants : loi du 30 juin 1916, loi du 30 décembre 1916, loi du 29 juin 1918, décret du 8 juillet 1919 et décrets postérieurs, loi du 25 août 1919, loi du 7 novembre 1919.

La loi du 30 juin 1916 a majoré les droits sur l'alcool et modifié le régime fiscal de ce produit.

La loi du 30 décembre 1916 a institué un droit intérieur de consommation sur les denrées coloniales, relevé les droits sur la chicorée et les succédanés du café, relevé les droits sur les boissons hygiéniques, relevé les droits sur les sucres, institué des taxes sur le prix des places dans les spectacles, sur les eaux minérales et sur les spécialités pharmaceutiques.

La loi du 29 juin 1918 a pris les mesures suivantes : relèvement du droit de statistique (douane) et extension de ce droit aux colis postaux ; relèvement de la taxe de luxe sur les spiritueux ; relèvement des droits sur les boissons hygiéniques, des droits sur la chicorée et les succédanés du café, des droits sur le vinaigre, des droits sur les sucres, modification et relèvement des droits sur les transports, et des droits de licence sur les débitants de spiritueux.

Le décret du 8 juillet 1919 a inauguré le système du relèvement des droits de douane par l'application de coefficients de majoration. Ce décret et ceux qui, par la suite, ont modifié les coefficients ont été pris par application de la loi du 6 mai 1916 qui donnait au gouvernement, pour la durée de la guerre, des pouvoirs très étendus.

La loi du 25 août 1919 et la loi du 7 novembre 1919 n'ont chacune qu'une très petite importance ; la première institue une taxe de douane dite taxe pour le développement du commerce extérieur ; la seconde est relative aux droits d'importation sur les produits chimiques.

Le produit total de ces diverses mesures, en période normale, a été évalué à la somme de 1.358.000.000 de francs.

III. — Pour ce qui est des monopoles et exploitations industrielles de l'État, les mesures prises ont consisté en relèvements successifs du prix de vente des tabacs, des allumettes, des poudres à feu, et des taxes postales, télégraphiques et téléphoniques. Ces relèvements ont été opérés par les textes suivants : loi du 30 décembre 1916, loi du 29 septembre 1917, décret du 1er octobre 1917, loi du 17 janvier 1918, décret du 26 mai 1919, loi et décret du 27 mai 1919, décret du 28 mai 1919. Le produit total de ces diverses mesures, en période normale, a été évalué à 540.000.000 de francs.

VI. *L'écart entre les ressources budgétaires normales et les charges du temps de guerre*

Les ressources budgétaires normales n'ont couvert, on l'a vu, qu'une part assez petite des dépenses de la période 1914-1919, soit 16,50 pour 100. L'écart, année par année, entre les ressources budgétaires normales et les dépenses est de :

EXCÉDENT DES DÉPENSES :

| | | |
|---|---|---|
| En 1914.................... | 6.175 | millions de francs |
| En 1915.................... | 17.990 | — |
| En 1916.................... | 31.916 | — |
| En 1917.................... | 38.475 | — |
| En 1918 ................... | 49.858 | — |
| En 1919.................... | 42.627 | — |
| TOTAL ................ | 187.041 | millions de francs |

Il est manifestement impossible que, dans une guerre comme celle de 1914, les ressources budgétaires normales couvrent la totalité des dépenses, ou même seulement la plus grande partie. Mais il y a tout au moins quelque chose qu'il est raisonnable et prudent de se donner comme une fin à réaliser : c'est de couvrir chaque année par l'impôt et les autres ressources normales les charges cumulées des services permanents de l'État et de la dette publique, intérêts et amortissement. Avec cette méthode, si les circonstances permettent de la suivre, l'État obtient ce résultat que, dès la fin de la guerre, les budgets sont en équilibre : à mesure que, par les emprunts qui servent à couvrir les dépenses extraordinaires de guerre, les charges de la dette grossissaient, des ressources permanentes adéquates ont été instituées ; au retour de la paix, sans nouvel effort, ou au prix d'un effort relativement léger, les recettes budgétaires sont égales aux dépenses. Parmi les belligérants, quelques-uns ont atteint ce résultat ou en ont approché ; mais c'étaient des belligérants dont l'effort guerrier, pour grand qu'il ait été, est resté très au-dessous de l'effort français et qui n'ont pas subi l'invasion et les dévastations qui l'ont accompagnée. En France, les mesures fiscales qui ont été prises n'ont pas permis, à beaucoup près, d'en arriver là. Si l'on considère, en effet, année par année, dans la période 1914-1919, d'une part les seules charges de la dette, d'autre part les ressources budgétaires permanentes, ce qui exclut les ressources exceptionnelles comme la contribution sur les bénéfices de guerre, on constate que la somme des charges de la dette, pour ces six années, est de 26.245.000.000 de francs et que la somme des ressources permanentes est de 35.155.000.000 de francs, de sorte que les trois quarts, ou presque. des ressources permanentes ont été absorbées par les charges de la dette. La fraction des ressources permanentes absorbée par les charges de la dette va en croissant du début à la fin de la période considérée, ou plus exactement jusqu'en 1918. De 32 pour 100 en 1914, la proportion des charges de la dette aux ressources permanentes passe à :

            En 1915...................    44  %
            En 1916...................    67  —
            En 1917...................    80  —
            En 1918...................   113  —
            En 1919...................    81  —

Ainsi, à la fin de la période considérée, le service de la dette absorbait plus des quatre cinquièmes des ressources permanentes, après avoir même dépassé ces ressources en 1918; il ne laissait disponible qu'une somme de 1.800.000.000 de francs pour les autres services publics normaux du temps de paix, services civils et militaires, qui exigent dans le budget de 1925 une somme d'environ 13 milliards de francs. Nous étions, par conséquent, très loin d'avoir élevé nos ressources permanentes à la hauteur des dépenses du même ordre.

# CHAPITRE II

## Appréciation de la politique fiscale de la France pendant la guerre

La politique suivie en France, au cours de la guerre, pour accroître les ressources budgétaires normales a fait l'objet d'appréciations en sens divers, où la part de la critique est assez grande. Il y a deux questions à examiner : l'intensité de l'effort accompli en matière fiscale ; le sens dans lequel cet effort a été dirigé, question qui tire son intérêt du fait qu'on nous a reproché, surtout à l'étranger, notre préférence pour les modes indirects d'imposition et la part relativement faible des impôts directs dans la fiscalité de guerre.

### I. *L'intensité de l'effort fiscal*

Les créations ou majorations d'impôts réalisées de 1915 à 1919 étaient faites pour donner, en période normale, un rendement de plus de 3.000.000.000 de francs, pour ce qui est des recettes permanentes. Il y a eu, en outre, la contribution extraordinaire sur les bénéfices de guerre, ressource de circonstance, qui a fourni de 1915 à 1919 une somme de 1.459.000.000 de francs, et beaucoup plus depuis 1919 ; elle fournira, au total, environ 18 milliards de francs.

En fait, les ressources budgétaires normales, permanentes ou exceptionnelles, qui étaient, en 1913, de 4.907.000.000 de francs (1) ont atteint au cours des années 1914 à 1919, les chiffres suivants :

| | |
|---|---|
| En 1914.................... | 4.196 millions de francs |
| En 1915 ................... | 4.130 — |
| En 1916.................... | 4.932 — |

---

(1) L'ensemble de ces recettes comprend, non seulement les impôts de toute nature, mais les recettes des monopoles et exploitations industrielles, les produits du domaine et les droits et produits divers.

En 1917....................     6.186 millions de francs
En 1918....................     6.791        —
En 1919 ...................    11.586        —

C'est une opinion assez répandue que l'accroissement des ressources budgétaires n'a pas été aussi grand que cela eût été possible. Il semble que cette opinion soit généralement admise hors de France. En France même, des critiques parfois vives ont été formulées contre ce qu'on a appelé la faiblesse et l'inertie gouvernementale en cette matière (1).

Il est certain que les pouvoirs publics ont montré beaucoup d'hésitation à entrer dans la voie des impôts nouveaux. Le premier qui ait été proposé est la contribution sur les bénéfices de guerre : le projet est de janvier 1916 et la loi est du mois de juillet de la même année. C'est aussi en 1916 qu'a été présenté au Parlement le premier programme fiscal de la guerre (projet du 18 mai 1916). D'ailleurs d'éminents économistes et financiers, au cours des deux premières années de guerre, encourageaient le gouvernement dans cette politique d'abstention (2).

Que le gouvernement ait manqué de confiance dans le courage fiscal du pays, on l'admettra sans peine. S'il avait parlé haut et ferme, proclamé le devoir national de soutenir financièrement la guerre autrement que par des emprunts, il eût été suivi. D'une façon générale, les pouvoirs publics ont eu peur de faire peur aux gens de l'arrière, aux civils ; ils se sont appliqués à leur masquer ce que la guerre avait de rude et à ménager leurs nerfs.

Toutefois, il est sage de ne jamais oublier que, si la critique est aisée, l'art est difficile. Les hommes qui avaient les responsabilités du pouvoir dans une période si lourde ont pu commettre quelques erreurs de jugement. Qui se flatterait de n'en avoir pas commis à leur place, et peut-être de plus graves ? Bien des circonstances expliquent leur hésitation à conduire tout de suite le pays dans la voie des sacrifices fiscaux. Outre le trouble si profond apporté par l'invasion dans la vie administrative, économique et financière du pays, il y avait la croyance, lente à se dissiper, que la guerre serait courte. Il y avait aussi l'habitude dès longtemps prise et si tenacement implantée dans nos mœurs politiques de ne pas oser montrer la vérité toute nue à l'électeur et de « parer », comme disent les commerçants, la marchandise.

Mais c'est une question maintenant sans intérêt que de chercher à déterminer si le gouvernement d'alors a eu tort ou raison ; il faudrait des

---

(1) On trouvera notamment ces critiques formulées par notre collègue M. Jèze dans les nombreuses et remarquables études qu'il a consacrées aux finances de guerre de la France (*Revue de science et de législation financières*, années 1917-1919).

(2) Notre collègue M. Jèze a résumé cette campagne abstentionniste dans une de ses études de la *Revue de science et de législation financières*, 1917, p. 382 et suiv.

balances bien délicates pour peser des responsabilités de cette nature. La vraie question est de savoir si une politique fiscale plus prompte et plus vigoureuse aurait pu changer d'une façon sensible le cours financier de la guerre et nous laisser, quand celle-ci a pris fin, dans une situation moins obérée. Il nous paraît certain qu'on s'abandonne à des illusions rétrospectives quand on croit que les finances de guerre eussent pu être tout autres qu'elles n'ont été.

On ne veut pas prétendre ici qu'une politique fiscale plus prompte et plus vigoureuse eût été sans effet. Au point de vue moral, au point de vue de l'impression produite, elle eût été bonne ; elle eût été l'affirmation, dans le domaine financier, de cette énergie française qui se manifestait d'une façon si ample et si magnifique dans l'ordre guerrier ; elle eût attesté, sous une autre forme, la même volonté nationale de jeter dans la lutte toutes les ressources du pays. En outre, des impôts plus lourds et plus promptement appliqués auraient été un moyen efficace de restreindre ce luxe malsain de guerre que les hauts profits et les hauts salaires avaient développé dans une partie de la population. Mais c'est ne pas tenir compte des réalités que de croire qu'une meilleure politique fiscale, au cours de la guerre, aurait changé substantiellement la situation financière de la France. La politique fiscale la plus rude n'aurait pas pu modifier les conditions économiques que les circonstances de la guerre nous avaient imposées. Dans un pays envahi, privé de la moitié de ses mines de charbon, de son plus riche bassin de minerai de fer, d'une fraction considérable de sa grande industrie, dans un pays obligé de jeter sur les champs de bataille, en attendant la lente préparation de ses alliés, toute la population mâle en âge de combattre, où la production de la richesse était suspendue et où, dès les débuts de la guerre jusqu'à son terme, d'immenses destructions matérielles ont été accomplies, il n'y avait pas de système fiscal qui pût nourrir la guerre ; par la nature même des choses, l'emprunt seul pouvait fournir la quasi-totalité des ressources nécessaires. Ce qui limitait encore la productivité des impôts, c'est que la guerre nous avait surpris en pleine transformation de notre système d'impôts directs. Le Parlement n'a pas voulu surseoir à la transformation commencée. Il a refusé en 1916 de doubler, comme le ministre des Finances le proposait, les impôts existants, de peur d'en consolider l'existence, et il s'est ainsi privé d'une ressource qui eût été assez importante.

L'écart entre les ressources budgétaires normales et les dépenses a été, dans la période 1914-1919, de 187.041.000.000 de francs. En supposant que la politique de création et de majoration d'impôts eût commencé dès 1915 et que le rendement fiscal des années 1915-1919 eût pu être accru d'une somme globale de 7 à 8 milliards, résultat déjà assez difficile à atteindre, cela n'aurait pas très sensiblement changé la situation financière. L'écart entre les ressources budgétaires et les dépenses n'en eût pas été beaucoup atténué, ni beaucoup diminuée la somme qu'il a fallu se procurer par l'emprunt et par l'émission de billets à cours forcé. Ce qui a dominé la situation financière de la France en guerre, ce qui en a déterminé avec une rigoureuse nécessité le caractère et le développement, c'est l'intensité prodigieuse de l'effort guerrier et l'immensité des destructions matérielles. Toutes les forces nationales ont été tendues pendant cinq ans pour une lutte où l'existence nationale était en jeu. Cela ne laissait pas de place à cette activité lucrative et à ces substantiels rendements fiscaux dont tirent avantage, quand ils se comparent à nous, des peuples amis qui ont été moins complètement ou moins tôt engagés dans la lutte. Une fois qu'on a bien compris ces caractères essentiels de la situation de la France, les critiques, même fondées au point de vue technique, perdent beaucoup de leur force.

Il y a toutefois une année sur laquelle une sévère appréciation doit, avec justice, être portée ; c'est l'année 1919. L'année 1919 était comparable, pour la grandeur de la dépense, aux années de guerre. Cependant l'effort de compression des dépenses pouvait y être fait déjà avec plus d'énergie et de succès qu'à l'époque où les nécessités de la lutte armée primaient tout. Il y a eu, à cet égard, beaucoup de laisser-aller. D'autre part le moment était favorable pour créer des recettes permanentes et faire un large emprunt de consolidation. L'enthousiasme soulevé par la victoire aurait rendu faciles des combinaisons financières qui eussent dispensé d'accroître encore la dette flottante, et l'esprit de sacrifice, surexcité par la lutte à peine close, disposait le public à accepter de lourdes charges fiscales. Nous étions alors dans cet état d'esprit qui donne à l'intérêt national la primauté : moment unique que les hommes investis de la charge des finances publiques auraient dû saisir au passage. Or, les innovations fiscales de 1919 sont bien peu de chose : application de coefficients de majoration aux droits de douane, relèvement des prix des tabacs et des allumettes et quelques autres mesures.

Par l'insuffisance de l'effort d'économie et de l'effort fiscal, par l'abstention du recours aux emprunts à long terme, l'année 1919 a été, au point de vue financier, une année noire. La dette flottante ou à très court terme (bons et obligations du trésor) s'y est accrue de 25.454 millions de francs, la dette extérieure de 11. 348 millions de francs, les avances de la Banque de France de 8.370 millions de francs. Pour avoir différé l'effort de les résoudre, le gouvernement a notablement accru les difficultés financières des années suivantes.

Cependant, même pour cette année mauvaise, n'y a-t-il pas des excuses aux fautes commises ? Après l'effort épuisant de la guerre et sa longue angoisse et ses deuils innombrables, n'était-il pas presque inévitable qu'une réaction se fît et qu'une vague d'optimisme et d'illusions passât sur ce peuple qui avait subi les plus grandes épreuves et tendu à l'excès tous les ressorts de son énergie ? Nous avons le droit d'être sévères pour nous-mêmes ; mais il n'appartient pas aux pays neutres, ou même alliés ou associés, qui ont beaucoup moins souffert que nous, d'avoir la même sévérité.

Il y a un trait de notre caractère national qui contribue largement à expliquer l'attitude financière prise en 1919. Les Français, qu'on se représente souvent à l'étranger comme des sceptiques, prennent très au sérieux les belles formules et les idées nobles ; ils ont un besoin impérieux de justice. On leur disait en 1919 que désormais le droit allait régler les rapports des nations entre elles comme il réglait les rapports des hommes au sein de chaque unité nationale. Ils l'ont cru avec la candeur que donne un incorrigible idéalisme. Or, de toutes les règles de droit, la plus respectable et la plus utile est celle qui commande que la personne qui a causé un dommage le répare. Si cette règle n'est pas observée, il n'y a pas de sécurité dans les rapports entre les hommes et on en demeure au système de la vengeance privée. Les Français ont donc cru en 1919 que les dommages causés par une guerre d'agression, aux biens et aux personnes, seraient réparés par l'agresseur ; d'ailleurs cette obligation a été inscrite dans les traités de paix. Ils ont cru aussi que leurs alliés et associés de la guerre seraient toujours d'accord avec eux pour assurer l'accomplissement des réparations dues. L'erreur a été de ne pas prévoir le prompt réveil des égoïsmes nationaux et d'imaginer que, par la vertu de quelques formules sonores, un état de droit s'établirait entre les nations, pareil à celui que des siècles d'efforts, de luttes et de lente élaboration doctrinale ont établi, bien imparfaitement encore, entre citoyens d'un même pays. Erreur énorme à coup sûr, excusable cependant si on se replace par la pensée dans les circonstances et le milieu où elle est née.

### II. — *Le choix des ressources nouvelles. Impôts directs et impôts de consommation*

A côté des critiques formulées sur l'insuffisance de l'effort fiscal, il y en a eu d'autres sur la prépondérance donnée, dans les nouvelles ressources fiscales, aux impôts de consommation. Un rapport présenté au nom de la commission de législation fiscale de la Chambre par M. Vincent Auriol (1) a formulé ces critiques dans une forme assez vive, et, parmi

---

(1) Rapport du 7 mars 1918. Chambre des Députés, doc. n° 4.456.

les hommes de science, notre collègue M. Jèze a donné les raisons pour lesquelles il estime qu'il convient de ne faire aux impôts de consommation que la place la plus réduite possible ; il a blâmé à ce point de vue, la politique suivie par le gouvernement français (1).

En fait, les auteurs et les hommes politiques qui ont trouvé trop grande la place faite aux impôts de consommation dans les finances françaises de guerre n'ont pas montré quels auraient été les moyens pratiques de se procurer autrement des ressources. Eût-il été possible de demander à l'impôt direct des ressources suffisantes pour remplacer celles que l'on eût renoncé à tirer des impôts de consommation ? La Chambre qui a siégé pendant la guerre était attachée à la doctrine qui considère l'impôt personnel et progressif sur le revenu comme la pierre angulaire d'un système fiscal démocratique. Il y a de bonnes raisons de penser que, si elle avait vu la possibilité de tirer de cet impôt le principal des ressources nouvelles, elle n'eût pas laissé échapper l'occasion de le faire. Mais nous avons exposé, au chapitre premier, pourquoi l'impôt sur le revenu ne pouvait pas, pendant les premières années d'application, être d'un bon rendement. M. Ribot, dans son programme fiscal de mai 1916, avait proposé de doubler les anciens impôts directs, qui avaient été provisoirement maintenus à côté du nouvel impôt personnel, et ce système aurait permis de demander, à ce moment, plus à l'impôt direct qu'aux impôts de consommation (2). La commission du budget de la Chambre des députés repoussa ce programme et vota, le 31 mai 1916, l'ordre du jour suivant :

« La commission du budget, considérant que le doublement des contributions actuelles ne ferait qu'accroître les inégalités et les injustices ;

« Considérant que la somme de 375.000.000 recherchée par le ministre des finances peut être obtenue par un autre système de taxes directes ;

« Considérant que le temps manque pour arriver à un accord, particulièrement désirable, entre le gouvernement et les deux assemblées avant le vote des douzièmes qui doit intervenir d'ici au 30 juin ;

« Demande, à l'unanimité, au ministre des finances, de rattacher les divers impôts à la loi des contributions directes qui doit être votée avant le 15 août. »

A la suite de ce vote de la commission du budget, des négociations s'engagèrent entre le gouvernement et les assemblées ; elles aboutirent finalement à un accord sur l'ensemble des mesures qui firent l'objet de la loi du 30 décembre 1916, et qui demandèrent plus à l'impôt de consom-

---

(1) *Revue de science et de législation financières*, 1918, p. 429 et suiv.

(2) L'évaluation pour une année normale, des mesures proposées, donnait 633.000.000 de francs pour les contributions directes (valeurs mobilières comprises) et 459.000.000 de francs, pour les contributions indirectes, soit pour les premières 58 % du rendement total.

mation qu'à l'impôt direct. On est fondé à croire que la prépondérance donnée aux impôts de consommation apparaissait comme une nécessité de fait, qui imposait sa loi aux préférences politiques ou doctrinales.

La question de la place faite aux impôts directs dans le système fiscal de la France est une question qu'il ne faut pas se borner à examiner pour la période de guerre. Elle doit être présentée en termes plus généraux et il est d'abord indispensable d'en préciser les termes.

La classification des impôts en directs et indirects est purement administrative et sans valeur économique. L'impôt sur le revenu des valeurs mobilières, perçu par l'administration de l'enregistrement, n'est pas un impôt direct au point de vue administratif ; c'en est un au point de vue économique. Parmi les droits d'enregistrement et de timbre, catégorie d'impôts très développée en France, il y en a beaucoup qui frappent effectivement le revenu ou le capital et ont une fonction fiscale tout à fait pareille à celle des impôts directs. C'est le cas des impôts sur les successions et les donations, des taxes de mainmorte, des droits perçus sur les mutations à titre onéreux de biens meubles et immeubles.

Les droits d'enregistrement et de timbre frappent la richesse au moment où elle circule, et non pas à raison de sa seule existence, comme font les impôts directs. Mais cette différence quant au fait qui est l'occasion de la perception fiscale n'empêche pas qu'ils sont dans bien des cas, par leurs effets économiques, plus proches des impôts directs que des impôts de consommation.

Quand on oppose l'impôt direct à l'impôt de consommation, ce que l'on a dans l'esprit, c'est l'opposition entre l'impôt qui peut être adapté exactement aux facultés des contribuables, ménager les petits revenus, frapper lourdement les gros, et celui qui prélève sur les consommations nécessaires la part du fisc, atteignant plus rudement les gens de faibles ressources que les gens aisés ou riches. L'impôt direct, en d'autres termes, serait l'impôt des Etats démocratiques, d'où l'impôt de consommation devrait, autant qu'il est possible, être exclu. Mais les choses ne sont pas, en réalité, si simples.

Il n'y a pas d'Etat qui ait exclu l'impôt de consommation, parce que les ressources qu'il procure au budget sont indispensables. La question qui se pose pratiquement est de savoir quelle place il convient de lui faire. Il est certain qu'en France, depuis longtemps, cette place est grande. Mais les impôts français de consommation ne portent pas tous, il s'en faut de loin, sur des consommations nécessaires. Les droits sur l'alcool, les produits du monopole des tabacs, voilà une fiscalité très productive et qui frappe des consommations inutiles, sinon même nocives. Quelle que soit la réprobation dont on enveloppe les impôts de consommation, il faut certainement mettre à part ceux-ci. Il y a aussi des taxes qui atteignent les objets de luxe : par exemple, les droits de garantie payables sur les objets d'or et d'argent, la taxe dite de luxe, une fraction de la taxe sur le chiffre d'affaires, divers droits de douane.

Parmi les impôts de consommation il y a tout l'ensemble des droits de douane. Dans un pays à protectionnisme renforcé et généralisé comme est la France, c'est là une fraction des impôts de consommation qui est irréductible et qui subsisterait même si le principe des impôts de consommation était condamné. La plupart des droits de douane ne sont pas institués au titre fiscal, mais au titre économique, comme mode d'intervention de l'Etat dans la concurrence entre produits nationaux et produits étrangers. C'est une raison de plus pour ne pas confondre en un bloc unique tous les impôts de consommation ; il est nécessaire de faire des discriminations parmi eux.

### III. — *Les diverses catégories de ressources fiscales du budget français*

Les ressources fiscales qui alimentent le budget de la France peuvent être réparties en quatre catégories (1). La première est formée des impôts sur le revenu, impôts cédulaires et impôt général ; la seconde, des taxes sur le capital et des droits du timbre ; la troisième, des impôts de consommation portant sur les produits non indispensables ; la quatrième, des autres impôts de consommation, en y comprenant les droits de douane. Voici quelle était la répartition des ressources fiscales entre ces quatre catégories, à dix ans d'intervalle, en 1913 et en 1923.

|  | 1913 | 1923 |
|---|---|---|
|  | p. 100 | p. 100 |
| Impôts sur le revenu................... | 18,7 | 27,7 |
| Taxes sur le capital et droits de timbre... | 26,2 | 20,1 |
| Impôts de consommation sur les produits non indispensables................... | 23,6 | 19,1 |
| Autres impôts de consommation, y compris les droits de douane................ | 31,5 | 33,1 |
| Totaux...................... | 100,0 | 100,0 |

La répartition n'est pas en 1923 radicalement différente de ce qu'elle était en 1913, malgré les changements considérables apportés au système fiscal de la France et malgré l'accroissement des chiffres absolus.

---

(1) Inventaire de la situation financière de la France. (Projet de budget pour l'exercice 1925, doc. (n° 441, annexe au premier volume.)

Les deux premières catégories ensemble donnaient 44,9 pour 100 en 1913, elles donnent 47,8 pour 100 en 1923. Cette stabilité montre bien qu'il y a dans les proportions des quatre catégories des ressources fiscales une assez large part de nécessité économique ou politique.

Le tableau précédent est extrait d'un document publié par le ministère des finances. En voici un autre élaboré d'après les données fournies par les documents budgétaires, mais construit sur des bases un peu différentes (1). Il s'agit ici des prévisions de recettes inscrites dans le projet de budget pour 1925.

Les quatre catégories de recettes fiscales sont ainsi dénommées : impôts assis sur le capital ; impôts assis sur les revenus du capital et les produits du travail ; impôts assis sur la circulation des richesses, en distinguant les produits de consommation qui ne sont pas indispensables et les produits de consommation courante ; enfin les impôts de défense économique, c'est-à-dire les droits de douane. Voici les résultats obtenus :

|  | 1925 Évaluations p. 100 |
|---|---|
| Impôts assis sur le capital | 23,24 |
| Impôts assis sur les revenus du capital et les produits du travail | 28,27 |
| Impôts assis sur la circulation des richesses. | |
|    *a*) Produits non indispensables | 21,44 |
|    *b*) Produits de consommation courante | 18,37 |
| Impôts de défense économique | 8,68 |
| Total | 100,00 |

#### IV. — *La thèse de l'insuffisance des impôts directs sur le revenu en France*

Dans la fiscalité de guerre la part des impôts directs n'a pas été très grande et ne pouvait pas l'être, parce qu'on substituait un nouveau système d'impôts à l'ancien, dans les conditions les plus défavorables.

Mais dans des milieux assez étendus, en France et à l'étranger, c'est une thèse qui a cours que celle de l'insuffisance des impôts directs en France. Ainsi qu'il arrive souvent, on répète sur ce point des formules qui perdent de plus en plus ce qu'elles ont pu avoir, au début, de vérité : le contenant survit au contenu, par l'effet d'une paresse intellectuelle assez commune.

Depuis la fin de la guerre le rendement des impôts directs s'est très rapidement et beaucoup accru. L'impôt général sur le revenu, qui avait

_______

(1) François-Marsal. *L'effort financier de la France*, 1924.

donné 51 millions de francs en 1916, première année de sa mise en application, a donné 1.329 millions de francs en 1923, et dans le budget de 1925 son rendement est évalué à 2.924 millions de francs. La somme globale que doivent donner en 1925 l'impôt général et les impôts cédulaires, y compris bien entendu l'impôt sur le revenu des valeurs mobilières et des créances, est évalué à 8 milliards de francs, soit 28,27 pour 100 du total des ressources fiscales espérées ; en 1913 les impôts directs avaient fourni 18,7 pour 100 des ressources fiscales. Les projets actuellement soumis au Parlement élèvent notablement les taux des impôts cédulaires ; les nouveaux taux seraient de 20 pour 100, 15 pour 100, 10 pour 100, selon les catégories de revenus, alors que les taux actuels, décimes compris, sont respectivement 12 pour 100, 9,60 pour 100, 7,20 pour 100. Le rendement absolu des impôts directs et leur proportion dans l'ensemble des ressources fiscales grandiraient donc sensiblement si ces projets sont votés.

Même à s'en tenir à l'état actuel des choses, il est devenu difficile de soutenir la thèse de l'insuffisance des impôts directs. Evidemment, tant qu'un Etat ne parvient pas à couvrir par l'impôt toutes ses dépenses, d'où qu'elles viennent, on peut soutenir que ses impôts sont insuffisants. Mais, pris en soi, le système français des impôts directs est déjà à un haut degré de rigueur et de productivité.

Ce qui a donné et continue à donner du crédit à la thèse de l'insuffisance de la taxation directe en France. c'est la comparaison avec la fiscalité anglaise. Pour l'année financière 1924-1925 l'income-tax, le supertax et l'impôt sur les sociétés ont donné une recette totale de 354.616.000 livres  soit 51,4 pour 100 de l'ensemble des recettes fiscales. Traduite en francs, cette somme de 354.616.000 livres donne, en comptant la livre entre 80 et 90 francs, une somme comprise entre 28,5 et 32 milliards de francs. C'est beaucoup plus que ce que nous donnent nos impôts directs.

Mais de telles comparaisons ont un caractère illusoire. Voici une série d'observations qu'il est nécessaire de faire :

1º La catégorie des droits d'enregistrement et de timbre est très développée en France  elle l'est sensiblement moins en Angleterre. La plupart des taxes d'enregistrement et de timbre font fonction d'impôts sur le capital ou sur le revenu. Si l'on met ensemble les deux catégories des impôts directs et des taxes d'enregistrement et de timbre, on trouve en Angleterre, pour l'année financière 1924-1925, environ 63 pour 100 de la somme des recettes fiscales ; en France, aux prévisions de 1925, on trouve environ 52 pour 100 ;

2º L'impôt sur le revenu est acclimaté depuis longtemps en Angleterre et il donne tout ce qu'il peut donner. En France, nous sommes encore à la période d'acclimatation, et l'impôt personnel continue à soulever de vives résistances qui ont leur répercussion sur le rendement fiscal ;

3º La somme des revenus est bien plus grande en Angleterre qu'en France. Sans doute il est très difficile de déterminer ce qu'on appelle le revenu national et il l'est plus encore de comparer les revenus de deux peuples, surtout quand l'un d'eux a une monnaie avariée et instable. Mais on peut tout au moins chercher dans les chiffres proposés l'indication d'un ordre de grandeur. Le revenu anglais paraît compris entre 3.700 et 4.100 millions de livres ; au cours de 80 francs la livre, cela ferait entre 296 et 328 milliards de francs. Le revenu français paraît être voisin de 130 à 140 milliards de francs ;

4º Non seulement la somme des revenus n'est pas la même, mais leur répartition diffère aussi beaucoup. L'Angleterre est un pays de grandes fortunes ; la richesse y est concentrée ; en France elle est très disséminée. Par le jeu des abattements à la base et de la progression, l'impôt sur le revenu est moins productif, toutes autres choses égales, dans un pays à revenus disséminés que dans un pays à revenus concentrés.

Pour comparer utilement le système français d'impôts directs au système anglais il ne faut pas s'en tenir au rendement ; il faut regarder les tarifs. En Angleterre comme en France il y a deux étages dans le système des impôts directs. Le premier étage est constitué en France par les impôts cédulaires, en Angleterre par l'income-tax ; le second est constitué en France par l'impôt général sur le revenu, en Angleterre par le supertax. Le tarif des impôts cédulaires est jusqu'ici, peut-être pas pour longtemps, inférieur à celui de l'income-tax. Par contre l'impôt général, impôt de superposition, commence à un niveau de revenu beaucoup plus bas que le supertax anglais, et son tarif progressif monte beaucoup plus haut : il atteint 60 pour 100 pour la fraction de revenu au-dessus de 550.000 francs, tandis que le taux maximum du supertax est de 30 pour 100 (tranche de revenu au-dessus de 30.000 livres). Le cumul des deux séries d'impôts, impôts cédulaires et impôt général en France, income-tax et supertax en Angleterre, donne dans le premier de ces pays un prélèvement maximum de 72 pour 100, dans le second de 52,5 pour 100.

Le résultat est que, d'une façon générale, les petits revenus sont traités moins rigoureusement en France qu'en Angleterre, tandis que pour les gros revenus c'est le contraire, au moins quand il s'agit de revenus provenant du capital, pour lesquels l'impôt cédulaire est le plus lourd.

Nous ferons état, pour éclaircir ce point, de données calculées par un technicien d'une compétence indiscutée, sans d'ailleurs oublier ce que de telles données présentent de risques d'erreur, notamment parce que le revenu net imposable n'est pas calculé de même dans les deux pays.

Pour une fortune de 200.000 livres lui donnant un revenu de 10.000 livres, l'Anglais marié et ayant deux enfants paie 34,37 pour 100 de son revenu. Pour une fortune de 13.600.000 francs, lui donnant un revenu de 680.000 francs, le Français placé dans les mêmes conditions de famille paie 53 pour 100 de son revenu. Si on ajoutait aux impôts sur le revenu la charge des droits de mutation par décès, supposée amortie en vingt-cinq années, on trouverait que l'Anglais paie 46 pour 100 de son revenu et le Français 70 pour 100.

L'inégalité au détriment du Français se trouve encore dans un ordre de revenus qui ne peuvent être considérés que comme des revenus moyens. Pour une fortune de 20.000 livres et un revenu de 1.000 livres, l'Anglais paie 13,5 pour 100 de son revenu si l'on considère que l'income-tax, (il ne paie pas, à ce niveau de revenu, le supertax) et 18 pour 100 si on y ajoute les droits de succession amortis en vingt-cinq années. Pour une fortune de 1.360.000 francs et un revenu de 68.000 francs, le Français paie dans le premier cas 17,6 pour 100 de son revenu, et dans le second cas 25,1 pour 100 (1).

L'accroissement des taux des impôts cédulaires, projeté en France, accroîtra l'inégalité au détriment du contribuable français pour les revenus de la catégorie et de l'ordre de grandeur considérés dans les cas ci-dessus, et vraisemblablement mettra les petits revenus français, relativement ménagés jusqu'ici, dans une situation pareille, au point de vue fiscal, à celle des petits revenus anglais.

Nous arrivons donc à la conclusion suivante. Un pays comme l'Angleterre, où la richesse est grande et assez concentrée, peut demander la majeure partie de ses ressources à des impôts directs sur le revenu. Dans un pays comme la France, de richesse moindre et plus disséminée, la part de l'impôt de consommation est nécessairement plus grande, parce que c'est le genre d'impôt qui permet d'atteindre le plus aisément la foule des petits revenus qui échappent, en droit ou en fait, à l'impôt direct ou qui ne peuvent y être assujettis qu'avec ménagement.

D'ailleurs le système français d'impôts directs est loin d'être parfait. Il porte en lui des causes de faiblesse qui en diminuent sensiblement le rendement.

D'abord il y a une large fissure dans le rendement fiscal des valeurs mobilières, du fait de l'exemption d'impôts dont bénéficient les fonds de l'Etat français. Les rentes françaises sont exemptes de tous les impôts

---

(1) François-Marsal, *L'Effort financier de la France*, 1924. On consultera, sur la même question, le Bulletin quotidien de la Société d'Etudes et d'Informations économiques, supplément, 25 février 1925, et J. F. Aris, *Les charges fiscales en France et en Angleterre* (Revue politique et parlementaire, avril 1925).

qui frappent les valeurs mobilières. Les bons de la Défense nationale sont, de plus, exonérés de l'impôt général sur le revenu. Est-ce ou non de la bonne politique financière ? l'Etat retrouve-t-il, en facilité plus grande qu'il a de placer ses titres, ce qu'il perd en impôts ? Ne discutons pas ici ce point. Mais, à s'en tenir au fait du rendement fiscal, il y a là quelque chose qui est pour le diminuer sensiblement.

D'autre part le fait que la plupart des valeurs mobilières sont au porteur donne à la fortune en titres de grandes facilités d'échapper à l'impôt, soit l'impôt général sur le revenu global, soit l'impôt successoral. L'impôt cédulaire, les valeurs mobilières au porteur ne peuvent pas y échapper parce qu'il est perçu à la source, par retenue sur le coupon. Mais l'impôt général et l'impôt successoral ont pour base la déclaration du redevable, et l'anonymat de la valeur au porteur rend malaisé le contrôle du fisc. Cependant la pratique très étendue des dépôts de titres dans les banques, de récentes dispositions législatives sur l'ouverture des coffres-forts après décès, ont donné à l'Etat des moyens de contrôle qui sont loin d'être inefficaces. D'autre part le législateur a cherché à diminuer l'attrait des titres au porteur en les surtaxant. A l'impôt cédulaire sur le revenu s'ajoute, pour les titres au porteur, un droit de transmission, dont le taux a été, à diverses reprises aggravé, et qui, dans bien des cas, pour les titres à faible revenu, est plus lourd que l'impôt cédulaire. Il est difficile de dire si l'Etat récupère, par ce supplément d'impôts que paient les valeurs au porteur, l'équivalent des évasions fiscales dont elles ont par ailleurs le bénéfice. Il est certain, toutefois, que ce supplément est considérable.

Enfin le principe de l'égalité des citoyens devant l'impôt n'est guère respecté en France. La richesse agricole est extraordinairement ménagée, parce que l'influence des classes rurales est prépondérante en politique. L'impôt foncier est assis sur des évaluations de revenus faites avant la guerre et faites systématiquement très bas ; il en résulte qu'à l'heure actuelle le revenu imposable est extrêmement inférieur au revenu réel. D'autre part, les bénéfices agricoles sont évalués forfaitairement sur la base du revenu foncier, de sorte qu'ils ne sont taxés que sur un chiffre fictif, dans la plupart des cas beaucoup plus bas que le chiffre réel du bénéfice. A la séance du Sénat du 30 mai 1919, M. Ribot citait le cas de bénéfices réalisés par des viticulteurs du Midi, bénéfices s'élevant à 200.000 ou 300.000 francs, et qui au point de vue fiscal n'étaient comptés que pour une vingtaine de mille francs. Il y a une disproportion choquante, pour un pays où la richesse agricole est aussi 'grande, entre le rendement de l'impôt qui frappe les bénéfices du commerce et de l'industrie et celui de l'impôt sur les bénéfices agricoles. Pour 1925, le rendement du premier est évalué à 1.925 millions de francs, et celui du second à 61 millions de francs ; les inégalités ainsi instituées à la base, dans l'impôt cédulaire, se répercutent sur l'impôt général sur le revenu et sont ainsi beaucoup amplifiées.

D'autres privilèges existent, non pas en droit, mais en fait, au profit de quelques professions libérales hautement lucratives, celles d'avocat et de médecin, qui ont la double et heureuse chance de pouvoir s'abriter derrière le secret professionnel qu'elles opposent aux investigations du fisc et d'être brillamment représentées au Parlement. L'impôt sur les salaires, bien qu'il n'atteigne que les salaires élevés, n'est pas non plus recouvré d'une façon sérieuse : l'autorité a hésité à passer outre à la résistance des syndicats et des bourses du travail.

Le principe de l'égalité est inscrit au frontispice de la constitution française, mais il n'est pas, en fait, respecté dans la législation fiscale. Des revenus de même grandeur réelle y sont taxés d'une façon très inégale. L'inconvénient de telles pratiques n'est pas seulement de soustraire à l'impôt des revenus qui devraient y être assujettis. Il est de démoraliser le contribuable et d'ériger en maxime de conduite à l'égard du fisc la formule « trompe qui peut ». Le contribuable qui voit des gens plus riches que lui soustraits, en droit ou en fait, à l'impôt, se sent délié du devoir de loyauté fiscale envers l'Etat. L'impôt direct à caractère personnel, tel qu'il existe maintenant en France, suppose chez les législateurs et les gouvernements une dose raisonnable de moralité et de courage politique ; sa productivité ne s'accomode guère du désir excessif de plaire à l'électeur ou de ménager la classe sociale dont on est.

CHAPITRE III

# Les avances faites à l'État par la Banque de France et la Banque d'Algérie

## I. *Les précédents*

C'était depuis longtemps une idée couramment admise dans le public français, que l'encaisse-or de la Banque de France était notre trésor de guerre : idée dont la signification précise échappait d'ailleurs à la plupart de ceux qui la formulaient. On pouvait l'entendre en ce sens que l'encaisse servirait directement à payer les premières dépenses, les dépenses de l'entrée en guerre, ou bien en ce sens que des émissions de billets à cours forcé pourraient être faites, appuyées sur la base de l'encaisse, celle-ci servant de garantie en quelque sorte morale, puisque les billets, en droit et en fait, ne seraient pas convertibles. C'est ainsi que l'entendait le gouvernement. Un contrat passé entre la Banque et l'État prévoyait les conditions dans lesquelles, en cas de guerre, la Banque ferait des avances à l'État et le montant de ces avances ; ce contrat liait les avances de la Banque à la dispense pour celle-ci de rembourser ses billets en espèces métalliques. De tout ce qui peut constituer la mobilisation économique d'un pays, c'était la seule partie qui eût été prévue et organisée. Il y avait une expérience antérieure dont les résultats avaient été propres à pousser l'État français dans cette voie des avances à demander à la banque d'émission. A l'occasion de la guerre franco-allemande de 1870, des avances, dont le montant avait, par tranches successives, atteint la somme de 1.470.000.000 de francs (1), furent faites à l'État par la Banque de France ; ces avances furent faites au moyen d'émissions nouvelles de billets, rendues possibles par la suspension de la convertibilité des billets en monnaie métallique. Ces avances furent d'un grand secours à l'État qui, sans elles, n'aurait pas été en situation de soutenir la guerre, et elles n'entraînèrent pas une détério-

---

(1) Les avances de la Banque ont été de 1.530.000.000 de francs, mais il y a lieu d'en déduire 60.000.000 d'avances antérieures à la guerre.

ration sensible ni durable du système monétaire. La circulation ne dépassa pas le chiffre de 3.072.000.000 de francs, chiffre atteint le 31 octobre 1873, et la dépréciation des billets ne fut jamais inquiétante ; à son point le plus élevé, la prime de l'or fut de 24 à 25 pour 1000, dans une très courte période de temps, au cours du mois d'octobre 1871, et à partir de la fin de 1873 les changes nous redevinrent presque constamment favorables. Le cours forcé ne fut pas d'ailleurs de très longue durée ; institué au début du mois d'août 1870, s'il ne prit fin, en droit, que le 1er janvier 1878, en fait il avait cessé dès le second trimestre de 1874. Cette expérience, faite cependant à l'occasion d'une guerre désastreuse, avait conduit à envisager sans répugnance le recours aux avances de la Banque dans l'éventualité d'une nouvelle guerre ; ce recours apparaissait comme la méthode financière la plus simple et la plus prompte que l'on pût employer pour couvrir les dépenses d'une entrée en campagne.


## II. *Les conventions du 11 novembre 1911 et celle du 21 septembre 1914*


La question des avances à faire par la Banque de France à l'État était, en dernier lieu avant la guerre, réglée par deux conventions du 11 novembre 1911, toutes deux faites pour la durée du privilège alors en cours, c'est-à-dire pour une période de temps qui expirait le 31 décembre 1920. La convention principale contenait les dispositions suivantes. La Banque s'engageait à mettre à la disposition de l'État une somme de 2.900.000.000 de francs, dans le cas où le gouvernement ferait soit la mobilisation générale de l'armée de terre, soit la mobilisation générale de l'armée de mer avec mobilisation partielle de l'armée de terre. Sur cette somme totale de 2.900.000.000 de francs, une somme de 2.400.000.000 de francs devait être versée au Trésor au fur et à mesure de ses demandes : le restant, soit 500.000.000 de francs, formait l'objet de la seconde convention. Les avances devaient être représentées dans le portefeuille de la Banque par des bons du Trésor à trois mois d'échéance du jour de l'avance. L'intérêt des avances était fixé à 1 pour 100. Les bons ainsi remis à la Banque pouvaient être renouvelés, en tout ou en partie, mais sans que les échéances ainsi prorogées pussent dépasser le délai pendant lequel la Banque serait autorisée à suspendre le remboursement en espèces de ses billets. La convention n'avait d'effet, à l'exception de la disposition relative aux 500.000.000 de francs faisant l'objet de la convention spéciale dont il va être parlé, qu'autant qu'une loi autoriserait l'avance de 2.900.000.000 de francs à faire par la Banque au Trésor, élèverait en même temps d'une somme équivalente la limite de la circulation autorisée (1), et dispenserait la Banque de l'obligation de rembourser ses billets en espèces.

La seconde convention était relative aux ouvertures de crédit dans les succursales. Elle contenait l'engagement par la Banque de remettre au ministre des Finances, dès qu'il en ferait la demande, des lettres d'ouverture de crédit dans les succursales et bureaux auxiliaires pour une somme qui ne pouvait pas dépasser 500.000.000 de francs. Ladite somme représentant une portion de l'avance totale de 2.900.000.000 de francs qui faisait l'objet de la première convention. La désignation des succursales et bureaux auxiliaires et le montant des crédits à ouvrir sur chaque établissement étaient portés sur un état communiqué à titre confidentiel par le ministre des Finances à la Banque. Ce qui était l'objet propre de cette seconde convention, c'était de donner au gouvernement, en cas de mobilisation, les disponibilités immédiatement nécessaires sur les divers points du territoire où devait se faire la concentration des troupes. Aussi l'effet n'en était-il pas subordonné, comme celui de la première convention, au vote d'une loi élevant la limite de la circulation fiduciaire et instituant le cours forcé des billets. Pour ce qui est de la couverture du crédit consenti par la Banque, mêmes dispositions que dans la première convention : remise de bons du Trésor à trois mois d'échéance, portant intérêt à 1 pour 100 l'an.

L'avance totale de 2.900.000.000 de francs, faisant l'objet des deux conventions, ne devait pas être comprise dans le chiffre de la circulation productive qui servait de base à la redevance que la Banque paie à l'État ; mais sur l'intérêt de 1 pour 100 mis à la charge de l'État pour le montant des avances, la Banque s'engageait à payer à l'État une redevance qui, en fait, ramènerait le taux de l'intérêt à 0,875 pour 100.

La grandeur des dépenses faites dès les premières semaines de la guerre et la difficulté pour l'État, après les premiers revers militaires et l'invasion, de trouver d'autres ressources, obligèrent le gouvernement à demander une nouvelle avance à la Banque moins de deux mois après l'ouverture des hostilités. Ce fut l'objet de la convention du 21 septembre 1914, dont le sens est éclairé par une lettre adressée, le 18 septembre, par M. Ribot, ministre des Finances, au gouverneur de la Banque.

Par la convention du 21 septembre 1914, la Banque s'engageait à mettre à la disposition de l'État une nouvelle avance de 3.100.000.000 de francs. ce qui faisait, au total, une somme de 6.000.000.000 de francs. Les conditions étaient les mêmes que dans les conventions antérieures pour ce

_______________

(1) Depuis 1870 le montant maximum de la circulation est fixé par la loi ; ce montant était de 6.800.000.000 de francs au moment de l'entrée en guerre.

qui est de la représentation des avances par des bons du Trésor remis à la Banque, du renouvellement de ces bons et de la redevance que la Banque avait à payer sur l'intérêt dû par l'État. Mais la convention du 21 septembre contenait d'importantes dispositions nouvelles qui se sont appliquées aux avances qui ont été faites dans la suite.

1º Aux termes de l'article 3, l'État s'engageait à rembourser, dans le plus court délai possible, les avances faites par la Banque, soit au moyen des ressources ordinaires du budget, soit sur les premiers emprunts, soit sur les autres ressources extraordinaires dont il pourrait disposer. La lettre du ministre des Finances au gouverneur de la Banque, en date du 18 septembre, montre bien la genèse de cette disposition. Il eût été conforme au désir de la Banque de fixer immédiatement un délai pour le remboursement. Mais l'État ne considérait pas comme possible de prendre un engagement à terme fixé, eu égard aux circonstances, et se borna à promettre de rembourser dans le plus cours délai possible. Voici les passages les plus intéressants de la lettre ministérielle : « Vous m'aviez entretenu, Monsieur le gouverneur, de la préoccupation qu'avaient les régents d'assurer, après la conclusion de la paix, le remboursement aussi prompt que possible de ces avances par l'État. Je suis tout à fait d'accord avec eux. Rien ne serait plus funeste que de céder à la tentation de différer ce remboursement, pour se dispenser de faire les emprunts nécessaires et profiter du taux réduit d'intérêt de la dette de l'État envers la Banque. Le crédit de la Banque souffrirait gravement d'une politique aussi imprévoyante. Ce qui fait la force du crédit de la Banque et ce qui lui permet de fournir, en temps de guerre, à l'État les ressources dont il a besoin, c'est qu'en temps ordinaire la circulation des billets est entièrement garantie par l'encaisse métallique et par les effets de commerce. Le crédit de la Banque et celui de l'État ne doivent pas être confondus et lorsqu'une crise, comme celle d'aujourd'hui, oblige l'État à recourir à la Banque, il ne peut le faire sans danger qu'à la condition de rentrer le plus tôt possible dans l'ordre habituel. Vous pouvez donner au Conseil de régence l'assurance que le remboursement de la dette de l'État sera fait dans le plus court délai possible, soit au moyen des ressources ordinaires du budget, soit en prélevant les sommes nécessaires sur les premiers emprunts ou sur les autres ressources extraordinaires dont nous pourrons disposer. Il n'y a aucune raison de douter que les Chambres ratifient l'engagement que je prends envers la Banque au nom du gouvernement tout entier. Vous n'aurez pas de peine à faire comprendre au Conseil de régence que, pour l'exécution de cet engagement, il ne m'est pas possible de fixer, en ce moment, le terme de remboursement. Nous ne savons pas quelle sera la situation financière au lendemain de la paix et il y aurait de l'imprudence à nous lier par des stipulations que nous ne serions pas sûrs de pouvoir observer dans toute leur précision. »

2º Toutes les avances consenties par la Banque devaient lui être remboursées en espèces métalliques ou en billets de la Banque. Cela, à vrai dire, paraît avoir été inutile à dire, puisque les espèces métalliques et les billets sont les seules monnaies libératoires. Par cette affirmation d'une chose qui allait de soi, la Banque a voulu écarter toute éventualité d'un remboursement en titres de rente ou autres emprunts de l'État.

3º L'intérêt des avances demeurait fixé à 1 pour 100, comme dans la convention de 1911. Mais, afin de stimuler l'État et de rendre moins attrayant pour lui de retarder l'époque du remboursement, il était convenu que, passé le délai d'un an après la cessation des hostilités, le renouvellement des avances en cours ne pourrait plus s'effectuer qu'au taux de 3 pour 100. Par là se trouvait atténué l'écart entre l'intérêt des avances de la Banque et l'intérêt des emprunts que l'État serait obligé de contracter pour rembourser la Banque, dans l'hypothèse, devenue par la suite une réalité, où il serait dans l'impossibilité de la rembourser sur les ressources ordinaires du budget. Toutefois la convention de 1914 ne laissait pas à la Banque le bénéfice de ce supplément d'intérêts ; en aucun cas, dit l'article 5, le supplément d'intérêt de 2 pour 100 ne pourra être compris dans les bénéfices susceptibles d'être distribués aux actionnaires de la Banque. Les sommes en provenant étaient affectées à un compte spécial de réserve qui avait une double destination. En première ligne, le compte spécial devait couvrir les pertes qui pourraient se produire sur le recouvrement des effets de commerce immobilisés par la prorogation des échéances (1). S'il y avait un reliquat, celui-ci viendrait en atténuation des avances faites par la Banque à l'État. Ainsi était institué un mode d'amortissement automatique qui, en fait, a joué pour des sommes importantes.


III. *Les conventions postérieures à 1914 et le plan de remboursement des avances consenties par la Banque. Les avances de la Banque d'Algérie.*

L'avance de 6.000.000.000 de francs autorisée par les conventions de 1911 et par celle du 21 septembre 1914 ne fut pas suffisante. Des conventions successives élevèrent le chiffre des avances autorisées, par

---

(1) Le moratorium des effets de commerce (décret du 31 juillet 1914) a eu pour effet d'immobiliser un portefeuille commercial qui a atteint un moment plus de 4.400.000.000 de francs. La liquidation de ce portefeuille a donné peu de mécomptes ; il est réduit, fin 1924, à une somme de 8.670.000 francs.

tranches de 3.000.000.000 de francs ; elles portent les dates du 4 mai 1915, des 13 février et 2 octobre 1917, des 4 avril et 5 juin 1918 pour la période des hostilités. On arrivait ainsi, au cours même de la guerre, à un total d'avances autorisées montant à 21.000.000.000 de francs, les avances réalisées demeurant toujours un peu au-dessous du chiffre autorisé. Les recours à la Banque n'ont pas cessé avec les hostilités ; des conventions du 13 février 1919 et du 24 avril 1919 ont autorisé deux nouvelles tranches de 3.000.000.000, ce qui portait le total à 27.000.000.000 de francs.

Le tableau suivant indique le montant des avances réellement effectuées à la fin de chacune des années de la période 1914-1919 :

| | | |
|---|---|---|
| Fin 1914 | 3.900 | millions de francs |
| Fin 1915 | 5.000 | — |
| Fin 1916 | 7.400 | — |
| Fin 1917 | 12.500 | — |
| Fin 1918 | 17.150 | — |
| Fin 1919 | 25.500 | — |

Le montant total des avances aurait dépassé très notablement ces chiffres si, chaque année, l'État n'avait pas remboursé à la Banque des sommes importantes. Chacun des quatre emprunts de consolidation effectués en 1915, 1916, 1917 et 1918, a été l'occasion d'un remboursement par l'État d'une fraction de sa dette. Le rapport de la Banque de France sur les opérations de l'année 1918 fixe à 8.850.000.000 de francs le chiffre global des remboursements effectués depuis le début de la guerre, principalement à la suite des emprunts de consolidation, et aussi par la cession à la Banque d'une créance de 200.000.000 de dollars sur le Trésor des États-Unis. Sur l'emprunt de 1915 un remboursement de 2.4000.000.000 de francs fut fait à la Banque ; sur l'emprunt de 1916, un remboursement de 2.200.000.000 de francs ; sur l'emprunt de 1917, un remboursement de 300.000.000 de francs ; sur l'emprunt de 1918 un remboursement de 2.500.000.000 de francs ; soit, au total, des remboursements s'élevant à 7.400.000.000 de francs sur les quatre emprunts du temps de guerre.

Sans doute, peut-on penser qu'il n'y avait dans ces remboursements successifs qu'un geste vain, puisque l'insuffisance de ses ressources forçait l'État, après qu'il avait remboursé, à demander à la Banque de nouvelles avances. Mais la Banque tenait extrêmement à ses remboursements. Elle y voyait la confirmation des principes solennellement affirmés par la convention de 1914.

L'apport de chacune des années de la période considérée aux avances en cours à la fin de l'année précédente est allé en augmentant du commencement à la fin de la période, sauf dans l'année 1918, où l'accroissement des avances est moindre qu'en 1917. Voici, pour chacune des années 1915-1919, l'excédent des avances en fin d'année sur le chiffre de l'année précédente :

| | | |
|---|---|---|
| Fin 1915 | 1.100 | millions de francs |
| Fin 1916 | 2.400 | — |
| Fin 1917 | 5.100 | — |
| Fin 1918 | 4.650 | — |
| Fin 1919 | 8.350 | — |

Il ressort de là que l'année 1919, malgré la cessation des hostilités, a plus accru le montant des avances de la Banque que la plus onéreuse des années antérieures ; pourtant elle a connu, elle aussi, des remboursements de l'État qui se sont élevés à 1.350.000.000 de francs. Si l'État pouvait alléguer des excuses à ce recours continué et aggravé aux avances de la Banque après la cessation des hostilités, notamment la liquidation formidable en présence de laquelle il se trouvait, les dépenses de la démobilisation commencée, le retrait des coupures locales émises dans la région du Nord pendant l'occupation allemande, la modification du régime monétaire en Alsace-Lorraine, il y eut là cependant la marque d'une mauvaise gestion financière. Un effort fiscal vigoureux entrepris dès 1919, au lieu d'être rejeté sur 1920, aurait permis de diminuer d'une façon sensible le recours aux billets, et de moins accroître une inflation dont le péril était déjà grand.

La Banque de France éleva des protestations contre cette politique. Déjà, dans le rapport du gouverneur sur les opérations de la Banque en 1918 (assemblée générale des actionnaires du 30 janvier 1919), le péril était signalé dans les termes suivants : « Votre Conseil général ne s'est à aucun moment dissimulé les inconvénients d'un accroissement rapide et considérable de l'émission des billets. Il les a signalés à plusieurs reprises aux pouvoirs publics. Mais aux heures tragiques où se jouaient les destinées de la France, en présence de demandes qui, chaque fois, se justifiaient par les impérieuses nécessités de la Défense nationale, il ne pouvait hésiter à y souscrire ni restreindre, par une limite quelconque, le concours de la Banque à la trésorerie de guerre. » Le rapport sur les opérations de 1919, présenté à l'assemblée générale des actionnaires du 29 janvier 1920, formule, d'une façon discrète mais pressante, les remontrances que la Banque avait cru devoir adresser aux pouvoirs publics à l'occasion des nouvelles demandes d'avances dont elle avait été saisie au cours de l'année : « Il importe — lit-on dans ce rapport — que le pays soit bien pénétré de cette vérité : l'œuvre de reconstitution économique et financière sera rendue singulièrement plus difficile, aussi longtemps que la situation monétaire n'aura pas été rétablie et la condition première de ce rétablissement est que le Trésor soit mis en mesure de couvrir tous ses besoins sans le concours de l'émission. »

Dans sa résistance à de nouvelles avances rendant nécessaires des émissions nouvelles, la Banque se sentait alors soutenue par ce qu'il y avait de plus éclairé dans l'opinion publique et par une partie du Parlement. Aussi les deux demandes faites par l'État en 1919, si elles furent admises sous la pression de la nécessité, ne le furent-elles pas avec la même facilité ni, pour la seconde, dans les mêmes conditions que les précédentes. Lorsque, pour la seconde fois en 1919, au mois d'avril, le Conseil général de la Banque fut saisi d'une demande de l'État, demande qui proposait de porter de 24 à 27.000.000.000 de francs le maximum autorisé, il répondit d'abord par un refus. Il ne consentit à la convention du 24 avril que sous la condition que la nouvelle avance de 3.000.000.000 de francs serait rigoureusement temporaire et remboursée sur le produit du plus prochain emprunt à émettre. Une fois le remboursement fait, l'avance consentie ne pourrait plus être utilisée à nouveau, de sorte que la maximum autorisé retomberait à 24.000.000.000 de francs.

L'État n'ayant pas été en mesure de rembourser la dite avance sur le premier des deux emprunts de l'année 1920, une convention du 14 avril 1920 prorogea jusqu'au 31 décembre de la même année la convention du 24 avril 1919. Une nouvelle prorogation, jusqu'au 31 décembre 1921, fut accordée par la convention du 29 décembre 1920.

Ces deux conventions du 14 avril 1920 et du 29 décembre 1920 ont, en même temps qu'elles prolongeaient la période de temps pendant laquelle le maximum de 27.000.000.000 resterait autorisé, établi le plan général des remboursements à faire par l'État. L'État devait rembourser, au minimum, 2.000.000.000 de francs par an, le montant des avances autorisées étant diminué de cette somme le 31 décembre de chaque année. Le premier remboursement prévu a été effectivement opéré à la fin de 1921 et le montant des avances autorisées a été ramené, à partir du 1er janvier 1922, à 25.000.000.000 de francs. Mais par la suite les difficultés de la trésorerie n'ont pas permis de se conformer exactement au plan arrêté en 1920.

Le retard dans l'exécution des remboursements prévus est une des conséquences de la carence de l'Allemagne. Lors de la convention du 14 avril 1920, il y avait sujet de compter sur des versements réguliers que l'Allemagne ferait au titre des réparations, et l'État français avait agi raisonnablement en prenant à l'égard de la Banque des engagements qui, rigoureusement tenus, auraient éteint sa dette à la fin de l'année 1932. La carence de l'Allemagne a rendu impossible l'exécution des engagements pris à cette époque.

Les avances faites de 1915 à 1920 l'ont été aux conditions fixées par les conventions de 1911 et de 1914. Il y a lieu cependant de mentionner des changements relatifs aux intérêts des avances. La convention du 26 octobre 1917, passée à l'occasion du renouvellement du privilège de la Banque, a porté à 50 pour 100 le prélèvement opéré par l'État sur l'intérêt, au taux de 1 pour 100, prévu par la convention de 1911, l'intérêt supplémentaire de 2 pour 100 visé par la convention du 21 septembre 1914 demeurant d'ailleurs intégralement affecté au compte de réserve et d'amortissement institué par la dite convention ; par conséquent, sur les 3 pour 100 d'intérêt que l'État verse actuellement, la Banque ne touche que 0,50 pour 100. La convention du 13 février 1919, pour les 3.000.000.000 de francs d'avances nouvelles qu'elle autorise, a réduit l'intérêt à 0,75 pour 100, dont l'État, conformément à la règle posée en 1917, prélève la moitié. En ce qui concerne enfin l'avance temporaire de 3.000.000.000 de francs autorisée par la convention du 24 avril 1919, la Banque a pris l'engagement de verser au compte de réserve et d'amortissement l'intégralité des sommes qu'elle recevrait à titre d'intérêt (1).

Des avances ont aussi été demandées par l'État à la *Banque d'Algérie*. Elles avaient fait l'objet de la convention du 30 novembre 1911 qui en fixait le montant maximum à 100.000.000 de francs ; ce maximum a été porté à 200, puis à 300.000.000 par les conventions du 6 septembre 1915 et du 3 juin 1918. Les avances réalisées ont été de 235.000.000 de francs et ont été intégralement remboursées dans le courant de 1920. Voici le tableau des sommes avancées et des sommes remboursées (en millions de francs) :

|  | Sommes avancées | Sommes remboursées |
|---|---|---|
| 1914 (31 décembre)..................... | 25 | |
| 1915      —     ................... | 50 | |
| 1916      —     ................... | | 50 |
| 1917      —     ................... | 60 | |
| 1918      —     ................... | 130 | |
| 1919      —     ................... | 20 | |
| 1920            ................... | | 235 |

---

(1) La Banque de France n'a pas seulement fait des avances à l'État français ; celui-ci s'est en outre servi d'elle pour faire des avances à certains Etats alliés, en fait à la Russie. Bien que ces avances ne constituent pas, au point de vue budgétaire, des dépenses de guerre, il y a lieu cependant de les mentionner.

Le système de ces avances a été réglé par des accords interalliés du 5 février et du 4 octobre 1915. Le ministre des Finances remettait à la Banque, pour le compte du gouvernement russe, des Bons du Trésor français, renouvelables de trois mois en trois mois, que la Banque escomptait au taux courant. Le débiteur de la Banque est donc bien l'État français. Le compte continue à grossir par la capitalisation des intérêts ; il figure au bilan de la Banque sous la rubrique « Bons du Trésor français escomptés pour avances de l'État à des gouvernements étrangers », et s'élevait, à la fin de 1924, à 4.872.000.000 de francs. En vertu de la convention du 26 octobre 1917, les produits résultant de l'escompte des Bons du Trésor français à des gouvernements étrangers font l'objet d'un prélèvement de 85 pour 100 qui est versé au compte de réserve et d'amortissement susmentionné.

Il y a eu des avances faites à d'autres gouvernements que celui de la Russie, mais elles ont été faites sous d'autres formes.

#### IV. *Les conséquences monétaires des avances demandées à la Banque de France. Le cours forcé et l'inflation*

Quand un État demande à une banque investie du droit d'émettre des billets des avances d'une certaine ampleur, la banque ne peut faire ces avances qu'en émettant des billets, et les billets ainsi émis, ne l'étant pas pour les besoins du commerce, ne peuvent être maintenus dans la circulation que par la contrainte légale ; de sorte que, financer une guerre par des avances de la banque d'émission, c'est nécessairement introduire l'inflation et le cours forcé. L'inflation et le cours forcé ont pour effet de détraquer le système monétaire. De la guerre de 1914 est issue la plus grandiose et la plus désastreuse expérience de dépréciation de la monnaie qui ait jamais été réalisée, par l'étendue territoriale qu'elle embrasse et par le degré que la dépréciation de la monnaie a atteint dans divers pays ; mais ce n'est pas ici le lieu de raconter cette expérience.

En France, toutes les conventions qui ont autorisé des avances de la Banque à l'État ont, en même temps, élevé la limite de l'émission des billets.

Avant la guerre, la limite de l'émission était de 6.800.000.000 de francs (loi du 29 décembre 1911). La loi du 5 août 1914, qui portait approbation des conventions de 1911 jusque là tenues secrètes, fixait la limite à 12.000.000.000 de francs ; elle instituait en même temps le régime du cours forcé. Par bonds successifs, à mesure que de nouvelles avances étaient autorisées, la limite de l'émission a été reculée. Elle l'a été d'abord par décrets : la loi du 5 août 1914 donnait au gouvernement la faculté de porter la limite au delà de celle de 12.000.000.000 de francs qu'elle avait fixée, par décrets rendus en Conseil d'État sur la proposition du ministre des Finances. Il en fut ainsi jusqu'à la loi du 5 mars 1919 qui abrogea cette disposition de la loi du 5 août 1914. Depuis lors le chiffre des émissions ne peut être fixé, comme avant la guerre, que par une loi. La loi du 17 juillet 1919 l'a fixé à 40.000.000.000 de francs. La loi du 31 juillet 1920 a autorisé toutefois le gouvernement, pendant l'absence des Chambres et au cours de l'année 1920 seulement, à élever la limite jusqu'à 43.000.000.000 de francs, par décret rendu en Conseil d'État sur la proposition du ministre des Finances, étant stipulé que cela ne pourrait être fait que pour les besoins du commerce. Le gouvernement a partiellement usé de cette faculté par le décret du 28 septembre 1920, en portant le chiffre de l'émission autorisée jusqu'à 41.000.000.000 de francs. Enfin la limite a été fixée à 45 milliards par la loi du 15 avril 1925 ; puis à 51 milliards par celle du 27 juin 1925.

La *circulation* a augmenté parallèlement aux avances de la Banque.

En 1913, le maximum atteint avait été de 6.022.000.000 de francs ; en juillet 1914, la circulation était de 5.912.000.000 de francs. A la fin de chacune des années 1914 à 1919, elle était de :

| | | |
|---|---|---|
| Fin 1914.................... | 10.042 | millions de francs |
| Fin 1915.................... | 13.216 | — |
| Fin 1916.................... | 16.580 | — |
| Fin 1917.................... | 22.336 | — |
| Fin 1918.................... | 30.250 | — |
| Fin 1919.................... | 37.275 | — |

*L'encaisse-or* ne représente maintenant qu'une fraction beaucoup plus petite qu'avant la guerre du montant des billets en circulation. A la fin de 1913, le rapport de l'encaisse-or à la circulation était de 61,5 pour 100. Au bilan du 23 juillet 1914, par l'effet des mesures prises par la Banque pour renforcer son encaisse, le rapport était de 69,4 pour 100. A la fin de l'année 1924, pour une circulation de 40.603 millions de francs, il y avait une encaisse de 3.680 millions de francs, ce qui donne un rapport de 9 pour 100. Il est vrai que la Banque de France porte dans ses bilans, à côté de l'or en caisse, l'or à l'étranger, et que le total de l'encaisse-or, les deux postes réunis, était, fin 1924, de 5.545.000.000 de francs. Mais l'or à l'étranger n'est pas disponible ; la Banque de France en est créancière et n'en peut rentrer en possession que dans la mesure où le Trésor français rembourse les avances qui lui ont été consenties par l'Angleterre et dont les envois d'or ont été la contre-partie ; il ne peut donc pas être considéré comme partie intégrante de la couverture des billets. D'ailleurs, même en le comptant, le rapport de l'encaisse à la circulation n'est encore que de 13,6 pour 100.

Le recours de l'État aux avances de la Banque a été la cause initiale de l'inflation et, par conséquent, de la hausse des prix. Jamais les maux de toute sorte qui sont la suite de la dépréciation de la monnaie ne se sont manifestés avec plus d'éclat que dans l'Europe d'aujourd'hui ; encore la France n'est-elle pas, tant s'en faut, le pays qui en a, jusqu'ici, souffert le plus. Lors de la guerre de 1870, l'émission de billets à cours forcé n'avait pas déterminé de grands dommages dans notre économie nationale. Quand l'émission ne porte pas sur des sommes excessives, que la possibilité est manifeste d'un remboursement assez prompt de la dette de l'État et de la cessation du cours forcé, et qu'enfin la richesse nationale est demeurée à peu près intacte, le recours à la planche à billets n'a pas d'inconvénients très graves ni durables. Ces conditions se trouvèrent précisément réalisées lors de la guerre de 1870. Il n'en est pas de même aujourd'hui. L'inflation a déchaîné des maux économiques et sociaux qu'il faudra longtemps pour guérir et qui laisseront des conséquences durables, dont la plus grave est la dégradation des conditions de vie de la moyenne bourgeoisie, de cette bourgeoisie cultivée qui était une des principales forces de la France.

Tour cela eût été évité si le recours à l'impôt avait pu être assez prompt et assez efficace pour que le recours aux billets ne devînt pas nécessaire, ou tout au moins pour qu'il cessât de l'être après les premières semaines de la guerre. L'impôt n'aurait même pas eu à fournir les quelques 25.000.000.000 de francs que les avances à la Banque ont fournis de 1914 à la fin de 1919, car la hausse des prix n'aurait pas été aussi forte et les dépenses de l'État auraient été moindres. C'est le plan incliné : l'émission à jet continu des billets a déclanché une hausse des prix qui a accru les dépenses et rendu nécessaire une émission de plus en plus grande. Le tout était de ne pas s'engager sur le plan incliné, de ne pas entrer dans ce cercle infernal d'où il est si difficile de sortir. Mais on a précédemment exposé les raisons qui rendaient extrêmement difficile, au début de la guerre, le recours aux impôts, et qui ont fait qu'on a dû s'engager sur le plan incliné, sans en voir d'ailleurs bien clairement le danger.

Toutefois, ce n'est pas dans les premiers temps de la guerre que le gouvernement a fait abus du papier-monnaie. La création, dès le mois de septembre 1914, des bons de la Défense nationale, montrait le souci de s'adresser directement à l'épargne plutôt qu'à la Banque de France, et leur succès a permis assez longtemps de n'user qu'avec une certaine modération de l'émission des billets. A la fin de 1914, l'État n'avait encore demandé à la Banque que 3.900.000.000 de francs, sur les 6.000.000.000 de francs que la convention du 21 septembre 1914 lui donnait le droit de demander ; à la fin de 1915, les avances nettes réalisées n'étaient encore que de 5.000.000.000 de francs. A ce moment-là, une politique fiscale meilleure aurait peut-être permis, si grandes qu'en fussent les difficultés, de ne plus accroître qu'assez lentement les émissions, et c'est au contraire à partir de là que le mouvement s'amplifie avec rapidité : 7.400.000 000 de francs d'avances à la fin de 1916 ; 12.500.000.000 de francs à la fin de 1917 ; 17.150.000.000 de francs à la fin de 1918. L'année la plus néfaste a été l'année 1919, au cours de laquelle, les hostilités terminées, les avances se sont accrues de 8.350.000.000 de francs, atteignant à la fin de l'année le chiffre de 25.500.000.000 de francs ; année de détestable gestion financière, où l'effort fiscal et l'effort de compression des dépenses ont été ajournés et où aucun emprunt de consolidation n'a été fait. La gestion financière de 1919 a beaucoup aggravé les difficultés de la France.

CHAPITRE IV

## Les moyens de trésorerie

I. *Le rôle des moyens de trésorerie en temps normal et en temps de guerre*

Même en temps normal et dans un État à finances bien gérées, les ressources à très court terme, fournies par la trésorerie, sont une chose dont on ne peut pas se passer ; elles sont un élément tout à fait correct et régulier des finances publiques.

En effet, alors même que les budgets de l'État sont en équilibre, les rentrées de recettes peuvent ne pas coïncider exactement, tout le long de l'exercice, avec les dépenses à faire. Il n'y a pas un échelonnement uniforme des unes et des autres. Comme aux hommes d'affaires, comme aux simples particuliers, il faut aux États un fonds de roulement, une masse disponible dans laquelle viennent se déverser les recettes budgétaires et sur laquelle les dépenses sont prélevées. Cette somme disponible, ce fonds de roulement, ce fonds de caisse, c'est le Trésor qui le fournit à l'État.

D'autre part il arrive, même dans les périodes de bonne gestion financière, qu'il y ait des exercices budgétaires moins heureux que d'autres. Il se peut qu'une crise économique ou financière éclate, faisant baisser le niveau des recettes et frustrant l'État d'une partie de celles sur lesquelles il était fondé à compter, ou bien que des événements imprévus obligent l'État à des dépenses exceptionnelles. L'équilibre du budget est alors rompu ; si le déficit n'est pas très grand et s'il ne paraît pas devoir se renouveler dans les exercices qui suivent, on hésitera légitimement à instituer des impôts nouveaux ou à majorer les impôts existants pour faire face à une situation provisoire, et on ne voudra pas non plus émettre un emprunt en rentes perpétuelles ou amortissables à long terme pour une somme relativement faible. C'est le Trésor qui prendra en charge le déficit ; il y fera face au moyen de ses ressources, en attendant que des budgets en excédent permettent à l'État de lui rembourser les avances faites.

Ainsi les moyens de trésorerie, en temps normal, donnent à l'État le fonds de roulement que tout mouvement d'argent implique, et permettent de faire la liaison, soit entre les périodes du même exercice budgétaire, soit d'un exercice budgétaire à un autre. Le Trésor est une manière de banquier que l'État charge de ses recouvrements et de ses paiements, et à qui, le cas échéant, il demande des avances temporaires.

Le banquier, pour prêter, emprunte et c'est ce que fait le Trésor. Les fonds dont le Trésor dispose viennent de trois sources :

1º Certains établissements publics ont la faculté ou l'obligation de verser au Trésor, en totalité ou en partie, leurs fonds disponibles : les communes, les départements, la Caisse des Dépôts et Consignations le Crédit Foncier ;

2º Les trésoriers-payeurs généraux ont au Trésor un compte courant d'avances ;

3º Le Trésor fait appel aux capitaux du public par l'émission de titres remboursables à court terme : ce sont les bons et les obligations du Trésor.

Ces emprunts à court terme contractés par le Trésor, dans son rôle de banquier de l'État, forment ce qu'on appelle la *dette flottante* (1), dette dont le niveau varie sans cesse et dont les éléments sont en perpétuel renouvellement, les engagements venus à échéance étant remplacés par des engagements semblables. Avant la guerre, la dette flottante de la France était de l'ordre de grandeur de 1.500.000.000 à 2.000.000.000 de francs.

La guerre a énormément accru la dette flottante. En temps de guerre, on a tendance à vivre dans le provisoire. Il est plus facile de se procurer de l'argent par des emprunts à court terme que par des emprunts à long terme ou perpétuels ; ceux-ci demandent une préparation, la réunion ou la rencontre de circonstances favorables ; l'emprunt de trésorerie est comme une prise d'eau ouverte sur la masse des capitaux disponibles, capitaux qui hésiteraient peut-être à se placer pour un long temps et pour qui la brièveté même de l'engagement est un attrait, capitaux que la guerre même alimente, renouvelle et accroît, parce que les dépenses que fait l'État se muent en profits, indemnités ou salaires et parce que la création incessante de nouveaux moyens de paiement jette dans la circulation une richesse de papier qui cherche des placements fructueux. Pente dangereuse que celle où l'État s'engage ainsi. Quand la dette flottante s'est installée dans les finances d'un État, il devient difficile de l'en déloger. La consolidation, si on n'a pas voulu, ou pas su, ou pas

---

(1) Au sens étroit du mot, la dette flottante ne comprend pas les obligations du Trésor qui, bien que constituant des engagements à court terme, sont cependant d'une durée plus longue que les bons du Trésor.

pu la faire dès le début et progressivement, de façon à transformer la
dette flottante en engagements à long terme, à mesure qu'elle se constituait, rencontre des difficultés croissantes : difficultés du côté de l'État
qui trouve commode de puiser, pour les besoins du budget, dans ce
grand réservoir avec lequel il communique par un système perfectionné
de canaux ; difficultés du côté du public qui a pris l'habitude de ces
placements à court terme et qui est très sensible à l'avantage d'un mode
de placement de ses épargnes qui ne l'engage pas, puisque le capital ne
cesse pour ainsi dire jamais d'être disponible, quand le capitaliste a
pris soin d'aménager un échelonnement judicieux des échéances.

C'était un phénomène financier déjà mis en lumière par les guerres
précédentes que la croissance des moyens de trésorerie ; la guerre de
1914 a fourni de ce phénomène, comme de tous les autres, des exemples
qui passent en grandeur tout ce qui s'était vu auparavant.

L'État français a eu recours à trois sortes d'emprunts à court terme.
Il a fait revivre un genre d'avances qui avait presque disparu, les avances
des trésoriers-payeurs généraux. Il a émis, sous le nom de bons de la
Défense nationale, des bons du Trésor présentant quelques caractères
particuliers. Il a émis des obligations du Trésor sous le nom d'obligations
de la Défense nationale.

## II. *Les avances des trésoriers-payeurs généraux*

Les trésoriers-payeurs généraux ont joué, lors de leur institution
sous le nom de receveurs généraux et pendant une partie du xix<sup>e</sup> siècle,
un rôle considérable. Ils n'étaient pas seulement des fonctionnaires
chargés du recouvrement de l'impôt, mais des banquiers qui avançaient
des fonds à l'État. Un décret du 16 juillet 1806 les avait obligés à verser
à la Caisse de service, dès leur encaissement, toutes les sommes qu'ils
recouvraient au titre des impôts, alors qu'auparavant ils n'étaient tenus
de faire ces versements qu'à partir du septième mois de l'année et par
douzièmes ; ces versements par anticipation étaient considérés comme
faits par eux à titre d'avances personnelles à l'État et portaient intérêt
à leur profit. En outre, pour accroître le montant des sommes qu'ils
pouvaient mettre à la disposition de l'État, on les autorisa à accepter
les dépôts des particuliers, à faire certaines opérations de banque pour
le compte du public, telles que l'achat au comptant de valeurs de
Bourse ; ils groupaient ainsi autour d'eux une clientèle et avaient des
disponibilités qu'ils pouvaient confier au Trésor, leur bénéfice étant fait
de la différence entre l'intérêt que l'État leur payait sur leurs avances
et celui qu'ils payaient à leurs déposants.

Le rôle de banquiers de l'État, que jouaient ainsi les trésoriers-payeurs généraux, a été considérable ; sous le premier Empire et le gouvernement de la Restauration, ils ont alimenté la trésorerie. Puis, peu à peu, ce rôle avait perdu de son importance et il était, dans les années avant la guerre, réduit presque à rien. L'affermissement du crédit de l'État lui avait permis de se passer des services bancaires des trésoriers-payeurs généraux. Le Trésor avait à sa disposition des ressources abondantes et variées qui ne lui coûtaient pas cher. On avait laissé tomber en désuétude les dispositions qui obligeaient les trésoriers-payeurs généraux à faire un chiffre minimum d'avances à l'État; on avait diminué l'intérêt qui leur était servi sur ces avances, et il était en dernier lieu égal à l'intérêt des bons du Trésor. Les trésoriers-payeurs généraux, qui avaient autrefois formé une aristocratie financière que l'État ménageait parce qu'il avait besoin de ses services, n'étaient plus que des fonctionnaires à émoluments réduits et que guettait la jalousie démocratique. Leur compte d'avances au Trésor n'était plus que d'une trentaine de millions (27.800.000 francs le 31 juillet 1914).

Dans les premiers mois de la guerre, l'État, ayant à faire face à une situation de trésorerie difficile, a naturellement pensé à revivifier le rôle bancaire des trésoriers-payeurs généraux. Le décret du 11 décembre 1914 a pris à cet effet deux mesures dont la portée est exposée dans le rapport introductif du ministre des Finances. Ce rapport s'exprime ainsi :

« Les avances des trésoriers-payeurs généraux, constituées par leurs fonds personnels et par les sommes en dépôt, ne dépassent pas depuis un certain nombre d'années une trentaine de millions.

« Les besoins de l'heure présente sont cependant considérables et le moment paraît venu d'accroître, par des mesures nouvelles et provisoirement limitées à la période des hostilités, le montant des fonds déposés dans les trésoreries, lesquels doivent former le complément des ressources créées par l'innovation, si bien accueillie du public, des bons de la Défense nationale.

« Il nous a semblé tout d'abord que, pour obtenir ce résultat, il convenait de renforcer les garanties très réelles cependant déjà données aux déposants. Du moment que les fonds particuliers ont pour objet, non seulement de donner au public des facilités temporaires de placement, mais encore d'aider efficacement la trésorerie nationale, il est rationnel, sans vouloir abroger les principes essentiels qui dominent la matière, de mettre en jeu, tout au moins pendant la guerre, la responsabilité subsidiaire de l'État lui-même.

« Si, d'autre part, l'admission en compte courant des fonds des banques et établissements de crédit a été interdite en 1909, un retour à l'ancien état de choses ne paraît pas impossible, à la condition de prévenir par certaines mesures d'exécution les inconvénients autrefois signalés. Il ne convient pas que notre organisation comptable puisse être utilisée comme un moyen facile de transmission des fonds remis par les banques ; il ne convient pas davantage que le Trésor subisse une charge d'intérêts pour des sommes dont le dépôt n'aura été pour lui, en raison de sa durée infime, d'aucune utilité appréciable.

« Quant aux intérêts, le taux continuera d'en être déterminé par le ministre des Finances ; il ne semble pas exagéré d'envisager pour le moment celui de 2,25 pour 100, mais il va de soi que l'augmentation du taux actuellement fixé à 1,75 pour 100 devra bénéficier aux déposants et non pas aux comptables qui se trouveront du reste indirectement rémunérés par l'augmentation même des dépôts. Cette rémunération échapperait toutefois à ceux dont les trésories, particulièrement chargées, procurent déjà le maximum de remises fixé par les textes, soit 28.000 francs ; il paraît désirable, au point de vue des intérêts mêmes du Trésor, qu'une allocation puisse cependant leur être attribuée, dans des conditions à fixer par arrêté, en raison du supplément de travail et de frais qu'occasionne le mouvement des capitaux remboursables à vue. Une disposition spéciale a été insérée à cet effet. »

Le décret du 11 décembre 1914, ratifié par la loi du 26 décembre 1914, prenait, en conséquence, les mesures suivantes :

1º A partir du 11 décembre 1914 et pendant la période des hostilités, le remboursement des fonds de dépôts versés aux trésoreries générales ou aux recettes particulières des finances était garanti à titre subsidiaire par l'État, qui ajoutait sa responsabilité à celle des fonctionnaires dépositaires ;

2º Pour stimuler le zèle des fonctionnaires, les intérêts alloués aux trésoriers-payeurs généraux pour leurs fonds personnels ou pour les dépôts versés par eux au Trésor, pouvaient désormais rester en dehors des limitations d'émoluments prévues par les textes en vigueur, et il en était de même des remises accordées pour le service des bons de la Défense nationale.

Ces mesures ont très sensiblement élevé le niveau des avances faites par les trésoriers-payeurs généraux ; mais les sommes ainsi obtenues n'ont été que bien peu de chose dans l'ensemble des ressources de trésorerie : fin 1919, ces avances se montaient à 285.000.000 de francs.


### III. *Les bons de la Défense nationale*


La grande ressource de trésorerie, depuis 1914, a été l'émission de bons de la Défense nationale.

Les bons de la Défense nationale sont des bons du Trésor avec quelques modalités particulières. Ceux-ci sont un moyen de trésorerie très ancien, qui existait avant qu'un texte légal en eût reconnu officiellement l'existence ; ce texte est la loi du 4 août 1824 dont l'objet fut, en consacrant une pratique établie, de limiter les pouvoirs du ministre des Finances en fixant un maximum à l'émission des bons. « Le ministre des Finances — dit cette loi — est autorisé à créer, pour le service de la trésorerie et les négociations avec la Banque de France, des bons royaux portant intérêt et payables à échéance fixe. Les bons royaux en circulation ne peuvent excéder 140.000.000 de francs. » Depuis 1824, la règle de la limitation de l'émission a figuré dans toutes les lois de finances, mais le chiffre s'est élevé avec le montant même des budgets. La dernière loi de finances d'avant la guerre (loi du 15 juillet 1914) avait fixé à 600.000.000 de francs le maximum des bons du Trésor en circulation. Les anciens bons royaux, devenus bons du Trésor, sont des titres de dette à très courte échéance, dont la durée est comprise entre un mois et un an et est déterminée dans ces limites au gré des souscripteurs ; ils portent un intérêt payé à l'avance sous forme de déduction opérée sur le prix d'achat et qui est fixé par des décisions du ministre des Finances.

De tous les moyens de trésorerie, l'*émission des bons du Trésor* est celui qui a le plus d'élasticité. Dans un pays riche, où il y a toujours une masse considérable de capitaux flottants qui ne cherchent pas de placement définitif, mais un emploi à court terme, des variations légères dans le taux de l'intérêt alloué font augmenter ou diminuer, selon les besoins du moment, les souscriptions aux bons du Trésor. Le ministre des Finances a ainsi en main l'instrument qui lui permet d'adapter l'afflux des capitaux aux circonstances qui, dans le cours de l'année, font varier le besoin qu'il a de ressources immédiatement disponibles. En fait, avant 1914, les bons du Trésor étaient inconnus du grand public, ou presque ; leur clientèle de souscripteurs était formée par les banques, les compagnies de chemins de fer, quelques grandes sociétés qui, ayant des fonds disponibles qu'elles ne voulaient pas immobiliser, trouvaient là un mode de placement temporaire approprié à leurs convenances.

Dans les premières semaines de la guerre, le ministre des Finances, M. Ribot, eut l'idée d'accroître les ressources que l'État tirait des bons du Trésor en faisant appel, pour leur souscription, au public. Ce fut l'objet du décret du 13 septembre 1914. Le rapport qui précède le texte du décret en expose clairement l'esprit : « Le montant des bons du Trésor en circulation ne dépasse pas, en ce moment, 350.000.000 de francs. Il est donc très au-dessous du chiffre qu'il pourrait atteindre. Le Trésor a besoin de ressources et il ne peut les demander uniquement à la Banque le placement d'une partie au moins des bons que nous sommes autorisés à émettre. Cela implique un changement dans les habitudes et les procédés de notre trésorerie. Les bons du Trésor ont été, jusqu'à ce jour, réservés en fait à une clientèle restreinte, composée surtout d'établissements de crédit, de banques, de chambres de commerce, etc..... Les ressources de ces établissements étant, pour la plus forte part, immobilisées dans les circonstances actuelles, nous ne pouvons pas, pour l'instant, nous adresser à eux. D'autre part, il serait bon que le Trésor, qui avait autrefois sa clientèle à lui par l'entremise des trésoriers généraux, reprît peu à peu le contact avec elle et s'appliquât même à l'étendre en mettant les bons du Trésor à la portée du public.......... »

C'était une expérience que l'on faisait ; la limite d'émission des bons, fixée à 600.000.000 de francs par la loi de finances et portée à 940.000.000 de francs par un décret du 1er septembre 1914 rendu en Conseil d'État, n'était pas changée. L'expérience a réussi au delà vraisemblablement des espérances de ses promoteurs. Avant la fin du mois de novembre, la limite de 940.000.000 était dépassée et un décret en Conseil d'État du 3 décembre l'élevait à 1.400.000.000 ; à la date du 15 décembre, le total des bons souscrits en France était de 1.059.371.400 francs, et il en avait été émis pour une somme de 102 millions en Angleterre et aux États-Unis. Le succès des bons n'a pas cessé, depuis lors, de grandir.

Les bons prévus par le décret du 13 septembre 1914 étaient de 100 francs, 500 francs et 1.000 francs ; leur *durée* était de trois mois, six mois et un an ; l'*intérêt*, qui devait être fixé par une décision du ministre des Finances, le fut uniformément à 5 pour 100 net d'impôts, sans tenir compte des différences de durée ; mais cette pratique fut plus tard modifiée et l'intérêt fut gradué selon la durée. L'innovation capitale était l'ensemble des mesures prises pour faciliter et amplifier le placement ; le *placement* — disait l'article 2 du décret — pourra être fait par l'entremise des comptables directs du Trésor, des receveurs des administrations financières et des receveurs des postes. La politique suivie consista à multiplier les guichets où le public pouvait apporter son argent et demander les bons. Des remises stimulèrent le zèle des agents chargés de les placer ; la Banque de France et les établissements de crédit donnèrent leur coopération. Alors que les anciens bons du Trésor étaient un peu distants pour le grand public, les nouveaux bons, qualifiés bons de la Défense nationale, furent mis à sa portée, offerts à tous les guichets, et une publicité incessante en assura le placement dans tous les milieux et pour des sommes de plus en plus grandes.

Un droit de préférence était accordé aux porteurs de bons pour la souscription à tous emprunts futurs. Aux termes de l'article premier du de France. Aussi, nous paraît-il opportun de faire appel au public pour décret du 13 septembre, les bons doivent être admis comme mode de libération des souscriptions à tous emprunts futurs, avec droit de préférence ; les bons, dans ce cas, sont repris au pair sous déduction, s'il y a lieu, de l'intérêt correspondant au temps qui resterait à courir.

La Banque de France prit l'engagement, sur la demande du gouvernement, d'admettre les bons à l'escompte lorsqu'ils ont au plus trois mois à courir, et de les admettre au bénéfice des avances, quelle que soit leur échéance, jusqu'à concurrence de 80 pour 100 de leur valeur. Avec cette double faculté de l'escompte et de l'avance, les bons présentaient donc pour le porteur le maximum de liquidité.

Le décret du 13 septembre 1914 a fixé dans ses traits essentiels la physionomie des bons de la Défense nationale. Par la suite, l'intérêt qui était d'abord uniformément de 5 pour 100 a été abaissé pour les bons à six mois et à trois mois (4,5 pour 100 pour les premiers et 4 pour 100 pour les seconds) et les bons à un mois ont été institués, portant intérêt à 3,50 pour 100 ; au début de l'année 1922 (arrêté du 25 février), l'intérêt a été réduit d'un demi pour 100 pour toutes les catégories de bons, mais en février 1923 on est revenu aux anciens taux, sauf pour les bons à un mois dont l'intérêt demeure fixé à 3 pour 100.

A prendre à la lettre le décret du 13 septembre 1914, les bons du Trésor ordinaires auraient dû disparaître. En effet, l'article premier s'exprimait ainsi : « Les bons du Trésor émis à partir de ce jour et pendant la durée des hostilités porteront la mention : bons de la Défense nationale..... » ; mais en fait, les bons du Trésor ordinaires ont continué à être émis à côté des bons dits de la Défense nationale.

Il ne semble pas qu'au début le ministre des Finances qui a créé les bons de la Défense nationale ait pleinement prévu l'éclatante fortune à laquelle ils étaient destinés. L'idée était ingénieuse et heureuse de faire appel directement aux capitaux flottants et disponibles du grand public, et elle fut réalisée au moment opportun. Mais il paraît bien avoir été dans l'esprit du ministre que les bons donneraient une ressource temporaire, en attendant les emprunts de consolidation ; dans l'exposé des motifs du projet de loi portant ouverture de crédits provisoires applicables au premier semestre de 1915, après avoir rappelé la création des bons et l'accueil favorable que le public leur avait fait, il ajoutait : « Nous trouverons de plus en plus, il faut l'espérer, une ressource au moins temporaire dans ces émissions de bons de la Défense nationale. » Mais les emprunts de consolidation n'ont absorbé qu'une fraction des bons en circulation, et une fraction qui est devenue relativement de plus en plus petite, de sorte que la masse des bons en circulation n'a pas cessé de grandir.

Voici, année par année, de 1914 à 1919 inclus, les ressources procurées par l'émission des bons de la Défense nationale (ressources nettes, c'est-à-dire remboursements déduits) ; on y a joint les bons du Trésor ordinaires :

| | | |
|---|---|---|
| 1914 (2e semestre)...... | 1.618.850 | milliers de francs |
| 1915.................. | 7.985.786 | — |
| 1916 ................. | 12.371.961 | — |
| 1917 ................. | 12.630.695 | — |
| 1918................. | 16.428.931 | — |
| 1919................. | 25.020.177 | — |

Le total des ressources fournies dans la période 1914-1919 par les bons de la Défense nationale et les bons du Trésor ordinaires dépasse donc 76.000.000.000 ; c'est dire l'importance qu'a eu, dans les finances de guerre de la France, ce moyen de trésorerie (1).

Les chiffres ci-dessus donnés s'entendent sans qu'il ait été fait déduction des bons apportés en souscription aux emprunts de consolidation. Il ne faudrait donc pas additionner les chiffres annuels des émissions pour avoir la circulation totale à la fin de 1919 : de 1915 à 1918 (il n'y a pas eu d'emprunt de consolidation en 1919), le total des bons apportés en souscription aux emprunts a été, en chiffres ronds, de 22.783.000.000 de francs.

Les bons ont donc été une des principales ressources de l'État français pendant la guerre et qui est demeurée, depuis la guerre, très importante. Il n'y a pas de statistique régulièrement publiée des bons en circulation ; leur montant est de l'ordre de grandeur d'une cinquantaine de milliards.

L'appel ainsi fait directement au public pour le placement des bons du Trésor est un des caractères originaux des finances de guerre de la France. Il y a eu, à ce point de vue, une grande différence entre notre pays et l'Allemagne. En Allemagne, au début de la guerre, les banques ont subi d'importants retraits de fonds ; mais le mouvement a été vite enrayé et l'argent n'a plus cessé, depuis lors, d'affluer dans leurs caisses qui sont les réservoirs naturels de l'épargne du public. Il n'y a pas eu de moratorium des dépôts, ni application d'une clause de sauvegarde dans les caisses d'épargne, et la confiance du public dans ces institutions est demeurée intacte. Le gouvernement a donc pu puiser, dans les banques mêmes, l'argent dont il avait besoin pour alimenter la

---

(1) Il est nécessaire de faire observer que les chiffres donnés ne peuvent être considérés comme exacts qu'à quelques milliards près ; la comptabilité des bons n'était pas organisée de telle sorte, dans cette période, que l'on sût exactement ce qui était déjà émis et ce qui était encore en émission.

guerre. Comme l'a si clairement montré M. Rist (1), le système d'appel au crédit de l'Empire allemand a consisté à absorber les capitaux liquides déposés dans les banques, au fur et à mesure qu'ils se formaient, par des émissions de bons du Trésor à court terme et à consolider, tous les six mois, par une émission de rentes ou d'obligations, la plus grande partie possible de ces prêts flottants. « Le grand instrument de crédit de l'Empire — dit M. Rist — a été l'émission de bons et de traites du Trésor, à échéances variant de moins de quatre semaines à un maximum de trois mois. Ces bons étaient escomptés d'abord par la Reichsbank au taux officiel de 5 pour 100. Une partie en était ensuite rétrocédée par elle aux banques, aux caisses d'épargne, aux coopératives de crédit et même directement à de grosses maisons industrielles et commerciales (2). »

En France, des moratoires irréfléchis et généralisés ont désorganisé, pour un assez long temps, le mécanisme du crédit. Le public, privé par le moratoire des dépôts des capitaux liquides qu'il avait confiés aux banques, a pris des habitudes de thésaurisation. Ce n'était pas dans les banques que le gouvernement pouvait espérer trouver, comme en Allemagne, prêtes à s'employer en emprunts d'État, les sommes dont il avait besoin ; ce n'est pas non plus l'étiage des dépôts qui pouvait le renseigner sur les disponibilités du public, et il se trouvait ainsi privé d'un instrument commode de mesure. Il lui a donc fallu, par une démarche assez hardie, s'adresser directement au public ; la démarche était hardie, mais nécessaire. Le succès a démontré la justesse de la conception, et il faut louer sans réserve le ministre qui, si peut-être il ne l'a pas lui-même imaginée, du moins a eu le grand mérite de l'accueillir et de la réaliser.

Le recours à ces émissions à jet continu de bons à très court terme offre au Trésor de grandes facilités mais, par contre, il crée une situation dangereuse. De toutes les formes de la dette publique, la dette flottante est la plus redoutable, parce qu'elle expose à tout moment l'État à des demandes soudaines de remboursement. Le péril n'est pas très grand quand la dette flottante elle-même n'est pas très grande, eu égard à la richesse du pays et aux ressources dont l'État peut disposer. Mais une dette flottante de la grandeur de celle qui existe aujourd'hui en France rend évidemment les finances publiques très instables. Sans doute, pendant longtemps, il n'y a eu aucun signe de lassitude et les bons ont été renouvelés à mesure qu'ils arrivaient à échéance ; soit que les mêmes souscripteurs fissent renouveler leurs bons échus, soit qu'à la

---

(1) Ch. Rist, *Les finances de guerre de l'Allemagne*, 1921 : chap. iii.
(2) Rist, *loco citato*, p. 86.

place des souscripteurs qui se retiraient d'autres survinssent, la masse des bons en circulation ne subissait pas de grandes variations. La dette flottante peut prendre ainsi à certaines époques un caractère de permanence qui paraît en contradiction avec sa nature et son nom même : de loin, elle offre l'aspect d'une espèce de dette consolidée. Mais ce sont là de trompeuses apparences et le péril, s'il est masqué. n'en est pas moins présent. Dans l'état actuel de l'Europe, plein d'éléments de trouble et d'inquiétude, comment ne pas penser au risque d'un fait grave qui, ébranlant la confiance du public, arrêterait l'afflux des capitaux vers le Trésor et mettrait l'État dans la situation d'un débiteur incapable de faire face à ses échéances ? Des échéances proches, pressantes, pour des sommes qui, dans le cours entier de l'année, sont de l'ordre de grandeur de 50 à 60 milliards de francs, mettent en péril continu la solvabilité de l'État.

Outre cela, la circulation d'une grande masse de bons du Trésor est un élément d'inflation. Un bon dont l'échéance est toute proche peut servir de moyen de paiement ; en fait, il semble bien que les bons jouent, dans une certaine mesure, ce rôle. Sans doute, il y a énormément d'exagération à les considérer, ainsi que font certains auteurs, comme des espèces de billets de banque ; toutefois, on peut admettre que quelque chose des fonctions monétaires du billet leur échoit et qu'ils contribuent ainsi à accroître, dans une mesure qui n'est pas tout à fait négligeable, une masse de moyens de paiement déjà excessive. Le plus grave est que le bon est un péril constant d'inflation, une inflation latente, puisqu'il est remboursable à brève échéance et que l'État ne peut le rembourser, s'il en est présenté beaucoup, qu'en émettant de nouveaux billets.

Le placement en bons de la Défense nationale est profondément entré dans les habitudes du public français. Une notable partie de ce public considère les bons comme un placement non pas provisoire, mais durable et il y a des capitalistes qui emploient ainsi une fraction relativement grande de leur avoir. Il y a même, chez certains, une préférence manifeste pour le placement en bons, à l'encontre du placement en rentes. Le débiteur cependant est le même et l'intérêt des bons est inférieur, aux cours pratiqués en Bourse, à celui des rentes. La préférence pour les bons s'explique par deux raisons. La première raison est que le capital placé en bons ne risque pas d'être immobilisé, sinon pour un temps très court, et n'est pas sujet à la dépréciation qui menace, en des temps incertains, les valeurs de Bourse. Tandis que les souscripteurs des rentes de guerre ont vu baisser notablement le cours de leurs titres et ont ainsi perdu une fraction de leur capital — par exemple, les rentes 6 pour 100, émises au pair en 1920, sont cotées (septembre 1925) aux environs de 67 francs, les porteurs de bons ont conservé leur capital intact, et cela vaut bien un sacrifice pour ce qui est du taux de l'intérêt. En outre, les acheteurs de rentes ont gardé un mauvais souvenir du temps où le marché des rentes n'était pas libre et où il n'était permis de vendre qu'au cours officiel, ce qui aboutissait à l'impossibilité de vendre autrement que par quantités infinitésimales. La liberté n'a été rendue progressivement au marché des rentes que dans le cours du premier semestre de l'année 1922. Jusque là les placements en rentes étaient comme un piège ingénieusement agencé, où l'on pouvait bien entrer mais d'où l'on ne pouvait plus sortir, et cela n'a pas peu contribué à détourner le public français de ces placements et à lui faire préférer les placements en bons.

Une autre raison de préférer les placements en bons est que ceux-ci donnent le maximum d'anonymat. Le bon de la Défense nationale ne laisse aucune trace de son passage : à tous les guichets de l'État et des banques le capitaliste peut le prendre, le faire rembourser ou le faire renouveler, sans formalités, sans questions indiscrètes, sans signature donnée. Cela offre de très grands avantages aux gens qui ne désirent pas faire connaître au fisc la situation exacte de leur fortune et de leurs revenus. L'Etat n'a guère fait que légitimer un état de fait en exonérant les bons de l'impôt général sur le revenu.


## IV. *Le paiement des réquisitions en bons du Trésor*


Dans les premières semaines de la guerre, l'État a utilisé les bons du Trésor comme moyens de paiement des réquisitions faites. Payer, sans leur consentement, en bons du Trésor des gens qui, selon les principes du droit commun, devraient être payés en monnaie légale, c'est un mode d'emprunt forcé, car l'État donne à son créancier, au lieu d'un bien immédiatement échangeable contre n'importe quel autre bien, comme est la monnaie, un titre qui ne représente que le droit d'obtenir plus tard de cette monnaie. L'usage que l'État français a fait de ces paiements en bons du Trésor a d'ailleurs été très restreint.

La loi du 3 juillet 1877 sur les réquisitions militaires, dans son article 27, s'exprime ainsi : « En temps de guerre le paiement des indemnités peut être fait en bons du Trésor portant intérêt à 5 pour 100 du jour de la livraison. » Par application de ce texte, les voitures automobiles réquisitionnées pendant les premières semaines de la guerre ont été payées intégralement en bons du Trésor. Quant aux chevaux, mules, mulets et voitures non automobiles, le paiement total en bons du Trésor ne fut, en fait, jamais appliqué ; une note du 21 août 1914, arrêtée de concert entre le ministre de la Guerre et le ministre des Finances, décida que les réquisitions seraient payées moitié en espèces, moitié en bons du Trésor. Il en fut de même pour les réquisitions de services, denrées et marchandises. Enfin, pour les réquisitions de navires, l'indemnité était payée, selon les cas, ou bien moitié en numéraire et moitié en bons, ou bien trois quarts en numéraire et un quart en bons.

Cette période de paiement total ou partiel en bons du Trésor n'a pas duré longtemps. Les inconvénients d'une telle pratique sont évidents. Dans le trouble économique causé par une grande guerre, c'est d'argent comptant que les gens ont besoin et non de papier du Trésor à échéance de quelques mois. En outre, la remise de bons du Trésor à des créanciers qui ne les demandent pas est nuisible au crédit de l'État ; le crédit n'est que confiance et toute contrainte fait fuir la confiance.

Aussi l'État français a-t-il renoncé très vite au droit que la loi de 1877 lui donnait de payer en bons du Trésor les indemnités de réquisition. Des décrets des 11 novembre, 6 et 16 décembre 1914, et 10 janvier 1915, ont décidé que, pour l'avenir, les réquisitions seraient payables intégralement en monnaie (1).

### V. *Les obligations de la Défense nationale*

Les obligations de la Défense nationale appartiennent à une autre catégorie de la dette publique que les bons. Elles font partie de ce qu'on appelle les engagements du Trésor, et non pas de la dette flottante ; elles sont à échéance moins rapprochée que les bons.

L'émission d'obligations du Trésor est un procédé qui a souvent été employé dans notre histoire financière. Il y a eu des obligations trentenaires dont le second empire a émis des sommes assez considérables, des obligations à échéance de quinze années, créées de 1873 à 1875 par l'Assemblée nationale, des obligations sexennaires. A la veille de la guerre, il n'y avait plus en circulation que de celles-ci, pour une somme qui était, au 31 juillet 1914, de 342.000.000 de francs.

Les obligations du Trésor sont un mode d'emprunt intermédiaire entre la rente qui, même si elle est du type amortissable, n'est amortissable qu'à un terme assez éloigné, et les bons du Trésor qui — sauf les émissions de bons à échéance de deux ou plusieurs années faites depuis 1921 — sont à l'échéance d'un an au plus. Elles servent, ou à couvrir une dépense considérée comme temporaire et qui doit être remboursée

---

(1) On trouvera l'énoncé détaillé des dispositions prises dans la *Revue de science et de législation financières*, 1915, p. 555 et suiv., et p. 629 et suiv.

au moyen de recettes spéciales, ou à permettre d'attendre le moment favorable à l'émission d'un emprunt en rentes, sans charger la dette flottante.

C'est pour remplir cette seconde fonction qu'ont été créées les obligations de la Défense nationale. La loi qui les institue est du 10 février 1915, loi dont l'article unique est ainsi conçu : « Le ministre des Finances est autorisé à émettre, au mieux des intérêts du Trésor, des obligations dont l'échéance ne pourra pas dépasser 1925. Ces obligations seront exemptes d'impôts. » Le décret et l'arrêté du 13 février 1915 ont réglé, en application de cette loi, l'émission des obligations. Voici les dispositions de ces deux textes :

1° Les obligations dont l'émission est autorisée par la loi du 10 février 1915 prennent le nom d'*obligations de la Défense nationale*. Elles sont productives d'un intérêt de 5 pour 100 l'an, payable par fractions égales les 16 février et 16 août de chaque année et d'avance, ce qui, comme pour les bons, met le taux réel d'intérêt un peu au-dessus du taux nominal. Le rapport qui précède le décret du 13 février expose que le paiement d'avance des intérêts a été un des éléments du succès des bons de la Défense nationale, et qu'il est opportun de conserver ici cette règle en l'appliquant au service semestriel d'intérêts qui est dans les habitudes du public pour les obligations d'une certaine durée ;

2° Le *prix d'émission* est de 96,50 pour 100, sous déduction des intérêts correspondant à la période du semestre en cours non écoulée lors de la souscription, ceci étant une conséquence de la règle que les intérêts sont payables d'avance ;

3° Les obligations sont délivrées soit *au porteur*, soit *à ordre* avec faculté de transmission par endossement. Elles sont exemptes d'impôts pour toute leur durée. Elles sont remboursables au pair le 16 février 1925, avec faculté pour le Trésor de les rembourser à partir du 16 février 1920 ;

4° Elles pourront être *échangées* contre des titres des emprunts de l'État, qui seront émis avant le 1er janvier 1918, au prix d'émission augmenté de la portion déjà acquise de la prime de remboursement, mais diminué, puisque les intérêts sont payables d'avance, des intérêts déjà payés pour la période non écoulée du semestre en cours.

En admettant les obligations à la souscription des emprunts qui pourraient être faits avant le 1er janvier 1918, on fixait alors une date à laquelle bien peu de gens s'imaginaient que la guerre durerait encore. Il a fallu, par la suite, la reculer et les obligations ont été admises à la souscription des emprunts d'après 1918. Pour ces souscriptions, il y a entre les bons et les obligations une différence. Les bons sont admis par préférence, tandis que ce droit de préférence n'est pas reconnu aux obligations ; mais comme, sauf pour l'emprunt 4 pour 100 de 1917, le montant des emprunts n'a pas été fixé à l'avance, le droit de préférence a perdu toute portée pratique (1).

Pour le placement des obligations il a été fait appel directement au public, comme pour les bons. Le placement a été fait par les comptables du Trésor et des régies financières, par les receveurs des postes et par la Banque de France.

La loi du 16 février 1917 a porté à vingt ans la durée maximum des obligations que le ministre des Finances est autorisé à émettre en vertu de la loi du 10 février 1915.

Outre les obligations décennales (ou vicennales) de la loi de 1915, modifiée par celle de 1917, deux autres catégories d'obligations ont été créées : des obligations quinquennales (décret du 9 février 1917, pris en application de la loi de 1915), et des obligations sexennales (décret du 14 mai 1919, pris en application des lois de 1915 et de 1917). Les unes et les autres présentent la particularité que le porteur peut réclamer le remboursement au pair avant l'échéance, mais que, s'il attend l'échéance, il bénéficie d'une prime de remboursement. L'État cherchait ainsi à obtenir des souscriptions pour une durée plus longue que celle des bons de la Défense nationale, tout en laissant au souscripteur la faculté de ne pas se lier jusqu'à l'échéance convenue.

Pour les obligations quinquennales, voici les dispositions adoptées. Elles sont émises au pair, productives d'un intérêt de 5 pour 100 payable semestriellement et d'avance. Le porteur a le droit de se faire rembourser au pair à la fin de la première année, et ensuite à toute échéance ultérieure de coupon ; s'il attend l'échéance quinquennale, il est remboursé à 102 fr. 50, donc avec une prime de 2 fr. 50 par 100 francs.

Pour les obligations sexennales, émission au pair, intérêt de 5 pour 100 payable semestriellement et d'avance. Le porteur a la faculté de se faire rembourser au pair à la fin du troisième semestre. A l'échéance des six ans, il est remboursé à 103 francs pour 100 francs. S'il demande le remboursement à une échéance quelconque à partir du quatrième semestre, le remboursement est opéré respectivement à 100 fr. 60 pour 100, 101 fr. 20 pour 100, 101 fr. 80 pour 100 et 102 fr. 40 pour 100, suivant qu'il se sera écoulé deux, trois, quatre ou cinq années entières depuis la date de l'émission de l'obligation.

Les obligations de la Défense nationale ont été souscrites avec empressement, et pour des sommes importantes, la première année de leur création. A ce moment-là beaucoup de capitaux, dont la destination était,

---

(1) Dans l'emprunt de 1917, à montant limité, les souscriptions libérées en obligations, comme les souscriptions libérées en bons, ont été déclarées irréductibles ; par conséquent, dans aucun des emprunts en rentes de notre période, le fait qu'il n'y avait pas de droit de préférence reconnu aux porteurs d'obligations n'a eu de conséquences pratiques.

dans l'esprit du capitaliste, un placement durable, en attendant que ce placement se présentât, furent placés en obligations. En outre, une partie de la rente 3,50 pour 100 amortissable, qui avait été émise en juillet 1914, fut convertie, dans des conditions que nous aurons à voir, en obligations. Il en résulta que le montant de celles-ci fut, dès l'abord, important. Lors du premier emprunt en rentes, du 20 novembre 1915, le montant des obligations de la Défense nationale, en capital nominal, était de 3.960.000.000 de francs, dont 3.317.000.000 furent apportés en souscription à l'emprunt. Mais, depuis lors, la faveur du public s'est décidément tournée vers les bons, plus que vers les obligations. A la fin de 1919, le montant des obligations était :

| | | |
|---|---|---|
| Obligations quinquennales | | 166.200.000 |
| — sexennales | | 202.152.000 |
| — décennales | | 545.619.000 |
| TOTAL | | 913.971.000 |

CHAPITRE V

## Les emprunts intérieurs en rentes

Dans la période de guerre il y a eu quatre emprunts en dette consolidée, c'est-à-dire en rentes, emprunts réalisés en 1915, en 1916, en 1917 et en 1918. Avant l'émission du premier de ces emprunts, il a fallu prendre des mesures pour faciliter la libération des titres de l'emprunt émis en juillet 1914, et nous aurons tout d'abord à énoncer sommairement ces mesures. Après la guerre, deux nouveaux emprunts en rentes ont été faits, au cours de l'année 1920 ; depuis lors, comme il a fallu continuer à emprunter pour la reconstitution des régions dévastées, d'autres formes d'emprunt ont prévalu, des émissions de bons du Trésor à plus longue échéance que les bons ordinaires. Mais cela est en dehors du cadre de notre étude.

*I. L'emprunt en rente 3,50 pour 100 amortissable de juillet 1914.*
*Les mesures prises pour la liquidation de cet emprunt*

Le 7 juillet 1914 avait été émis, en souscription publique, un emprunt en rente 3,50 pour 100, amortissable en vingt-cinq ans, d'un montant net réel de 805.000.000 de francs ; le prix d'émission avait été fixé à 91 pour 100 (1). C'était la première tranche d'un emprunt plus vaste considéré déjà comme nécessaire en 1913 et qui devait porter sur une somme d'environ 1.800.000.000 de francs.

Émis tardivement, après avoir été préparé dès 1913 et avoir soulevé de nombreuses discussions qui laissaient paraître un certain désarroi financier, émis à un moment où même le grand public commençait à s'émouvoir des périls de la situation extérieure et où les esprits étaient troublés profondément par de violents incidents de politique intérieure, l'emprunt n'avait eu qu'un succès apparent. Sans doute, il avait été

---

(1) Loi du 20 juin 1914, décret du 24 juin 1914, arrêté ministériel du 25 juin 1914.

couvert près de quarante fois et la presse avait, selon le rite, embouché la trompette pour célébrer la fécondité de l'épargne française. Mais les souscriptions n'étaient pas, pour la plus grande partie, des souscriptions de capitalistes voulant faire un placement durable ; c'étaient des souscriptions de spéculateurs en Bourse qui espéraient revendre avec bénéfice, ou de banquiers sur qui le ministre des Finances avait fait une forte pression pour éviter un échec ou un demi-échec de l'opération. L'emprunt n'était pas, selon l'expression consacrée, classé.

Les versements à faire en libération des souscriptions étaient échelonnés, aux termes de l'arrêté ministériel du 25 juin 1914, sur une période allant du jour de la souscription au 16 novembre 1914, les deux plus gros versements étant prévus pour le 16 septembre et le 16 novembre. Le 1$^{er}$ août, il avait été versé 345.000.000 de francs ; le Trésor restait donc créancier d'une somme de 460.000.000 de francs.

Un des premiers soucis de M. Ribot, quand il eut pris le ministère des Finances, fut de déblayer le terrain en éliminant cet emprunt 3,50 pour 100 dont la libération devenait tout à coup, par suite de la guerre, très difficile, et qui ne lui parut pas pouvoir être le type des futurs emprunts de guerre. Dans l'exposé des motifs du projet de loi portant ouverture des crédits provisoires applicables au premier semestre de 1915, M. Ribot a exposé, dans les termes suivants, les raisons des mesures prises par lui relativement aux titres de l'emprunt de 1914 :

« ... L'emprunt avait été, pour une forte part, souscrit par les établissements de crédit et par les spéculateurs en Bourse. Ceux-ci, sachant bien que leurs souscriptions seraient réduites, les avaient majorées dans la proportion nécessaire pour obtenir le chiffre auquel ils voulaient porter leurs engagements envers le Trésor. Au moment de la déclaration de guerre, l'emprunt pesait, en grande partie, sur des établissements de crédit ou sur des acheteurs à terme qui ont éprouvé des difficultés à se libérer..... Il était à craindre que beaucoup de souscripteurs ne fissent pas d'efforts pour libérer entièrement des titres dont la valeur était dépréciée par la perspective d'emprunts futurs qui pouvaient être émis à un taux plus avantageux. Nous avons pensé qu'il était équitable et en même temps profitable aux intérêts du Trésor d'offrir aux souscripteurs qui libéreraient leurs certificats provisoires suivant les termes fixés par un arrêté du ministre des Finances, l'avantage de pouvoir, lors des emprunts à venir, échanger leurs certificats contre des titres de ces nouveaux emprunts au prix d'émission du 3,50 pour 100, c'est-à-dire à 91 francs, de sorte qu'ils n'auraient aucune perte à subir. Cela n'était pas seulement une mesure de bienveillance envers les souscripteurs : c'était aussi une mesure de bonne politique de la part de l'État qui, ayant en perspective de grands emprunts à faire, a tout intérêt à s'attacher la clientèle qui a confiance en lui, et qui demain lui apportera d'autant plus volontiers ses épargnes, qu'il se sera montré à son égard plus équitable. »

Les mesures prises par le ministre ont été de deux sortes ; les unes ont eu pour effet de faciliter et d'encourager la libération des titres de l'emprunt ; les autres, de préparer l'absorption de ces titres dans les opérations des futurs emprunts de guerre.

Pour faciliter la libération des titres, des arrêtés ministériels ont accordé des délais et des bonifications d'intérêts pour le versement des troisième et quatrième termes. En outre, le gouvernement obtint de la Banque de France qu'elle fît, aux porteurs de certificats provisoires, des avances pour la libération de leurs titres.

Pour préparer l'absorption des titres dans les opérations des futurs emprunts de guerre, le décret du 11 septembre 1914 décida que, sous la condition que les versements eussent été faits aux époques prévues par les arrêtés ministériels, les titres libérés seraient reçus en paiement des souscriptions de rentes et d'obligations à court terme qui seraient émises avant le 1er janvier 1917, et reçus au prix d'émission de la rente 3,50 pour 100, c'est-à-dire 91 francs. Or, fin août 1914, la rente 3,50 pour 100, émise à 91 francs, ne cotait que 82 francs, de sorte que le porteur qui faisait en temps utile les versements requis et qui, plus tard, ferait convertir ses titres en titres des emprunts de guerre, évitait les effets de cette dépréciation.

Le résultat de ces diverses mesures fut que, à la fin de janvier 1915, les versements étaient faits, presque en totalité, sur les titres de la rente 3,50 pour 100 et que la créance du Trésor n'était plus que de 25 à 26.000.000 de francs. Il y eut là une ressource qui, dans les premiers mois de la guerre, ne fut pas négligeable (1).

Assurément cela n'était pas sans imposer au Trésor des sacrifices. L'État s'engageait à accepter, en paiement des souscriptions aux emprunts futurs et pour le prix de 91 francs, des titres qui à ce moment valaient moins et que la perspective d'emprunts à intérêts plus élevés devait nécessairement déprécier encore ; en les acceptant en paiement il les échangeait contre des titres plus onéreux pour lui (en fait, comme nous le verrons, tous les emprunts qui ont été émis depuis l'ont été à un taux réel d'intérêt supérieur à 5,50 pour 100). Certains ont estimé que l'État avait consenti un trop gros sacrifice et fait une mauvaise affaire. Mais le ministre a sagement agi. Il savait qu'il allait avoir à adresser à

---

(1) Le détail des mesures prises et la discussion de leur opportunité sont exposées avec soin par notre collègue JÈZE dans la *Revue de Science et de législation financières*, 1915, p. 677 et suiv., et p. 687 et suiv.

l'épargne des appels répétés et pour des sommes énormes ; son expérience lui avait appris qu'il n'obtiendrait rien que de la bonne volonté et de la confiance du public et qu'il lui fallait se rendre favorable cette clientèle dont il avait besoin. Cet emprunt 3,50 pour 100 de juillet 1914, en fait tardif et fâcheusement né, si on l'avait laissé traîner sur le marché financier, avec ses versements incomplets et quasi impossibles à obtenir par contrainte, eût risqué de gâter, par contagion, tout le crédit public. Il n'y avait plus qu'à l'éliminer, et le ministre doit être loué, qui a su distinguer et sauvegarder le principal, sacrifier l'accessoire, et ouvrir ainsi la voie aux emprunts de guerre.

### II. *Caractères communs aux emprunts de la période* 1915-1918. *Emprunts en rentes perpétuelles*

Les quatre emprunts de la période 1915-1918 présentent certains caractères communs. Ce sont des emprunts en rente perpétuelle, émis au-dessous du pair, échappant au droit commun de la saisie et au droit commun fiscal. Chacun de ces caractères doit être étudié ; le caractère de *perpétuité* fera l'objet du présent paragraphe.

La rente perpétuelle est ainsi appelée parce que le prêteur s'interdit d'exiger jamais le remboursement du capital (1). L'emprunteur a toujours le droit de rembourser le capital quand cela lui plaît, la rente constituée en perpétuel étant, dans la législation française, essentiellement rachetable (article 1911 Code civil).

L'État français a toujours fait un large usage des emprunts en rente perpétuelle. Si l'on considère la dette publique française à la veille de la guerre, le 31 juillet 1914, on constate que sur un montant total, en capital, de 32.579.000.000 de francs (dette flottante non comprise) la rente perpétuelle représentait 21.922.000.000, soit 67 pour 100. Ce n'est donc pas une innovation que la préférence donnée, dans la période 1915-1918, à l'emprunt en rente perpétuelle ; la pratique antérieure formait un précédent solide.

C'est une question classique, dans la science financière, que la discussion des mérites et des inconvénients de l'emprunt en rente perpétuelle, comparés à ceux de l'emprunt amortissable.

L'État qui fait un emprunt en rente perpétuelle esquive, pour le présent, une charge et, pour l'avenir, un risque. La charge est celle de

---

(1) Articles 1909 et 1910 C. civil. Article 1909 : « On peut stipuler un intérêt moyennant un capital que le prêteur s'interdit d'exiger. Dans ce cas le prêt prend le nom de constitution de rente. » Article 1910 : « Cette rente peut être constituée de deux manières, en perpétuel ou en viager. »

trouver les ressources nécessaires pour commencer, à bref délai, d'amortir la dette. Le risque est que, dans la période d'amortissement contractuel et par conséquent obligatoire, des événements graves surviennent, crise politique, guerre, etc... qui diminuent brusquement les ressources de l'État, et le mettent en situation difficile, pressé qu'il est par des échéances à date fixe. La rente perpétuelle n'abolit pas l'obligation politique d'amortir la dette, obligation sans l'observance de laquelle il n'y a pas de bonnes finances, mais elle permet à l'État de différer l'amortissement ; elle ne lui en fait pas une obligation juridique ; elle lui donne la facilité de prendre son temps, de « voir venir », de choisir, pour rembourser, le moment favorable, d'accélérer ou de ralentir les remboursements selon les circonstances.

Un autre avantage que l'on peut espérer tirer de l'emprunt en rente perpétuelle, c'est que la dette, à la longue, par l'effet du temps et par l'effet du progrès économique, a chance de diminuer : de diminuer automatiquement, sans qu'il y ait eu pour cela d'effort à faire et de sacrifice à consentir. La baisse de l'intérêt rend possible des conversions qui allègent le fardeau des arrérages annuels. Au cours des siècles, la valeur de la monnaie s'amoindrit, et une dette publique qui demeure exprimée par une même somme en monnaie représente une charge qui va décroissant. Dans le même sens agit l'enrichissement graduel de la nation et le développement de ses facultés contributives. A quoi bon s'imposer les lourds sacrifices de l'amortissement, puisque la dette, peu à peu, fond comme neige au soleil ?

Qu'il y ait dans tout cela quelque vérité, on ne veut pas le contester. Mais tout d'abord on observera que telle considération qui est d'un assez grand poids si l'on raisonne dans l'abstrait, n'est pas toujours de circonstance. Des emprunts, faits en période de monnaie dépréciée, deviennent plus lourds, au lieu de s'alléger, si par la suite la valeur de la monnaie augmente. Dans l'hypothèse d'une hausse du franc, par exemple, nos emprunts de 1920 seraient une lourde charge budgétaire. L'argument de l'allègement automatique n'est pas bon en toute occasion.

A prendre les choses par leurs aspects les plus généraux, il y a dans l'emprunt en rente perpétuelle une espèce de contradiction interne. L'emprunt a pour fonction financière de donner à l'État les ressources nécessaires pour faire face à des dépenses *exceptionnelles*, des dépenses qui excèdent ce qu'on peut tirer, dans le moment qu'il faut, des recettes normales. Si ces dépenses exceptionnelles l'étaient au point de ne devoir se présenter qu'une seule fois dans le cours de la vie nationale, l'emprunt en rente perpétuelle serait une conception logique. Mais ce n'est pas ainsi que vont les choses. S'agit-il de couvrir par l'emprunt quelque grand programme de travaux publics ? On est assuré d'avance que chaque génération aura son programme de travaux publics et il faut, en bonne politique financière, que l'emprunt soit amorti dans l'espace de temps qui sépare l'exécution d'un programme de l'exécution du programme suivant. L'utilité économique des travaux faits s'efface avec les années, et il y a contradiction à assumer une charge perpétuelle pour la création d'une utilité qui ne l'est pas. S'agit-il d'emprunts de guerre ? La guerre n'est pas morte ; elle continuera de rôder autour des peuples. C'est se désarmer financièrement que de laisser traîner indéfiniment dans les budgets de l'État les anciens emprunts des guerres passées.

L'emprunt en rente perpétuelle n'est donc une bonne combinaison financière que s'il est accompagné d'un système d'amortissement extra-contractuel fonctionnant régulièrement et efficacement. Or, à défaut d'obligation contractuelle, un bon système d'amortissement ne fonctionne régulièrement et efficacement qu'à la condition qu'il y ait une dose assez forte d'esprit de suite et de courage chez les hommes chargés de conduire les finances publiques et dans les assemblées qui votent les budgets. C'est une condition qui n'est pas, tant s'en faut, toujours remplie. Le danger que présente l'emprunt en rente perpétuelle, c'est que l'État, n'étant pas obligé contractuellement de rembourser, ne fasse pas l'effort nécessaire pour rembourser, ou ne le fasse pas avec la régularité et la continuité qu'il faudrait. S'il en est ainsi, les vieilles dettes n'étant pas éliminées et la vie nationale, avec les divers accidents qu'elle comporte, en ajoutant de temps en temps de nouvelles, les finances publiques vont en empirant, et il arrive un moment où les arrérages de la dette, qui ne représentent que des services ou des nécessités du passé, absorbent le plus clair des ressources, dont le présent aurait besoin pour vivre et pour préparer l'avenir.

III. *Caractères communs aux emprunts de la période* 1915-1918 (suite). *Emissions au-dessous du pair*

Les quatre emprunts de 1915, 1916, 1917 et 1918 ont été émis à un prix très inférieur à la valeur nominale des titres. L'emprunt de 1915, au taux nominal d'intérêt de 5 pour 100, a été émis à 88 francs pour 100 francs de capital nominal ; l'emprunt de 1916, au taux nominal d'intérêt de 5 pour 100, a été émis à 88 fr. 75 ; l'emprunt de 1917, au taux nominal d'intérêt de 4 pour 100, a été émis à 68 fr. 60 ; l'emprunt de 1918, au taux nominal d'intérêt de 4 pour 100, a été émis à 70 fr. 80. Donc, dans chacun de ces quatre emprunts, l'État français a reçu des souscripteurs une somme notablement inférieure à celle dont il se constituait débiteur envers eux.

La pratique des émissions au-dessous du pair est depuis longtemps en faveur en France. Les deux grands emprunts qui ont été faits à la suite de la guerre de 1870, celui de 1871 et celui de 1872, ont été émis au-dessous du pair : c'était du 5 pour 100 nominal qui a été émis dans le premier cas à 82 fr. 50, dans le second à 84 fr. 50. Si l'on considère tous les emprunts faits en rente perpétuelle, on trouve que, de 1816 à 1914, il y a eu quarante émissions, dont deux ont été faites au pair ou tout près du pair (en 1832 et en 1901), une au-dessus du pair (emprunt de 1828, adjugé, au prix de 102 francs, à la banque Rothschild), toutes les autres au-dessous du pair, les taux d'émission les plus bas étant de 57 fr. 26 et de 57 fr. 51 (emprunts de 1816 et de 1817).

En ce qui concerne la rente 3 pour 100 amortissable, il y a eu divers taux d'émission, tous au-dessous du pair : pour des titres d'une valeur nominale de 500 francs, le taux d'émission le plus bas a été celui de 383 francs, et le plus élevé celui de 476 francs.

Enfin, la rente 3,50 pour 100 amortissable, émise en juillet 1914, l'a été au prix de 91 francs.

C'est donc en France une pratique bien établie que celle des émissions au-dessous du pair, et ce qui s'est fait à cet égard pour les emprunts de la période 1915-1918 est conforme aux précédents.

Comme pour l'emprunt en rente perpétuelle, c'est une vieille question de science financière que celle de savoir si c'est une pratique bonne ou mauvaise que celle des émissions à un cours notablement inférieur au pair (1).

L'émission au-dessous du pair introduit une discordance entre le taux nominal d'intérêt et le taux réel, celui-ci étant plus haut que celui-là. Un titre de rente 3 pour 100 émis à 75 francs pour 100 francs de capital nominal donne au souscripteur un taux d'intérêt réel de 4 pour 100. Dans les quatre emprunts français de guerre, dont deux sont en rentes 5 pour 100 et deux en rentes 4 pour 100, le taux réel d'intérêt dépasse notablement 5,50 pour 100. Le taux réel d'intérêt est, semble-t-il, le seul qui compte pour l'État débiteur. Si l'État estime que les conditions du marché financier sont telles qu'il ne peut obtenir qu'à 6 pour 100 l'argent dont il a besoin, le plus simple est qu'il émette un emprunt 6 pour 100 au pair ; pourquoi émettre un 5 pour 100 aux environs de 83-84 ? Diverses raisons peuvent l'y pousser.

---

(1) On pourra consulter sur cette question, les études publiées, en ces dernières années, par notre collègue Jèze dans la *Revue de science et de législation financières* : année 1917, p. 628 et suiv ; année 1918, p. 608 et suiv. ; année 1922, p. 504 et suiv.

Il se peut que l'État hésite à inscrire dans les textes relatifs à l'emprunt le taux réel d'intérêt auquel les circonstances le forcent d'emprunter. Les temps sont malheureux, l'argent est cher ; mais l'État espère qu'il n'en sera pas longtemps ainsi, que son crédit s'améliorera, que le taux d'intérêt de ses emprunts baissera. Il ne veut pas que la cote de la Bourse garde le témoignage de l'époque où il empruntait à 6 pour 100 ; il emprunte donc à 5 pour 100 au-dessous du pair, ou à 4 pour 100 plus loin encore du pair. Ainsi, le prestige financier de la nation sera sauf. Les hommes aiment à se laisser tromper ou à se tromper eux-mêmes, lorsque la réalité présente est désagréable.

Il y a une raison plus solide à fournir à l'appui des émissions au-dessous du pair. Un emprunt au-dessous du pair, par exemple un 5 pour 100 émis à 85 francs, offre au souscripteur l'attrait de chance de hausse et par conséquent de gain en capital. Si l'emprunt est amortissable, c'est mieux que des chances, c'est une certitude en un temps donné : un 5 pour 100 émis à 85 francs et remboursable en cinquante ans donne au souscripteur la certitude, en cinquante ans, d'un gain de 15 pour 100 en capital. Si l'emprunt est perpétuel, le titre a tout au moins devant lui, à la cote de la Bourse, une belle carrière de hausse à parcourir ; le souscripteur peut espérer revendre à 90 francs, 95 francs, 100 francs, le titre souscrit à 85 francs. Pour un titre émis au pair, la marge de hausse est moins grande parce que, si le cours dépasse le pair, le risque de conversion apparaît : un capitaliste n'achète pas volontiers 105 francs ou 110 francs un titre dont il est exposé à se voir offrir le remboursement à 100 francs.

Le souscripteur trouve donc son compte aux émissions au-dessous du pair. Les gens de Bourse aussi, parce que pour les gens de Bourse les campagnes de hausse ou de baisse sont fructueuses. Il y a de l'argent à gagner quand des titres montent, il y en a à gagner quand ils baissent, et des titres émis loin du pair se prêtent mieux à ce va-et-vient que des titres émis au pair. Mais l'État emprunteur, quel avantage peut-il trouver à émettre ses titres au-dessous du pair, à un taux d'intérêt nominal qui ne coïncide pas avec le taux réel ?

Du point de vue de l'État, ce qui frappe tout d'abord l'esprit, c'est ce qu'il y a d'onéreux dans les emprunts au-dessous du pair.

L'État qui emprunte au-dessous du pair se reconnaît débiteur de plus qu'il n'a reçu. Dans les emprunts 4 pour 100 de 1917 et de 1918, l'État français a reçu, de chaque souscripteur de 4 francs de rente, 68 fr. 60 dans le premier de ces emprunts, 70 fr. 80 dans le second, et il est débiteur de 100 francs. Si l'emprunt est amortissable en un temps donné, la perte est mathématiquement certaine pour l'État dans ce délai ; si l'emprunt est perpétuel, la perte n'est qu'éventuelle, puisque l'État n'est jamais obligé de rembourser, mais il faut bien, à moins de pratiquer la plus mauvaise politique financière, qu'un jour ou l'autre il rembourse, et à ce moment-là il rembourse plus qu'il n'a reçu. L'État est donc comme ces fils de famille qui, pressés d'argent et sachant que leur père ne leur en donnera pas, se mettent entre les mains des usuriers et signent une reconnaissance de 10.000 francs quand ils en ont reçu la moitié ou le quart ; Molière a popularisé ce personnage.

L'emprunt au-dessous du pair est onéreux encore en ce qu'il retarde l'époque où la conversion sera possible. Ce n'est qu'une fois que le cours du titre a dépassé d'une façon durable le pair que la réduction de l'intérêt par une offre de conversion peut être envisagée. Une rente au taux de 6 pour 100 émise au pair, si les finances de l'État sont bien gérées, si son crédit s'améliore, peut atteindre assez vite le point à partir duquel la conversion est possible, et la charge en arrérages se trouve alors réduite. Une rente 5 pour 100 émise à un cours tel qu'elle donne un intérêt réel de 6 pour 100 met évidemment beaucoup plus de temps pour atteindre le même point.

Voilà des considérations bien faites pour conduire à condamner les émissions au-dessous du pair. Toutefois il se peut que pour l'État ce ne soient pas des opérations désavantageuses. Dans un emprunt émis au-dessous du pair, le souscripteur, à raison même de la chance ou de la certitude qu'il a de réaliser un gain en capital, est disposé à accepter un taux réel d'intérêt moindre que dans un emprunt émis au pair. C'est un fait certain. A la Bourse, l'unité de rente se paie le plus cher — pour les fonds du même État donnant le même degré de sécurité — en titres loin du pair, et le moins cher en titres proches du pair. Par exemple, à la fin de 1923, la rente française 3 pour 100 était cotée aux environs de 53 francs, ce qui met le franc de rente à un peu plus de 17 francs, tandis que la rente 6 pour 100 était cotée aux environs de 81 francs, ce qui met le franc de rente à 13 fr. 50. Dans le premier cas le porteur a acheté, en même temps que le droit à un revenu déterminé, la chance d'un gain en capital plus grand que dans le second cas, et il a consenti, à cause de cela, à payer l'unité de revenu plus cher.

L'émission au-dessous du pair n'est donc pas nécessairement une mauvaise affaire pour l'État. Il se procure ainsi un allègement de sa charge actuelle, et en échange il grève l'avenir de charges plus lourdes, soit du fait des conversions retardées, soit du fait d'avoir à rembourser plus qu'il n'a reçu. C'est là un compte dont le débit et le crédit sont bien difficiles à établir et ne peuvent l'être, avec encore beaucoup d'incertitudes, qu'à la fin de l'opération. La sagesse, en général, est d'éviter de charger l'avenir au profit du présent, car les assemblées politiques n'ont déjà que trop de penchant à procéder ainsi. Toutefois, aux époques où le présent est déjà terriblement chargé, il n'est pas déraisonnable et il est même parfois nécessaire de l'alléger au détriment de l'avenir.


IV. *Caractères communs aux emprunts de la période* 1915-1918 (suite).
*Privilèges et immunités conférés aux rentes émises*


La loi du 16 novembre 1915, autorisant l'émission des premiers emprunts de guerre, dit (article 4) : « ... Ces rentes jouissent des privilèges et immunités attachés aux rentes perpétuelles 3 pour 100. Elles sont exemptes d'impôts. » Les lois de 1916, 1917, 1918, autorisant l'émission des second, troisième et quatrième emprunts, ont conféré aux rentes émises les mêmes privilèges, immunités et exemptions qu'à celles du premier emprunt.

Les privilèges, immunités et exemptions conférés aux rentes françaises ont leur origine dans des lois de l'époque révolutionnaire. Les rentes sur l'État sont *insaisissables,* en vertu des lois du 8 nivôse an VI et du 22 floréal an VII. Il y a d'ailleurs doute sur la portée juridique exacte du principe d'insaisissabilité, et la jurisprudence des tribunaux de l'ordre judiciaire ne s'accorde pas avec celle du Conseil d'État, ni avec la pratique de l'administration des Finances. Les rentes sur l'État sont *exemptes des impôts qui frappent les valeurs mobilières.* Le principe de cette immunité fiscale se trouve dans la loi du 9 vendémiaire an VI, loi qui ordonne le remboursement en assignats des deux tiers de la rente inscrite et la consolidation du tiers restant. L'article 98 de cette loi disait : « Le tiers de la dette publique conservé en inscriptions est déclaré exempt de toute retenue présente et future. » Le sens de cet article prête à controverse mais l'opinion qui, en fait, a prévalu, est qu'il impliquait l'engagement de l'État de ne pas prélever d'impôt sur les rentes. D'ailleurs l'immunité a été, à diverses reprises, confirmée par des lois relatives à des émissions ou à des conversions de rentes. C'est seulement des impôts propres aux valeurs mobilières que les rentes sont exemptes ; mais le rentier doit compter les arrérages dans la somme globale de ses revenus, de sorte qu'ils sont assujettis à l'impôt général sur le revenu.

Sur l'immunité fiscale des rentes, on a abondamment disserté et discuté, et à ces querelles anciennes le mouvement d'idées qui s'est formé, au xx<sup>e</sup> siècle, autour de la question de l'impôt sur le revenu, a apporté un nouvel aliment. Il est certain que, pour qui se place au point de vue des principes, l'immunité n'est pas défendable ; c'est une violation flagrante de l'égalité devant l'impôt. Mais l'égalité devant l'impôt est une idée qui, en France au moins et probablement ailleurs, est passée de mode ; il n'y a plus que quelques professeurs pour s'y intéresser sérieusement. Dans les assemblées politiques ce sont les intérêts politiques bien plutôt que des principes abstraits qui décident de la répartition de l'impôt entre les citoyens. Or, du point de vue de l'opportunité politique, il y a de sérieuses considérations en faveur de l'immunité fiscale des rentes. Les porteurs de rente sont extrêmement attachés à l'immunité fiscale ; elle leur paraît, par suite d'une longue tradition, un droit indiscutable, quels que soient les doutes qui peuvent être élevés sur le sens des textes qui, à l'origine, l'ont fondée, et un droit auquel le poids des impôts qui frappent les autres valeurs mobilières donne une importance pratique très grande et qui va croissant. Un ministre des Finances qui a un emprunt à émettre sur le marché craint un échec s'il veut aller à l'encontre des habitudes prises et des préférences de la clientèle. Le principe de l'égalité devant l'impôt, c'est bien ; mais le plein succès de l'emprunt, c'est mieux. En outre, les financiers font valoir que l'immunité fiscale est une cause de hausse des cours de la rente à la Bourse et que cela facilite les conversions, qu'au surplus, si l'immunité fiscale n'existait pas, il faudrait offrir un taux d'intérêt plus élevé, de sorte que l'État perdrait en montant d'arrérages à payer ce qu'il gagnerait en impôts à recevoir, peut-être même qu'il perdrait plus. Tout cela est d'ailleurs fort raisonnable.

Le projet d'impôt général sur le revenu, tel que la Chambre l'avait voté en 1909, prévoyait dans la cédule des valeurs mobilières l'imposition de la rente. Les obligations émises par le réseau des chemins de fer de l'État sont soumises aux taxes de toute nature qui frappent les obligations émises par les sociétés françaises (loi du 13 juillet 1911, article 44). L'emprunt en rente 3,50 pour 100 amortissable, émis au mois de juillet 1914, ne bénéficiait pas complètement de l'immmunité fiscale ; des trois taxes qui frappent les valeurs mobilières — droit de timbre, droit de transmission et impôt sur le revenu — la rente amortissable 3,50 pour 100 n'était assujettie qu'à la dernière, solution bâtarde, mais qui témoignait de la tendance qu'il y avait alors dans les milieux politiques à soumettre les fonds de l'État français au droit commun fiscal (1) ; cette tendance eût probablement triomphé si la guerre n'était pas survenue.

La guerre a rejeté dans le domaine de la théorie pure les controverses sur la question de l'immunité fiscale. Dans la nécessité où l'on se trouva alors de faire appel à l'épargne du public pour des sommes énormes, et en un temps où les circonstances politiques et militaires n'étaient pas

---

(1) Le droit de timbre étant à la charge de l'établissement émetteur, ce ne serait, sur la rente, qu'un impôt fictif que l'État se paierait à lui-même. Mais il n'y a pas de raison de ne pas soumettre la rente au droit de transmission, dès lors qu'on renonce à la règle de l'immunité fiscale.

toujours favorables, les ministres responsables de la conduite des finances françaises se trouvaient, en fait, obligés de mettre de leur côté toutes les bonnes chances avant de risquer des emprunts. Lorsque les obligations dites de la Défense nationale furent créées par la loi du 10 février 1915, elles furent déclarées par ce texte exemptes d'impôts. Lors de l'émission du premier emprunt en rentes, celui de 1915, ce fut la même chose ; l'exposé des motifs du projet de loi qui devint la loi du 16 novembre 1915, ne contient qu'une justification très brève de l'immunité accordée aux nouvelles rentes à émettre, tant la nécessité en paraissait alors évidente : « Les privilèges et immunités de la rente 3 pour 100 — lit-on dans cet exposé des motifs — ne pouvaient qu'être étendus à la rente nouvelle. Nous avons cru devoir ajouter à cette formule devenue classique que la rente actuellement créée serait exempte d'impôts. Cette exemption se justifie, en dehors de toute autre considération, par la situation qui résulte de l'état de guerre. » La nécessité invoquée par le ministre n'a guère été contestée ; même aux yeux des partisans de l'impôt sur la rente, les circonstances ont paru plus fortes que les principes.

Le système de contributions directes actuellement en vigueur en France consacre l'immunité fiscale de la rente ; dans la cédule des valeurs mobilières la rente ne figure pas ; la seule rente dont le coupon est assujetti à l'impôt sur le revenu des valeurs mobilières, la rente amortissable 3,50 pour 100 de 1914, a presque entièrement disparu de la liste de nos fonds d'État, par suite des mesures prises pour faciliter sa conversion en titres des nouveaux emprunts de guerre (1).

V. *L'emprunt en rente 5 pour 100 de 1915. Ses conditions et ses résultats*

Le premier des grands emprunts de guerre en rente n'a été fait qu'au seizième mois de la guerre, en novembre 1915 ; jusque là, la trésorerie a été alimentée par les avances de la Banque de France et par les émissions de bons et d'obligations à court terme. Que ce premier emprunt en rente ait été émis si tard, cela a soulevé bien des critiques. En Angleterre, le premier emprunt de guerre a été émis en novembre 1914 et le second en juillet 1915. En Allemagne, un premier emprunt a été émis au mois de septembre 1914 et depuis lors les emprunts allemands se sont succédés, de six mois en six mois, avec une impressionnante régularité.

---

(1) Il est remarquable que l'Angleterre, bien que très attachée au principe de l'imposition de la rente, a offert aux souscripteurs, lors de l'emprunt de 1917, l'option entre des titres 4 pour 100 exempts de l'income-tax et des titres 5 pour 100 assujettis à l'income-tax.

Le retard des emprunts français s'explique, s'il ne se justifie pas, par divers faits. Au point de vue militaire, la situation des premières semaines fut si défavorable qu'aucun appel à l'épargne n'était possible, et même après la victoire de la Marne elle ne fut pas encore bien éclaircie. Il semble que les pouvoirs publics aient espéré alors une prompte libération du territoire national et voulu attendre que cette libération fût complète pour émettre un emprunt ; puis il a fallu peu à peu se résigner à lancer l'emprunt, avec l'ennemi installé encore sur notre sol et assez proche de la capitale. D'autre part, il est certain que l'administration des Finances n'avait pas étudié à l'avance la façon dont pourrait jouer, en cas de guerre, le mécanisme du crédit public, et qu'elle n'avait aucune méthode prête pour cette éventualité. Enfin, le marché financier était désorganisé par le moratorium des échéances et des dépôts en banque, et par l'ajournement, décidé le 31 juillet 1914, de la liquidation des opérations de Bourse (1). Il portait en outre le poids de l'emprunt émis en juillet 1914 et non encore libéré, ainsi que cela a été précédemment expliqué.

Les textes relatifs à l'emprunt de 1915 sont : la loi du 16 novembre 1915, trois décrets et un arrêté de la même date, et un décret du 22 novembre 1915. C'est la procédure française habituelle ; la loi autorise l'emprunt, en fixe les caractères essentiels et certaines autres conditions ; le gouvernement a, pour tout le reste, un large pouvoir d'appréciation qu'il exerce au moyen de décrets et d'arrêtés.

La loi du 16 novembre 1915 fixait le type de la rente à émettre, du 5 pour 100 perpétuel, et le ministre des Finances, dans un discours prononcé à la Chambre le 12 novembre, avait justifié le choix fait en évoquant la vieille tradition nationale : « Nous proposons au public — avait-il dit — ce vieux type de rente 5 pour 100 que nos aïeux ont connu, qui a été si populaire dans notre pays... Le 5 pour 100, c'est le vieux fonds français qui se trouvait partout, dans toutes les maisons, j'allais dire dans toutes les chaumières, que nos pères ont connu, qu'ils ont aimé, parce que c'était quelque chose de la France, un souvenir des jours qui ont suivi les longues guerres qu'elle avait soutenues... Je puis le dire sans crainte de me tromper : le nouveau 5 pour 100 sera bientôt aussi

---

(1) Les décrets du 31 juillet, 2 et 5 août 1914 ont prorogé les échéances commerciales en France et en Algérie. Cette mesure a nécessairement entraîné le moratorium des dépôts en banque qui a fait l'objet du décret du 9 août 1914. A la Bourse de Paris, les reports atteignaient à la fin de juillet moins de 500.000.000 au parquet et de 150 à 160.000.000 en coulisse. Ces chiffres n'avaient rien d'anormal, mais les principaux reporteurs n'étaient pas en situation de laisser leurs fonds à la Bourse, et il était impossible de trouver de nouveaux capitaux. Les agents de change ont décidé de ne pas faire la liquidation du 31 juillet. Un décret du 27 septembre 1914 a suspendu toute demande de paiement et toute action judiciaire relatives aux opérations à terme antérieures au 4 août 1914. La Bourse n'a été réouverte que le 7 décembre 1914, et pour les opérations au comptant seulement. Ce n'est qu'en septembre 1915 que des mesures ont été prises pour faire la liquidation qui était demeurée en suspens (décret du 14 septembre 1915).

populaire que celui de la Restauration. » C'étaient là des raisons de tribune, des raisons qui, énoncées avec une habile émotion, peuvent toucher une assemblée peu compétente. En fait, si le ministre avait choisi ce type 5 pour 100, c'est parce qu'il estimait qu'il fallait un taux d'intérêt élevé pour attirer les capitaux dont l'État avait besoin.

Encore le taux réel d'intérêt a-t-il été bien supérieur au taux nominal. L'emprunt 5 pour 100 de 1915 a été émis à 88 pour 100, ce qui donne un taux réel d'intérêt de 5,68 pour 100. En outre, le souscripteur qui versait tout de suite l'intégralité du capital avait droit à une bonification de 0 fr. 15 par chaque franc de rente, ce qui mettait pour lui le prix réel des 5 francs de rente à 87 fr. 25, soit un taux d'intérêt de 5,73 pour 100.

Cette rente 5 pour 100 perpétuelle, émise à 88 pour 100, ne peut pas être remboursée avant le 1er janvier 1931. Le porteur a donc la certitude de n'être pas exposé, avant cette date, à une conversion. C'était un avantage qui pouvait paraître d'un grand prix en 1915, alors qu'un taux d'intérêt supérieur à 5,50 pour 100 était quelque chose de nouveau et d'exceptionnel. Actuellement, l'habitude est prise de taux d'intérêt élevés, il est vraisemblable que l'argent restera cher durant une assez longue période, et l'avantage d'une rente inconvertible avant 1931 a sensiblement diminué.

Deux dispositions de la loi du 16 novembre 1915 avaient pour objet d'élargir le cercle des souscripteurs possibles : l'une visait les déposants des caisses d'épargne ; l'autre, les porteurs de rente 3 pour 100.

Depuis le début de la guerre, les remboursements des dépôts faits aux caisses d'épargne avaient été limités à 50 francs par quinzaine pour chaque compte (décret du 30 juillet 1914) ; c'était l'application de la clause de sauvegarde instituée par la loi du 20 juillet 1895. La loi du 16 novembre 1915 a supprimé, pendant la période d'émission de l'emprunt, cette limite de 50 francs par quinzaine, à condition que le retrait des fonds fût fait en vue de la souscription ; un décret du 16 novembre 1915, pris en application de cette disposition, n'a autorisé que pour la moitié de chaque souscription ce prélèvement sans limitation sur l'avoir des déposants aux caisses d'épargnes ; donc le souscripteur de 60 francs de rente pouvait prélever sur son avoir à la caisse d'épargne la somme nécessaire pour libérer une souscription de 30 francs de rente. Le bénéfice de l'opération pour l'État ne consistait qu'à attirer à l'emprunt des souscriptions dont une moitié était payable en espèces, en bons ou en obligations à court terme, car, pour la moitié payable par un prélèvement sur la caisse d'épargne, l'État y perdait : les fonds des caisses d'épargne sont placés en majeure partie en rentes, qui étaient alors des rentes 3 pour 100, de sorte que l'État substituait à une rente 3 pour 100 une rente 5 pour 100.

L'autre disposition, conçue dans le même esprit, visait les porteurs de rente 3 pour 100. Aux termes de l'article 5 de la loi du 16 novembre 1915, les souscriptions pouvaient être libérées, mais seulement pour un tiers, par la remise de titres de rentes 3 pour 100 qui seraient annulées jusqu'à due concurrence. C'est une combinaison pareille à la précédente : pour la partie de la souscription libérée en rentes 3 pour 100, l'État y perd ; il ne peut y gagner que d'avoir des souscriptions qui, sans cela, ne seraient pas venues (1).

La souscription publique fut ouverte le 25 novembre. Le montant des rentes émises n'était pas limité, contrairement à la pratique ordinaire du temps de paix, et la même indétermination du montant à émettre se retrouve dans tous les emprunts de guerre français, sauf celui de 1917. En temps de paix et même dans une guerre semblable à celles du passé, on sait de quelle somme on a besoin, et c'est cette somme qu'on emprunte ; dans celle-ci, la dépense allait au delà des prévisions qui avaient pû être faites, elle croissait de mois en mois, et l'État avait besoin de tout ce que le marché des capitaux pouvait fournir.

La période prévue de souscription allait aussi bien au delà de ce qui était, pour les emprunts de l'État français, la coutume du temps de paix. L'arrêté ministériel du 16 novembre disposait que la date de clôture ne pouvait pas dépasser le 15 décembre et, en fait, la souscription a duré jusqu'à cette date.

Soutenu par une intense publicité et par un sincère élan national, l'emprunt de 1915 a donné un *versement global* de 13.307.811.576 francs. Mais tout, dans ce versement, n'était pas ce qu'on a coutume d'appeler de « l'argent frais ». Outre les bons et les obligations de la Défense nationale, les souscriptions pouvaient encore être acquittées en rentes 3,50 pour 100 amortissables (cf. supra) et en rentes 3 pour 100 dans les conditions qui viennent d'être indiquées. Voici la décomposition, en numéraire et autres valeurs, du capital fourni par l'emprunt de 1915 :

| | |
|---|---:|
| Numéraire (2) | 6.284.730.746 |
| Bons de la Défense nationale | 2.244.384.799 |
| Obligations de la Défense nationale | 3.316.883.578 |
| Rentes 3 % | 1.439.463.057 |
| Rentes 3,50 % | 22.349.396 |
| Total | 13.307.811.576 |

(1) Le taux d'évaluation des rentes 3 pour 100 admises en libération des souscriptions, fut fixé à 22 francs par franc de rente, ce qui mettait à 66 francs le prix de la coupure de 3 francs ; c'était à peu près le cours coté en Bourse à cette époque.

(2) Le numéraire comprend les espèces métalliques, les billets de la Banque de France et de la Banque de l'Algérie, les mandats de virement, les chèques adressés à la Caisse centrale.

Il n'y a pas d'intérêt pratique à distinguer les versements en bons de la Défense nationale des versements en numéraire. Les bons souscrits peuvent être considérés, en tant qu'ils sont apportés en versement aux emprunts en rentes, comme ayant été une anticipation sur ceux-ci. La ligne de démarcation entre les deux sortes de versements est même, dans une certaine mesure, artificielle : les banques, dont une fraction importante des disponibilités est placée en bons, pourraient se faire rembourser en numéraire ceux de ces bons qui arrivent à échéance dans la période de souscription, et verser le numéraire à l'emprunt ; si elles versent les bons eux-mêmes, où est la différence ? Les capitalistes qui souscrivent à l'emprunt auraient, la plupart, si l'emprunt n'avait pas eu lieu, placé leur épargne en bons. La distinction des versements en « argent frais » et des versements en bons n'a pas l'importance que le public généralement lui attribue. Les souscriptions de bons à court terme forment *la matière des emprunts à venir*, et ceux-ci ont pour objet essentiel de *solidifier* cette matière encore fluente. Telle est la vraie conception des emprunts de guerre ; elle s'est dégagée dans certains pays belligérants, notamment en Allemagne, bien plus clairement que chez nous. Ce que l'emprunt apporte de nouveau, c'est sa publicité à grand orchestre, le coup de gong qui retentit au loin dans la masse du public et peut réveiller l'épargne assoupie ou décider l'épargne hésitante.

La *partie utile* de l'emprunt de 1915, c'est la somme fournie par les trois catégories des versements en numéraire, des versements en bons et des versements en obligations, c'est-à-dire une somme totale de 11.845.999.123 francs qui font les 89 pour 100 du capital de l'emprunt. Le reste, soit 1.461.812.453 francs, est représenté par les rentes 3 pour 100 et 3 fr. 50 pour 100 apportées en versement : c'est la *partie onéreuse* de l'emprunt, la transformation d'une dette à plus faible intérêt en une dette à intérêt plus fort.

Sur le produit de l'emprunt de 1915, l'État a pu rembourser 2.400.000.000 de francs à la Banque de France.


## VI. *L'emprunt en rente 5 pour 100 de 1916.*
### *Ses conditions et ses résultats*


Le second emprunt de guerre a été émis au mois d'octobre 1916. Les textes qui y sont relatifs sont : la loi du 15 septembre 1916, trois décrets et un arrêté ministériel du 16 septembre 1916.

Cet emprunt a été, presque en tous points, pareil au premier :

rente 5 pour 100 perpétuelle, émission dont le montant n'était pas limité, promesse de ne pas rembourser avant le 1<sup>er</sup> janvier 1931.

Deux dispositions prises pour l'emprunt de 1915 ne l'ont pas été pour celui de 1916 : c'est la disposition relative aux fonds en dépôt dans les caisses d'épargne et la disposition relative à l'apport des rentes 3 pour 100 en versement à la souscription.

Pour ce qui est des fonds en dépôt dans les caisses d'épargne, il était inutile de reproduire la disposition de la loi de 1915 parce que la limitation des remboursements allait disparaître. Un décret du 23 septembre 1916 a abrogé le décret du 30 juillet 1914 qui avait institué cette limitation.

Pour ce qui est des rentes 3 pour 100, la faculté donnée en 1915 de les apporter en versement à la souscription avait été critiquée. Elle était onéreuse pour l'État et l'avantage en était douteux. Utile peut-être en 1915, alors que le ministre des Finances voulait convier toutes les bonnes fées au berceau du premier emprunt de guerre, le succès de celui-ci dispensait d'y recourir pour son frère cadet. L'adaptation économique à la guerre était faite ; les industries de guerre fabriquaient, sous forme de profit, d'énormes quantités de capitaux neufs ; les paysans gagnaient de l'argent ; les fonds ne manqueraient pas pour le nouvel emprunt.

La souscription publique fut ouverte du 5 octobre au 29 octobre 1916. Le prix d'émission fut fixé à 88 fr. 75, ce qui donnait un taux d'intérêt de 5 fr. 63 pour 100 ; mais dans le cas où il libérait immédiatement sa souscription au lieu de la faire en versements échelonnés, le souscripteur avait droit au coupon du 16 novembre qui était déduit de la somme versée ; le versement était ainsi ramené à 87 fr. 50, faisant ressortir un taux d'intérêt de 5 fr. 70 pour 100.

L'emprunt de 1916 a fourni un *capital effectif* de 10.082.452.965 francs qui se décompose de la façon suivante :

| | |
|---|---|
| Numéraire...................... | 5.425.330.947 francs |
| Bons de la Défense nationale.... | 3.693.071.296 — |
| Obligations de la Défense nat. .. | 956.271.911 — |
| Rentes 3,50 %................. | 7.778.811 — |
| Total .................... | 10.082.452.965 francs |

Pour connaître le *montant utile* de l'emprunt, il faut défalquer la somme fournie en rente 3,5o pour 100 ; on obtient ainsi une somme de 10.074.674.154 francs, dont les versements en numéraire forment près de 54 pour 100.

### VII. *L'emprunt en rente 4 pour 100 de 1917.*
### *Ses conditions et ses résultats*

Le troisième emprunt de guerre a été émis en novembre et décembre 1917 ; les textes qui y sont relatifs sont la loi du 26 octobre 1917, les décrets du 28 octobre, des 1, 5 et 10 novembre 1917, et l'arrêté du 1er novembre 1917.

Cet emprunt est d'un type différent de celui des deux précédents emprunts. Dans la période qui l'a précédé des discussions s'étaient produites sur le type qu'il conviendrait de choisir : les uns préconisaient le maintien du 5 pour 100 ; d'autres proposaient du 5,75 ou du 6 pour 100 au pair ; quelques-uns faisaient campagne dans les milieux financiers pour une émission d'obligations à lots, suggestion qui a été faite de nouveau par la suite et que l'État, jusqu'ici, n'a pas voulu accueillir pour ses propres emprunts (1). Le choix par le ministre des Finances du type 4 pour 100 a causé une certaine surprise.

Si les circonstances militaires et politiques avaient été telles que l'État eût été en situation d'emprunter à un taux plus favorable que les années précédentes, le choix du type 4 pour 100 eût été naturel et bien accueilli : c'était alors la conséquence et la consécration d'une amélioration du crédit public. Mais il n'en était pas ainsi. La fin de l'année 1917 a été une des périodes sombres de la guerre ; la décomposition de la force militaire russe, le fléchissement du front italien, en France les menées défaitistes, tout cela n'était pas fait pour élever la confiance. Émettre de la rente 4 pour 100, c'était se contraindre à une émission très au-dessous du pair ; en fait, le prix d'émission fut de 68 fr. 60. Par voie de conséquence, l'écart allait être énorme entre le produit nominal de l'emprunt et son produit effectif ; l'État devenait débiteur d'une somme très supérieure à celle qu'il avait reçue, et l'éventualité d'une conversion allait être rejetée beaucoup plus loin que pour les deux emprunts antérieurs. La loi du 26 octobre 1917 dispose que l'État ne pourra pas rembourser la rente 4 pour 100 avant le 1er janvier 1943.

Outre le choix du type de rente 4 pour 100 émise à un prix très inférieur au pair, l'emprunt de 1917 présentait une autre particularité : c'était un emprunt à montant limité, le seul des emprunts français de guerre qui ait eu ce caractère. La loi du 26 octobre 1917 autorise le ministre des Finances à émettre « la somme de rente perpétuelle 4 pour 100 nécessaire pour produire un capital effectif de 10.000.000.000, y

---

(1) L'idée d'obligations à lots a été réalisée dans les émissions faites, depuis la guerre, par le Crédit national.

compris les dépenses matérielles et les frais quelconques de l'opération ».

Toutefois, la limitation de la somme à emprunter n'était pas absolue. Les souscriptions recueillies à l'étranger étaient irréductibles. Il en était de même des souscriptions constituées en bons ou obligations de la Défense nationale et en rentes 3,50 pour 100 amortissables, et des souscriptions en numéraire ne dépassant pas 300 francs de rente. Enfin, la loi a réservé une marge aux souscriptions réductibles et elle l'a fait sous la forme suivante : dans le cas où le capital effectif représenté par les souscriptions irréductibles excéderait, dit l'article 3 de la loi, la somme de 8.000.000.000, le chiffre total de 10.000.000.000 prévu comme montant de l'emprunt sera augmenté, dans la limite du montant des souscriptions, d'un capital effectif égal à l'excédent. Par conséquent, si les souscriptions irréductibles atteignaient 8.500.000.000 et les souscriptions réductibles 2.000.000.000, le montant total de l'emprunt était élevé à 10.500.000.000.

A l'occasion de l'emprunt de 1917, deux dispositions ont été prises qui avaient une portée générale, visant les rentes 5 pour 100 de 1915 et 1916 comme les nouvelles rentes 4 pour 100. L'une et l'autre avaient pour objet de faciliter le placement des rentes de guerre, en permettant de les affecter au paiement de l'impôt sur les bénéfices de guerre d'une part, d'autre part, en créant un fonds de soutien pour en faciliter la négociation en Bourse.

L'impôt sur les bénéfices de guerre avait été institué par la loi du 1er juillet 1916. Il impliquait le paiement de grosses sommes par les redevables. C'était leur faciliter ces paiements et c'était en même temps donner un attrait nouveau aux rentes de guerre que d'accepter celles-ci en paiement de l'impôt (1). Il est vrai que les impôts ont pour objet de fournir à l'État du numéraire et non pas des titres de ses propres emprunts. Mais la contribution sur les bénéfices de guerre était un impôt exceptionnel et temporaire. En acceptant en paiement des titres de rente, l'État les annulait, et il y avait là le principe d'un amortissement de la dette de guerre, dans une mesure d'ailleurs bien faible ; une petite partie de la dette créée pour payer les fabrications de guerre se trouvait ainsi amortie par le jeu même de l'impôt assis sur les bénéfices que ces fabrications avaient donnés aux industries qui vivaient de la guerre.

L'autre disposition visait l'inscription, au budget général de l'État, d'un crédit destiné à la constitution d'un fonds spécial, qui devait être employé à l'achat des rentes de guerre sur le marché. Quand de grands

---

(1) Pour les rentes 5 pour 100, l'acceptation en paiement était subordonnée au fait que le contribuable justifierait en être propriétaire antérieurement au 24 octobre 1917.

emprunts sont lancés sur le marché à de courts intervalles, la négociation en Bourse n'en est pas aisée ; les gens qui veulent avoir en portefeuille des titres des emprunts d'État les prennent à la souscription ; les acheteurs sont d'autant plus rares par la suite que les souscripteurs ont été plus nombreux. Sur le marché saturé, les offres qui se produisent ne trouvent qu'avec peine la contre-partie, d'où une baisse des cours qui à la fois est d'un effet fâcheux pour le crédit de l'État et risque de décourager la clientèle des emprunts futurs. Dans la plupart des pays belligérants, il a été institué des fonds destinés à soutenir le marché des emprunts de guerre. Ce sont là de ces mesures empiriques qui doivent être à coup sûr déconseillées en temps normal, mais qui sont admissibles à une époque où le souci du résultat immédiat à obtenir prime toute autre considération (1). En fait, le marché des rentes n'a pas été libre pendant la guerre ; les négociations ne se faisaient qu'à un cours officiel supérieur à celui qu'eût établi la libre concurrence des offres et des demandes et, à ce cours officiel, il y avait plus d'offres que de demandes ; le résultat était l'impossibilité pour les porteurs de vendre des sommes importantes de rentes.

L'emprunt de 1917 a été mis en souscription publique du 28 novembre au 16 décembre. Le taux d'émission était de 68 fr. 60 avec jouissance du 16 décembre, ce qui mettait le taux réel d'intérêt à 5,83 pour 100, un peu au-dessus des deux précédents emprunts. Le *capital effectif* souscrit a été de 10.209.073.212 francs, qui se décomposent de la façon suivante ;

| | |
|---|---|
| Numéraire ..................... | 5.174.188.467 francs |
| Bons de la Défense nationale ... | 4.582.744.344 — |
| Obligations de la Défense nat. .. | 449.180.628 — |
| Rentes 3,5 % (amortissables) ... | 2.959.773 — |
| Total ..................... | 10.209.073.212 francs |

La *partie utile* de l'emprunt — défalcation faite des rentes 3,50 pour 100 — ressort donc à 10.206.113.439 francs.

---

(1) Le fonds de rachat créé par la loi de 1917 était alimenté par des versements mensuels de 60.000.000, qui ont été portés à 120.000.000 en 1918, puis ramené à 60.000.000 par an. Les achats de rentes ne pouvaient avoir lieu, pour les rentes 4 pour 100, à un prix supérieur au prix d'émission et pour les rentes 5 pour 100 à un prix supérieur à 87 fr. 50 ; il ne s'agissait pas, en effet, de provoquer une hausse des cours, mais seulement d'éviter une baisse trop profonde, qui eût nui au crédit de l'État. Les titres acquis sur le marché par le fonds de rachat, devaient être annulés, de sorte qu'il y avait là un amortissement de la dette. Le fonds de rachat a été supprimé au budget de 1922. La gestion de ce fonds spécial d'amortissement a été confiée à la Caisse des dépôts et consignations. Ce grand établissement a été le collaborateur utile et discret du Trésor dans tous les moments difficiles ; il a, notamment, assuré le succès de l'emprunt de 1917 (Germain MARTIN, *Les finances publiques de la France et la fortune privée*, deuxième partie, chap. III).

### VIII. *L'emprunt en rente 4 pour 100 de 1918.*
### *Ses conditions et ses résultats*

Le quatrième emprunt de guerre émis en 1918 est, par ses caractères financiers, le frère du précédent. Comme celui-ci, c'est un emprunt du type 4 pour 100, émis très loin du pair, inconvertible pendant vingt-cinq ans. Bien que le choix du type 4 pour 100 eût été critiqué en 1917, le ministre des Finances s'y tint en 1918. Le prix d'émission fut fixé à 70 fr. 80, ce qui fait ressortir un taux réel d'intérêt de 5,65 pour 100. L'État s'interdisait de rembourser avant le 1er janvier 1944. Comme les rentes 4 pour 100 de 1917, et comme les rentes 5 pour 100 de 1915 et de 1916, les nouvelles rentes étaient admises en paiement de la contribution extraordinaire sur les bénéfices de guerre. A la différence de l'emprunt de 1917, celui de 1918 fut émis sans que le montant en eût été limité à l'avance.

Quelques particularités intéressantes sont à signaler dans cet emprunt de 1918.

D'abord, la préparation en fut confiée à un organisme institué tout exprès, le commissariat à l'emprunt (décret du 30 juillet 1918). Le rapport qui précède ce décret rappelle l'organisation et les méthodes de propagande des Américains pour le lancement de leurs emprunts ; il aurait pu mentionner aussi les méthodes allemandes. Il est certain que, jusque là, la préparation des emprunts français n'avait pas été poussée aussi loin, ni organisée aussi vigoureusement que d'autres pays l'avaient fait, et que nous avions dans cet ordre de choses bien des progrès à réaliser (1).

D'autre part, pour ce qui est de l'acquittement des souscriptions, des dispositions qui n'avaient pas été prises pour les précédents emprunts se trouvent dans les textes relatifs à l'emprunt de 1918. Les bons du Trésor sont assimilés aux bons de la Défense nationale pour l'acquittement des souscriptions. Les coupons des rentes françaises, échus ou à échoir les 16 novembre et 16 décembre 1918, sont repris pour leur valeur nominale. Enfin, les coupons des emprunts émis ou garantis par la

---

(1) Voici le texte du décret du 30 juillet 1918 :

Article premier. — Il est institué auprès du ministre des Finances et sous son autorité un commissariat à l'emprunt chargé de préparer et de prendre toutes les dispositions propres à assurer, dans les conditions les plus favorables, l'émission des prochains emprunts.

Art. 2. — Le commissariat à l'emprunt est composé de six membres nommés par décret.

Les pouvoirs d'exécution sont remis à l'un des commissaires qui prend le titre de commissaire délégué à l'emprunt.

Le décret qui nomme les commissaires désigne le commissaire délégué.

Art. 3. — Le commissariat correspond directement avec les représentants des administrations de l'État, des départements, des communes, des colonies, ainsi qu'avec les associations, syndicats, chambres de commerce et, d'une façon générale, avec tous les groupements et institutions dont le concours paraît utile.

Art. 4. — Un arrêté du ministre des Finances déterminera l'organisation d'un secrétariat.

Art. 5. — Le ministre des Finances est chargé de l'exécution du présent décret.

Russie ont été admis, par la loi du 19 septembre 1918, en paiement des souscriptions, dans les conditions suivantes : ce sont seulement les arrérages échus ou à échoir dans le courant de l'année 1918 ; il ne s'agit que des titres se négociant en France et possédés par des Français habitant en France ; la libération en coupons russes n'est admise que jusqu'à concurrence de la moitié au maximum du montant total de chaque souscription. La disposition relative aux coupons russes était la dernière faveur que l'État français accordait aux infortunés porteurs des emprunts de ce pays ; elle ne pouvait certes pas se défendre, du point de vue financier ; mais l'État français avait tant prôné les emprunts russes et tant contribué à en bourrer le portefeuille des petits et des moyens capitalistes, qu'il ne pouvait pas échapper au sentiment d'avoir une assez lourde responsabilité morale en cette affaire.

Les textes relatifs à l'emprunt de 1918 sont : la loi du 19 septembre, le décret et l'arrêté du 24 septembre. La souscription publique a été ouverte du 20 octobre au 24 novembre.

Le capital effectif produit par l'emprunt a été de 22.163.222.724 francs. Des quatre emprunts de la période de guerre, c'est celui qui a obtenu le succès le plus brillant : ça a été l'emprunt de la victoire. Autorisé par la loi du 19 septembre, à un moment où les armées allemandes avaient commencé partout leur retraite, la souscription en était encore ouverte lors de l'armistice. Il a été porté par la vague d'enthousiasme que souleva la chute de la puissance allemande.

Le capital effectif produit par l'emprunt de 1918 se décompose de la façon suivante :

| | | |
|---|---:|:--|
| Numéraire...................... | 7.246.037.519 | francs |
| Bons du Trésor ............... | 7.560.517 | — |
| Bons de la Défense nationale ... | 13.255.100.550 | — |
| Obligations de la Défense nat. .. | 1.412.069.208 | — |
| Coupons russes................ | 239.370.424 | — |
| Rentes 3,50 % amortissables.... | 3.084.506 | — |
| TOTAL ................... | 22.163.222.724 | francs |

Le *produit utile* de l'emprunt, défalcation faite des coupons russes et des rentes 3,50 pour 100 amortissables, ressort à 21.920.767.794 francs.

IX. *Appréciation de la politique française en matière d'emprunts de consolidation. Le caractère onéreux de ces emprunts*

Ce qui frappe tout de suite l'esprit, dans notre politique financière de guerre, c'est le caractère onéreux des emprunts qui ont été contractés. Taux réel d'intérêt élevé, toujours supérieur à 5,50 pour 100 ; émission

au-dessous du pair et, dans le cas des deux emprunts 4 pour 100, à
une très grande distance au-dessous ; longue période d'inconvertibilité ;
privilèges fiscaux. Cela est d'autant plus saisissant qu'avant la guerre
et depuis longtemps la France était un pays où les emprunteurs trouvaient de l'argent à bon compte.

Notre principal adversaire, l'Allemagne, a eu une politique d'emprunts bien moins onéreuse. Des deux catégories de titres que l'Allemagne a émis, les premiers, les titres d'emprunts d'empire, ont toujours comporté un intérêt de 5 pour 100 ; les seconds, des obligations
du Trésor, ont été tantôt du type 5 pour 100, tantôt du type 4,50 pour
100. Pour l'une et l'autre catégorie de titres, l'émission a toujours eu
lieu à un cours très proche du pair. En outre, au lieu que les emprunts
français n'ont commencé que tard, le premier ayant été émis en novembre 1915, qu'ils n'ont pas eu de périodicité régulière et que leur
nombre total n'a été que de quatre pour la durée de la guerre, le premier
emprunt allemand a été lancé en septembre 1914, et les autres ont suivi,
de six mois en six mois, en mars et septembre de chaque année. La
machine financière allemande, par sa régularité, presque son automa-
tisme, a donné une impression de puissance dont la propagande allemande a largement et légitimement tiré parti, dans le pays même et
à l'étranger.

On a, en France, à plusieurs reprises, soulevé la question de savoir
si l'État n'aurait pas pu obtenir à des conditions plus douces les capitaux dont il avait besoin. Les critiques n'ont pas manqué. L'État, a-t-on
dit, a fait dès le premier emprunt la part trop belle aux souscripteurs ;
il a péché par défaut de confiance. Puisqu'il était sur le marché financier
le grand, presque le seul emprunteur, puisque les capitaux à la recherche
d'un emploi ne trouvaient sur ce marché que les demandes qu'il auto-
risait à faire concurrence aux siennes, il était en situation de dicter ses
conditions, ou tout au moins d'en offrir de sensiblement moins favorables
que celles qu'il a, du premier coup, accordées.

C'est une recherche assez vaine que de se demander comment les
choses se seraient passées si l'on eût agi autrement qu'on ne l'a fait.
Il ne suffit pas d'être le seul à demander des capitaux sur un marché
pour en obtenir aux conditions que l'on veut ; encore faut-il que les
conditions offertes soient suffisantes pour décider les capitaux existants à sortir de l'état de thésaurisation ; si le besoin de capitaux est,
chez le preneur, plus grand et plus pressant que le besoin de leur détenteur d'en faire emploi, comment le premier pourrait-il échapper à la
nécessité de faire au second des offres assez tentantes pour le décider ?
Or, telle était exactement la situation de l'État français à l'égard des
détenteurs de capitaux.

L'Allemagne a pu emprunter à des conditions moins onéreuses que nous ; c'est que sa situation était bien plus favorable. La richesse allemande était, en chiffres absolus, plus grande que la richesse française et l'épargne annuelle de l'Allemagne dépassait sensiblement la nôtre (1). La guerre installée sur notre territoire, dès les premières semaines, nous avait amputés d'une partie considérable de notre puissance productive. Le prestige incomparable du Reich sur ses ressortissants, le gouvernement allemand l'a habilement utilisé pour faire une politique financière qui a mis en jeu d'autres mobiles que l'intérêt pécuniaire du souscripteur à l'emprunt. M. Rist a excellemment parlé de la « puissance de suggestion » de ce gouvernement. « Les emprunts — dit-il — ont été présentés comme une des formes de la bataille. La volonté de souscrire est pour le civil ce qu'est la volonté de vaincre pour le soldat. Ne pas souscrire ou souscrire trop peu, c'est une désertion pareille à la fuite devant l'ennemi. Le succès de l'emprunt, c'est une victoire à remporter, non moins déprimante pour l'adversaire que le recul de ses troupes ou l'écrasement d'un allié (2). »

Sans doute, tous les gouvernements peuvent tenir un pareil langage, et ils l'ont tous fait au cours de la guerre. Mais le principal n'est pas de tenir tel ou tel langage, c'est d'arriver à déterminer la volonté et l'acte de ceux qui l'entendent. Le gouvernement allemand était en situation d'obtenir plus, en parlant ainsi, que n'importe quel autre gouvernement. Sa force, son prestige, les moyens de pression dont il pouvait user, le degré d'entraînement auquel il avait amené le peuple allemand en vue de la guerre, les qualités et les défauts du peuple allemand, cette discipline et cette crédulité qui lui faisaient accepter comme une sorte de parole divine tout ce que disaient les hommes investis du pouvoir, c'étaient les conditions nécessaires de la politique financière qu'il a pratiquée au cours de la guerre. Nul autre gouvernement n'eût pu obtenir de tels résultats par cette substitution, en matière d'emprunts, du sentiment de l'intérêt collectif au sentiment de l'intérêt pécuniaire des individus. Et puis l'Allemagne menait la guerre en pays ennemi et elle se considéra longtemps comme victorieuse ; c'était, pour le placement des emprunts, la plus efficace des réclames.

Le gouvernement français était dans une situation bien plus difficile. La guerre se faisait sur notre territoire, ce qui avait pour conséquence une tension matérielle et morale redoutable. En outre les effroyables lacunes de la préparation à la guerre, rendues visibles à tous

---

(1) L'épargne annuelle de l'Allemagne, avant la guerre, était évaluée à une dizaine de milliards de francs, l'épargne française à quatre ou cinq milliards, chiffre d'ailleurs trop faible.
(2) Ch. RIST, *op. cit.*, p. 92.

les yeux par les défaites des premières semaines, par l'invasion, par le désarroi économique et financier, n'étaient pas propres à rehausser un prestige qui, en temps de paix déjà, était médiocre. Enfin, l'habitude s'était perdue, depuis longtemps, de faire appel à l'intérêt général ; dans les méandres et les marais de la politique de clientèle, le sentiment de l'intérêt général, de sa primauté sur les appétits individuels, s'était peu à peu dilué et dissous. Sur les champs de bataille, la bravoure innée de la race s'était retrouvée intacte et éclatante. Mais il n'eût pas été raisonnable de faire fonds sur le même esprit de sacrifice dans les questions financières. Cela n'aurait pu être tenté, et sans qu'on eût la certitude de réussir, que si une lente et solide préparation morale y eût plié d'avance les futurs souscripteurs aux emprunts de guerre. Rien n'avait été fait ni même essayé en ce sens. Le gouvernement a donc sagement agi en limitant ses ambitions à trouver des conditions d'emprunt propres à attirer les souscriptions dont il avait besoin ; étant donné les circonstances, ces conditions ne pouvaient pas ne pas être très onéreuses.

CHAPITRE VI

## Les emprunts extérieurs. Leur nécessité
## La politique suivie pour limiter le recours aux capitaux étrangers


I. *L'importance de la dette extérieure de guerre.*
*Pourquoi cette dette extérieure s'est formée*

La France, avant la guerre, n'avait pas de dette extérieure. Les emprunts qu'elle avait à faire, elle les émettait sur son propre marché, et s'il y avait des titres de l'État français placés dans les portefeuilles étrangers, ce n'était vraisemblablement pas pour des sommes très importantes. Le portefeuille français détenait presque tous les titres des emprunts nationaux, et le marché français était un des grands réservoirs d'épargne où venaient puiser les États étrangers et les entreprises étrangères. Nous étions des prêteurs et des exportateurs de capitaux.

La guerre a changé cette situation. Il a fallu tirer de l'étranger bien des choses nécessaires à la conduite de la guerre et à la subsistance de la population civile, et les moyens de paiement n'ont pu être fournis que par des crédits extérieurs, souvent des crédits fournis par le pays vendeur lui-même, qui, en même temps que vendeur, devenait prêteur, nous procurant les moyens de lui payer ce que nous lui achetions.

Dès 1916, les documents budgétaires témoignent de la préoccupation que les paiements à faire au dehors causent au gouvernement français. Dans le projet de loi déposé le 8 mai 1916, et portant ouverture des crédits provisoires applicables au troisième trimestre de l'année, le ministre des Finances s'exprime ainsi : « La question du change sur les pays où nous faisons des achats et, en particulier, sur l'Angleterre où ont lieu la plupart de nos règlements, est une de celles qui nous préoccupent le plus vivement. » Il y a, dans la suite, peu de documents budgétaires, projets de loi, rapports des commissions parlementaires, où la question ne soit pas traitée et où ne soient énoncées les mesures prises pour procurer le règlement des achats faits au dehors.

A mesure que la guerre se prolonge, d'année en année la dette extérieure s'accroît. Voici le tableau, année par année, des ressources obtenues par le moyen d'emprunts extérieurs ; les sommes obtenues sont exprimées en francs, d'après la valeur de change au cours moyen de l'année des sommes empruntées en monnaies étrangères :

RESSOURCES OBTENUES

*(En millions de francs)*

| Pays prêteurs | 1914 | 1915 | 1916 | 1917 | 1918 | 1919 | Totaux |
|---|---|---|---|---|---|---|---|
| Amérique | 51 | 1.845 | 1.624 | 7.532 | 5.388 | 9.267 | 25.707 |
| Angleterre | | 814 | 6.968 | 3.997 | 1.594 | 1.759 | 15.132 |
| Espagne | | | 131 | 67 | 570 | | 768 |
| Suisse | | | | 46 | 164 | 73 | 283 |
| Pays scandinaves | | 147 | 47 | 11 | | | 205 |
| Autres pays | | | 30 | 232 | 979 | 249 | 1.490 |
| TOTAUX | 51 | 2.806 | 8.800 | 11.885 | 8.695 | 11.348 | 43.585 |

De ce total de 43.585.000.000, il convient de déduire les remboursements effectués par la trésorerie de 1915 à 1919 et non compris dans les dépenses budgétaires, soit 4.162.000.000. Le montant net des ressources procurées par des emprunts extérieurs dans la période considérée ressort donc à 39.423.000.000, soit environ 23 pour 100 des ressources exceptionnelles (emprunts intérieurs et extérieurs et avances des banques d'émission) créées dans cette période.

Les ressources tirées des emprunts extérieurs ont rempli une double fonction. Elles ont fourni l'appoint des ressources financières tirées du pays même, et un appoint notable. On peut douter que la France envahie, séparée de ses plus riches provinces, forcée de mobiliser tous ses hommes valides, eût réussi à trouver sur son propre marché, par l'impôt ou par l'emprunt, les sommes immenses qu'il fallait pour soutenir la guerre. Mais les emprunts extérieurs ont rempli une autre fonction, celle-ci capitale : en admettant même que la France eût pu trouver chez elle l'argent nécessaire, il fallait payer au dehors, transférer des fonds ; comment l'eût-elle pu ? Les emprunts extérieurs nous ont donné les moyens de payer les fournitures de toute sorte que la France a tirées du dehors et à défaut de quoi elle eût été dans l'impossibilité d'équiper et d'armer ses combattants et peut-être de nourrir sa population civile pendant une si longue durée.

La France est, en tout temps et alors qu'elle peut travailler à plein, importatrice de charbon et de matières premières. Ce que nos statistiques douanières appellent les matières nécessaires à l'industrie représentait, avant la guerre, de 60 pour 100 à 65 pour 100 du total des impor-

tations, tandis qu'à l'exportation les marchandises de cette catégorie
ne représentaient que de 25 pour 100 à 30 pour 100 du total des ventes
au dehors. Pour les objets fabriqués, c'est l'inverse ; ils représentaient
moins de 20 pour 100 du total des importations et de 55 pour 100 à
60 pour 100 du total des exportations. La France est un pays acheteur
de matières premières et vendeur de produits fabriqués, et qui paie
celles-là avec ceux-ci.

Du fait de la guerre, les importations ont été beaucoup accrues.
La valeur moyenne des importations avait été, dans les deux années
1912 et 1913, de 8.326.000.000 de francs. Voici les chiffres des années
1914 à 1919.

IMPORTATIONS

*(En millions de francs)*

| | |
|---|---:|
| 1914 | 6.402 |
| 1915 | 11.036 |
| 1916 | 20.641 |
| 1917 | 27.554 |
| 1918 | 22.301 |
| 1919 | 29.779 |
| TOTAL | 117.713 |
| MOYENNE ANNUELLE | 19.619 |

Il est vrai qu'il n'y a d'accroissement que des valeurs, et que les quantités importées ont été, en moyenne, moindres que dans les années
d'avant la guerre. Mais, puisqu'il s'agissait de trouver des moyens de
paiement, ce sont les valeurs qu'il faut considérer.

Ces importations, comment la France pouvait-elle les payer ?

En temps normal et depuis de longues années avant la guerre, la
France vendait au dehors moins qu'elle n'y achetait. L'écart entre les
importations et les exportations, dans les dernières années, était de
l'ordre de grandeur de 1.500.000.000 de francs. Mais la balance économique nous était favorable, parce que la dette née des opérations du commerce extérieur était plus que compensée par les créances d'autre origine que nous avions sur l'étranger : revenus des fonds placés au dehors
et dépenses des étrangers en France. L'avoir français à l'étranger, composé principalement de valeurs mobilières, s'accroissait chaque année de
l'excédent de nos créances sur nos dettes ; le problème des paiements
ne se posait pas pour nous.

Or, dans le même temps que la guerre accroissait les importations,
elle diminuait les exportations, énormément pour ce qui est des quantités,
sensiblement pour ce qui est des valeurs, malgré la hausse des prix.
Pour ce qui est des quantités, on passe de 221.000.000 de quintaux

métriques en 1913, à 41.000.000 en 1915, et à des chiffres inférieurs à 40.000.000 de 1916 à 1918 (le minimum est atteint en 1917 avec 30.111.240 quintaux métriques) ; en 1919 on ne remonte encore qu'à un peu plus de 55.000.000 de quintaux métriques. Pour ce qui est des valeurs, alors que le chiffre atteint en 1913 avait été de 6.880.000.000 de francs, voici les chiffres des années de guerre :

EXPORTATIONS

*(En millions de francs)*

| | |
|---|---:|
| 1914 | 4.869 |
| 1915 | 3.937 |
| 1916 | 6.215 |
| 1717 | 6.013 |
| 1918 | 4.723 |
| 1919 | 8.713 |
| Total | 34.470 |
| Moyenne annuelle | 5.745 |

La chute profonde des exportations est un des symptômes de la perturbation économique où la guerre avait jeté la France. La plupart des autres belligérants de l'Entente n'ont pas vécu le drame de la guerre avec autant d'intensité que nous ; tel a été, notamment, le cas de l'Angleterre et, plus tard, des États-Unis. Le peuple qui n'a pas connu la guerre sur son territoire, accrochée à la chair de ses collines et de ses plaines, ne l'a pas vraiment connue et ne peut pas la comprendre entièrement. Ni l'Angleterre ni les États-Unis n'ont cessé de travailler et de produire pour d'autres fins que la guerre elle-même ; leur commerce n'a pas été interrompu ; il a été, longtemps encore, très lucratif, plus même que dans la paix. Il ne leur sera jamais possible de réaliser ce qu'a été l'effort d'un peuple qui luttait, sur son territoire, pour le maintien de sa vie nationale et qui était obligé de jeter dans la lutte toutes ses forces, toutes ses ressources en hommes et en biens.

L'écart entre le chiffre des importations et le chiffre des exportations, dans la période 1914-1919, est de 83.243.000.000 de francs. Il ne pouvait pas être comblé par les revenus des placements faits à l'étranger, revenus qui, d'après les évaluations les plus favorables, n'excédaient pas 2.500.000.000 de francs avant la guerre et que la guerre avait certainement amoindris. Les dépenses faites par les armées alliées, l'armée anglaise d'abord, plus tard l'armée américaine, sur le territoire français, formaient bien un élément d'actif dans la balance des comptes, mais si cela remplaçait l'actif formé en temps de paix par les dépenses des voyageurs et des touristes, à coup sûr il n'y avait pas là de quoi combler le déficit de la balance des comptes. Cependant ces dépenses étaient importantes et s'accrurent avec les effectifs des armées alliées (1).

Le déséquilibre de la balance des comptes a commencé à se manifester, au début de 1915, par la hausse des changes étrangers sur la place de Paris. Dans les premiers mois de la guerre, après le désarroi du mois d'août et de la première quinzaine de septembre 1914, où il n'y avait presque plus de négociations de change, le franc a fait prime. Nous étions alors créditeurs, et les banques françaises rapatriaient leurs fonds disponibles. Jusqu'en janvier 1915, presque toutes les devises étrangères se sont maintenues à Paris au-dessous du pair ; seul, le change hollandais, dès le mois d'octobre 1914, était coté au-dessus du pair. Les choses ont changé à partir de février 1915. Comme le dit le rapport sur les opérations de la Banque de France pour l'année 1915, « le mois de février a vu se produire un changement complet dans l'état de nos engagements extérieurs. Nos créances sur l'étranger n'ont plus fait équilibre à nos dettes, accrues par les importations considérables destinées à suppléer à l'insuffisance de nos approvisionnements et de notre production nationale. Le prix de la plupart des devises s'est relevé au-dessus de la parité avec notre monnaie. Ce fut d'abord le cas du change sur l'Espagne et sur New-York ; quelques jours plus tard, celui du change sur Londres et, dans la première quinzaine de mai, celui du change sur la Suisse et sur les pays scandinaves ».

Au 30 juillet 1915, la livre était cotée, sur le marché de Paris, 27 fr. 13 ; le dollar, 5 fr. 70 ; le franc suisse, 1 fr. 065 ; la peseta, 1 fr. 078 ; le florin hollandais, 2 fr. 285 ; la couronne suédoise, 1 fr. 48. Ces monnaies étrangères bénéficiaient ainsi, par rapport au franc, de primes comprises entre 6,50 pour 100 (franc suisse) et 9,69 pour 100 (florin hollandais).

Dans le projet de loi du 12 septembre 1916 portant ouverture des crédits provisoires applicables au quatrième trimestre de l'année, le ministre des Finances donnait, comme moyenne mensuelle des paiements à faire à l'étranger par le Trésor, le chiffre de 250.000.000 pour 1915 ; il ajoutait que la moyenne de ces paiements mensuels s'élevait actuellement à près de 600.000.000 et qu'elle tendait à dépasser ce chiffre, par suite de la progression des achats.

C'était donc un problème très grave qui était posé devant le gouver-

---

(1) Il faut distinguer entre les dépenses faites par les États alliés pour leurs armées et les dépenses privées des officiers et des soldats. En ce qui concerne les premières, le Trésor français s'est fait le caissier du Trésor britannique et, plus tard, du Trésor américain. Il a acquitté les dépenses en France des armées alliées et en a reçu la contre-partie en livres et en dollars qui ont été appliqués à nos dépenses au dehors. Pour l'armée anglaise, il ressort d'une déclaration faite par M. Klotz, ministre des Finances, au Sénat, dans la séance du 27 mai 1919, que les paiements en francs faits par le Trésor français se sont élevés à la somme de 4.261.000.000 de francs. Il y avait en plus les sommes que les officiers et soldats des armées alliées se faisaient envoyer de leur pays, mais on n'a sur ce point aucune indication précise.

nement. Les changes sur l'étranger montaient parce qu'il n'y avait pas
assez de moyens de paiement pour solder nos achats à l'étranger. En
temps normal, quand la hausse des changes se produit, elle déclanche
des forces économiques qui tendent à rétablir l'équilibre rompu ; c'est
un mécanisme bien connu. Mais alors, en vérité, les temps n'étaient pas
normaux. La majeure partie des importations était indispensable ;
il fallait continuer à importer, coûte que coûte, les produits nécessaires
aux armées en campagne, aux fabrications de guerre et au ravitaillement de la population civile. Il était quasi impossible d'accroître les
exportations, parce que toutes les forces productives du pays étaient
déjà employées. L'or accumulé à la Banque, si on eût voulu le laissser
sortir librement pour combler le déficit de la balance, se fût dispersé
en peu de temps. Le problème n'était pas le problème général de savoir
s'il convient ou non que les pouvoirs publics interviennent pour rétablir la stabilité des changes quand cette stabilité est rompue, problème
sur lequel, en temps de paix, les experts peuvent disserter à loisir.
Le problème était de trouver assez de moyens de paiement pour continuer des achats, à défaut de quoi la France eût perdu la guerre.

Le gouvernement français, sous la pression de la nécessité, a abordé
le problème par divers côtés. Les mesures qu'il a prises peuvent être
classées en quatre catégories :

1º Mesures propres à restreindre les achats au dehors et, par suite,
à diminuer le montant des paiements à faire ;

2º Mesures dont l'objet était d'empêcher l'exportation des capitaux
et de réserver les disponibilités de change aux besoins jugés les plus utiles ;

3º Politique d'utilisation des réserves d'or et du portefeuille de valeurs
mobilières étrangères ;

4º Emprunts extérieurs.

A exposer ainsi ces mesures avec un recul qui est déjà de quelques
années, on risque de leur donner une apparence de rigueur logique
qu'elles n'ont pas eue en réalité. Il serait exagéré de croire que les
pouvoirs publics ont, de bonne heure, considéré l'ensemble du problème
et dressé un plan rationnel pour le résoudre. C'est peu à peu, par mor-
ceaux, sous la pression des circonstances, que des solutions partielles ont
été cherchées. Un antique enseignement confirmé par cette guerre,
c'est combien il est difficile aux hommes de dominer ou même seulement de comprendre les événements auxquels ils sont mêlés ; les choses
changeaient si vite, au cours de cette guerre, qu'on arrivait toujours
en retard quand on cherchait à y appliquer un peu de réflexion. Il y
a donc eu, dans tout ce qu'on a essayé de faire, énormément d'empirisme,
et narrer les choses après qu'elles sont passées, c'est y mettre inévita-
blement bien plus de logique et de rationnel qu'elles n'en ont contenu.

## II. *Les mesures prises pour restreindre la consommation. La campagne des économies. La politique douanière*

En temps normal, quand le mécanisme du commerce et des transports fonctionne aisément, il n'y a qu'à laisser la consommation et la production se déterminer réciproquement par le jeu des prix. Dans un pays en guerre, où la production est insuffisante, il est raisonnable et nécessaire d'instituer une politique de *rationnement*. Cette politique a été réalisée en France pour plusieurs denrées, par le système des cartes ou carnets. Le consommateur ne pouvait obtenir qu'une quantité limitée des denrées soumises à ce régime, sur la présentation de la carte ou du carnet, ou de tickets détachés de la carte ou du carnet. Dans le courant de l'année 1917 furent institués le carnet de pain, le carnet de sucre, le carnet d'essence ; en 1918 la consommation du pétrole fut également réglementée. Diverses interdictions complétaient ce système : interdiction de fabriquer de la pâtisserie ou biscuiterie avec de la farine de froment, interdiction de la vente du lait et de la crème fraîche dans les cafés, brasseries ou restaurants, après neuf heures du matin, réglementation du blutage des céréales, institution de jours sans viande, etc. (1).

On peut agir sur la consommation par voie d'autorité ; on peut agir par voie de persuasion. Divers groupements privés ont essayé de le faire, dont le plus actif a été la Ligue nationale des économies, fondée en 1916 par quelques hommes de bonne volonté. La ligue a essayé de faire pénétrer dans le public, par la brochure, le journal, l'affiche, l'idée de la nécessité pour chacun d'économiser : d'économiser pour souscrire aux emprunts d'État, pour diminuer les importations, pour libérer des moyens de transport, pour restreindre l'endettement de la France au dehors. La campagne ainsi menée n'a jamais eu le rentissement qu'il eût fallu pour qu'elle fût efficace. Menée avec des moyens matériels qui demeuraient toujours fort au-dessous du zèle de ses promoteurs, encouragée par les pouvoirs publics d'une façon plus verbale que réelle, elle n'atteignit guère que les milieux sociaux qui n'avaient pas besoin qu'on leur prêchât l'économie parce que, par nécessité, par raison ou par patriotisme, ils la pratiquaient déjà : milieux de la bourgeoisie moyenne, universitaires, fonctionnaires, tous gens que la guerre appauvrissait. Quant aux profiteurs de la guerre, profiteurs de la bourgeoisie ou du prolétariat, mercantis, courtiers, fabricants, ouvriers des usines

---

(1) La politique française du ravitaillement est complètement et clairement exposée dans un rapport de M. Louis Marin, député. (Rapport fait au nom de la Commission du budget chargée d'examiner le projet de loi relatif au compte spécial du ravitaillement créé par la loi du 16 octobre 1915 ; annexe au procès-verbal de la séance du 28 juin 1918, session de 1918, n° 4082)

de guerre, ils dépensaient des deux mains ouvertes un argent facilement gagné et n'étaient pas disposés à écouter des conseils d'économie, si même ces conseils étaient parvenus jusqu'à eux (1).

C'est surtout par sa *politique douanière* que le gouvernement français a cherché à restreindre la consommation (2).

La guerre a ramené sur le plan de l'actualité, en matière de commerce international, les préoccupations et les méthodes du mercantilisme. Ce qui est apparu comme essentiel, ce n'était plus, comme au temps de la paix, d'assurer aux producteurs, par un système approprié de droits de douane, des prix de vente rémunérateurs, mais de procurer à la nation les denrées alimentaires et les matières premières qui lui étaient néces-saires. L'exportation fut d'abord réglementée. Puis, comme les moyens de transport et les moyens de paiement étaient limités, et le furent de plus en plus à mesure que la guerre se prolongea, il fallut limiter aussi les importations, non pour protéger les producteurs nationaux, comme en temps de paix, mais pour réserver les ressources nationales aux achats indispensables.

Dès le début de la guerre, le gouvernement français, usant des droits que lui conférait la loi du 17 décembre 1814, prit une série de décrets pour suspendre l'exportation des produits agricoles ou industriels qu'il paraissait opportun de réserver à la consommation nationale. Selon une classification qui fut observée jusqu'à la fin de la guerre, les produits visés furent répartis en trois catégories :

*a*) Ceux qui étaient soumis à la prohibition d'exporter, quelle que fût la destination ;

*b*) Ceux qui pouvaient être exportés à destination d'un pays allié sans autorisation spéciale ;

*c*) Ceux qui, sur avis d'une *Commission interministérielle des déro-gations*, pouvaient être exportés à destination d'un pays allié ou de certains pays neutres.

La loi du 6 mai 1916 donna au gouvernement, pour les importations, des pouvoirs analogues à ceux qu'il avait, en vertu de la loi de 1814, pour les exportations ; il eut désormais le droit, exercé par décrets rendus en Conseil des ministres, de prohiber l'entrée des marchandises étrangères ou d'augmenter les droits de douane (3).

Il ne fut fait, tout d'abord, de la loi de 1916 qu'une application

---

(1) La ligne nationale des économies dont le siège social était à Paris, 36, rue Vaneau, a publié une série de tracts dont la collection présente, à titre documentaire, un certain intérêt.

(2) Sur la politique douanière de guerre, on consultera : AFTALION, *La Politique française en matière d'importation pendant la guerre* (Revue d'économie politique 1919) et GIGNOUX, *La politique commerciale de la France depuis 1914 et les consommateurs.* (*Revue des études coopératives*, 1922).

(3) Faite pour la durée des hostilités seulement, la loi de 1916 a été l'objet de prorogations successives et n'a cessé d'être en vigueur qu'à partir du 1er janvier 1923.

modérée ; le décret du 11 mai 1916 prohibait des marchandises qui pouvaient être considérées comme des marchandises de luxe ; la liste n'en est pas très longue et les décrets qui suivirent, au cours de la même année, n'y ajoutèrent pas beaucoup.

Une phase d'application beaucoup plus rigoureuse fut ouverte par le décret du 22 mars 1917. Les hostilités se prolongeaient, la crise des transports et la difficulté de trouver des moyens de paiement s'aggravaient. Le décret du 22 mars 1917 institua une prohibition générale d'importation applicable à toutes les marchandises d'origine ou de provenance étrangère, à l'exception de celles qui étaient achetées pour le compte de l'État.

Toutefois une mesure aussi radicale ne pouvait guère être appliquée dans sa teneur exacte. L'article 3 du décret instituait un *Comité des dérogations* qui était chargé d'établir soit des propositions de dérogations générales pour certaines marchandises, soit des contingents d'importations autorisées pour d'autres marchandises, contingents à déterminer trimestriellement. Il y avait donc deux sortes d'exceptions possibles au régime de la prohibition, exceptions prévues par le texte même du décret et considérées comme nécessaires au fonctionnement pratique du régime.

L'application du système des dérogations ne fut pas conforme, d'ailleurs, à ce que le décret avait prévu. Fixer des contingents d'importations autorisées était un programme dont l'exécution demandait des études préalables et d'assez longs délais, de sorte que le système des contingents se trouva remplacé par celui des dérogations spéciales, accordées à titre individuel. Il y eut, d'une part, les marchandises, en petit nombre, qui bénéficiaient d'une dérogation générale, d'autre part celles qui, demeurant en principe prohibées, étaient admises sur l'octroi d'autorisations particulières. Dans l'ensemble, ces autorisations ont été assez largement données. Le principe de la prohibition tempérée par un régime de dérogations donnait à l'État le contrôle des achats à l'étranger ; de là allaient peu à peu sortir des organismes chargés, les uns d'évaluer les besoins du pays en marchandises étrangères, les autres de répartir les marchandises achetées entre les intéressés. Les *Comités de matières*, institués au ministère du Commerce, formés de fonctionnaires et de représentants des industriels et des commerçants, furent chargés d'évaluer les besoins et de prononcer sur les demandes formulées par les particuliers ou par les services publics. Les *consortiums*, groupements d'industriels et de commerçants, mais groupements à la vie desquels l'État était étroitement mêlé, furent les organes de répartition des marchandises importées. Après que, dans la conférence de Londres du 3 décembre 1917, les alliés eurent décidé la concentration et la coordination de leurs ressources, le gouvernement français créa, le 15 décembre 1917, un *Comité exécutif des importations* qui fixait en dernier ressort la quantité et la nature des importations à effectuer. Un peu plus tard, le 8 mars 1918, fut instituée une *Commission supérieure des achats* à l'étranger ; elle était chargée, dans la limite des disponibilités fixées par le ministre des Finances, d'établir des programmes d'achat et de déterminer l'ordre dans lequel seraient satisfaites les demandes qui étaient admises. Ainsi se complétait peu à peu une organisation commerciale de guerre dans laquelle l'État avait la haute main sur les importations.

### III. *Le contrôle institué sur le marché des changes*

Tous les pays belligérants ont apporté des restrictions à la liberté du marché du change. Dans quelques-uns d'entre eux on a été jusqu'à l'institution d'un monopole : cela a été le cas de la Russie, de l'Italie, de l'Allemagne, de l'Autriche. En Angleterre, aux États-Unis, en France, les pouvoirs publics se sont contentés d'établir des *mesures de surveillance* (1).

En France, dès le mois de juillet 1915, la Banque de France, sur la demande du ministère des Finances, provoqua une réunion des principaux banquiers, dont l'objet était d'étudier la situation du marché du change et d'examiner les mesures qu'il pouvait y avoir lieu de prendre. Dans cette réunion, l'idée d'instituer un monopole du change fut envisagée et elle fut repoussée comme impraticable et inefficace. On s'arrêta à l'idée d'un appel qui serait adressé par la Banque de France aux banquiers, et qui, au nom de l'intérêt national, leur demanderait d'observer les règles suivantes dans leurs opérations de change :

1º Éviter de fournir du change aux gouvernements étrangers sans autorisation du gouvernement français ;

2º Éviter de donner du change aux banques étrangères établies en France, sauf justification de besoins commerciaux de leur clientèle française ;

3º Refuser absolument du change à ceux qui veulent expatrier des capitaux et spécialement acheter ou souscrire des valeurs mobilières à l'étranger.

En outre, la conférence émit l'avis que le gouvernement devrait recommander aux banquiers de faire tous leurs efforts pour se procurer des ressources au-dehors, par tous les moyens possibles n'engageant pas

---

(1) Sur le contrôle des opérations de change et la crise du change pendant la guerre, on consultera l'ouvrage de DECAMPS, *Les changes étrangers*, 2e édition 1923.

la Banque de France, ventes de titres, emprunts sur titres, etc.....
Enfin elle fit remarquer que la tâche de ses membres serait grandement
facilitée s'il était possible, sans nuire aux intérêts de la Défense nationale, d'endiguer le flot montant des achats à l'étranger.

C'était donc un appel à la discipline volontaire qui sortait de cette
conférence de banquiers, et il semble que cette discipline a été assez
bien observée. La Banque de France, par son autorité morale, en était
le gardien respecté. Dès le début de la guerre elle a fait sentir son influence
sur le marché du change. Elle a mis à la disposition du marché ses propres
ressources de change, et c'est par elle que le Trésor français a fait passer
toutes celles dont il pouvait disposer au profit des particuliers. Elle a
posé comme règle de ne consentir des ventes de change que sur justification de besoins commerciaux, sauf en des circonstances exceptionnelles. Le montant total des ventes de change, effectuées par l'intermédiaire de la Banque de France jusqu'à la fin de la guerre, a été d'environ
15.000.000.000 de francs.

La prolongation de la guerre amena le gouvernement français à
contrôler plus directement et d'une façon officielle le marché du change.
A la suite d'échanges de vues avec les gouvernements alliés et d'une
entente sur les mesures à prendre à cet égard, un arrêté du ministre des
Finances, en date du 6 juillet 1917, a institué une *Commission des
changes*. Cette Commission était chargée « d'étudier tous les moyens
propres à sauvegarder la valeur d'échange de la monnaie nationale
contre les devises étrangères et à parer aux conséquences financières
du déficit de la balance commerciale ». Elle n'avait d'ailleurs qu'un rôle
consultatif, mais en fait son influence a été très grande. C'est d'une proposition adressée par la Commission au ministre des Finances qu'est
issue la loi du 1er août 1917 ; cette loi a assujetti toutes les personnes
faisant profession ou commerce de recueillir, acheter ou vendre, négocier, escompter, encaisser ou payer des monnaies ou devises étrangères,
à l'obligation de tenir un registre sur lequel sont inscrites toutes leurs
opérations. Ainsi allait se trouver facilitée la surveillance générale de la
Commission, surveillance qu'elle exerça par une série d'instructions
individuelles ou collectives adressées aux banquiers et changeurs.
C'est aussi la Commission des changes qui a soumis au ministre des
Finances le projet de réglementation qui est devenu la loi du 3 avril 1918.
Cette loi de 1918 a pour objet de réglementer l'exportation des capitaux
et l'importation des titres et valeurs mobilières.

Sauf autorisation du ministre des Finances, il était désormais interdit :

1º De constituer hors de France, par un moyen quelconque de crédit
ou de change, un avoir en titres ou en fonds, pour dépôt ou placement ;
d'y souscrire à une émission ; de consentir un prêt à une personne rési-

dant hors de France : d'acheter hors de France tous titres, biens ou produits quelconques, si l'opération implique, pour la personne qui l'effectue ou pour le compte de laquelle elle est effectuée, un transfert quelconque de fonds ou de titres hors de France ;

2º D'expédier hors de France, en vue de leur réalisation par l'entremise d'une personne résidant hors de France, des titres dont la contrevaleur ne ferait pas l'objet d'une remise en francs, ou donnant lieu à un crédit en monnaie étrangère dont l'emploi ne serait pas conforme aux dispositions de la loi ;

3º D'importer en France tous titres ou valeurs représentant, directement ou indirectement, une part de propriété ou une créance.

La loi du 3 avril 1918 n'était faite que pour la durée des hostilités ; elle devait prendre fin trois mois après la date légale de la cessation de celles-ci. Elle a fait l'objet de prorogations successives, et elle est encore en vigueur ; il y a des chances sérieuses pour que, malgré les légitimes protestations du monde des affaires et de la finance, cette réglementation de guerre, donnée comme provisoire, devienne, de prorogation en prorogation, une partie durable de la législation économique. Admissible dans la situation anormale que la guerre avait créée, elle n'est plus aujourd'hui qu'une gêne et rend plus difficile, bien loin d'y aider, la défense du franc sur le marché du change. Mais les administrations et le Parlement sont tout pénétrés d'un esprit mercantiliste qu'aucune expérience ne peut modifier.


IV. *L'utilisation du stock d'or et du portefeuille de valeurs mobilières étrangères*

La France détenait avant la guerre une grande quantité d'or, que des changes depuis longtemps favorables et la politique prudente de sa banque d'émission lui avait permis d'amasser ; à la fin de 1913, il y avait à la Banque de France une encaisse-or de 3.500.000.000 de francs, et le 30 juillet 1914 cette encaisse était de près de 4.150.000.000 de francs. Quant au portefeuille français de valeurs étrangères, il représentait un capital compris entre 40 et 50 milliards de francs. Depuis longtemps une fraction considérable de l'épargne nationale était, chaque année, placée en fonds étrangers, et cette direction donnée à l'épargne n'avait pas été sans soulever de vives critiques, mais du moins cela avait-il formé une créance sur l'étranger qui allait pouvoir être, en partie, utilisée.

L'or et les valeurs mobilières sont des éléments de règlement pour un pays dont la balance des comptes est déficitaire. En temps normal, l'or ne joue qu'un rôle accessoire dans le règlement des échanges internationaux ; dans le commerce extérieur de la France avant la guerre, les mouvements d'entrée et de sortie de l'or, en lingots ou en monnaie, formaient sensiblement moins de 10 pour 100 du mouvement total des échanges, proportion encore supérieure à celle qui se rencontrait dans beaucoup de pays étrangers. Pour ce qui est du stock de valeurs mobilières étrangères, c'étaient les intérêts et dividendes de nos titres qui entraient dans le courant des moyens de règlement, et cela représentait une créance annuelle qui excédait 2.000.000.000 de francs ; quant au capital, il s'accroissait chaque année du fait des placements nouveaux, bien loin que nous eussions à l'utiliser pour payer des excédents de dettes.

Nous allons exposer sommairement comment le stock d'or et le portefeuille de valeurs étrangères ont servi, pendant la guerre, à procurer des changes sur l'étranger.

§ 1. L'*exportation de l'or* peut être faite à titre de réglement direct ; des achats effectués à l'étranger sont payés en or, faute de trouver sur le marché des remises sur le pays créancier ou d'y pouvoir opérer des tirages. Elle peut aussi servir de base à des ouvertures de crédit. C'est ce second mode d'utilisation de l'or qui a été, de beaucoup, le plus employé (1).

Ce n'est que par un décret du 3 juillet 1915 que la sortie de l'or a été interdite pour compte privé, et jusqu'à cette date des particuliers ont pu faire des envois d'or à l'étranger. Mais comme la Banque de France ne délivrait plus d'or que sur justifications acceptées par elle, et que les particuliers n'étaient guère disposés à se dessaisir de leurs réserves, les envois pour compte privé n'ont été certainement qu'assez peu de chose. La Banque elle-même, dans les premiers mois de la guerre, n'a pas refusé de mettre de l'or à la disposition des importateurs, quand cela lui paraissait de nature à exercer sur les changes une heureuse influence. Après avoir épuisé les provisions de change dont elle avait fait l'achat dans le second semestre de 1914 — plus de 400.000.000 de francs — elle a, dès avril 1915, exporté de l'or à destination de l'Angleterre, de l'Amérique et de l'Espagne ; ces sorties d'or ont dépassé 160.000.000 de francs.

Mais, la guerre se prolongeant, et les paiements à faire au dehors prenant des dimensions énormes, il devint très vite nécessaire d'adopter une politique définie d'utilisation de l'or. La politique qui prévalut consistait à concentrer les efforts sur les points essentiels et à se servir de l'or exporté, non pour payer directement les achats faits, mais pour obtenir des ouvertures de crédit. C'est la place de Londres qui devint le centre

---

(1) La question de l'emploi de l'or a été exposée très complètement par M. DÉCAMP dans une communication faite le 5 avril 1918 à la Société d'économie politique de Paris : *L'or et les règlements internationaux pendant la guerre.*

des règlements internationaux pour les pays de l'Entente. Elle mettait à leur service son prestige financier, sa vieille et forte organisation, ses relations avec toutes les places du monde. Les pays de l'Entente, la France notamment, mettaient à sa disposition de l'or et élargissaient ainsi, pour le commun profit, sa capacité d'emprunter et de régler·

Politique judicieuse et dont l'expérience a confirmé la sagesse· Cependant elle ne prévalut pas sans controverse. Quelques-uns préconisaient une politique qui eût consisté à faire front partout, à envoyer de l'or partout où la valeur du franc baissait. L'encaisse-or, disaient les partisans de cette politique, n'avait pas d'autre utilité que celle-là, et ce n'était pas la peine d'avoir accumulé, pendant la paix, de grands amas d'or, si c'était pour les garder jalousement pendant la guerre, alors que la stabilité de la monnaie nationale avait besoin d'être défendue. Observons en passant que, si cette politique avait triomphé, en peu de temps l'encaisse-or de la Banque de France eût été dispersée, et le change et la valeur du billet se fussent alors trouvés sans soutien.

Le premier arrangement conclu entre le Trésor anglais et le Trésor français, sur cette matière, a été celui du 30 avril 1915. La Banque de France cédait à la Banque d'Angleterre 20.000.000 £ d'or ; en contrepartie, le Trésor anglais prêtait au Trésor français une somme de 62.000.000 £. Des arrangements du même ordre ont été conclus en 1916 et en 1917. Mais dans la contexture juridique de ces opérations une modification a été apportée. Les deux premières comportaient vente d'or par la Banque de France, par conséquent excluaient l'obligation pour la Banque d'Angleterre de restituer l'or contre remboursement du crédit· Dans celles qui ont suivi, l'or a été, non plus vendu, mais prêté; par conséquent la Banque d'Angleterre doit restituer l'or à la Banque de France à mesure que les crédits sont remboursés, la proportion entre le remboursement et la restitution étant la même que dans l'opération primitive. C'est à ces prêts d'or que correspond la rubrique ouverte, en 1916, dans les bilans de la Banque de France : or à l'étranger. Des rentrées ont eu lieu, depuis la fin de la guerre, sur cet or prêté ; la rubrique « or à l'étranger » était, fin 1924, de 1.864.000.000 de francs (1).

L'accord du 30 avril 1915 ouvrait au Trésor français un crédit trois fois plus élevé (et même un peu plus de trois fois) que la somme en or remise par la Banque de France à la Banque d'Angleterre : crédit de 62.000.000 £, vente d'or de 20.000.000 £. Cette proportion a été maintenue dans les opérations qui ont suivi, sauf celle du 8 février 1916,

---

(1) Des doutes ont été élevés sur la nature juridique des opérations qualifiées prêts d'or ; on trouvera la question exposée dans une excellente thèse de la Faculté de Paris : Albert GOUTE, *Des principales opérations du Trésor français depuis le début de la guerre de 1914 jusqu'à l'intervention des États-Unis* (1923).

qui comportait un crédit immédiat de 18.000.000 £ et des crédits mensuels jusqu'à concurrence de 10.000.000 £ contre une vente d'or de 12.000.000 £. L'accord du 25 avril 1916, complété par l'avenant du 19 janvier 1917, comportait un crédit anglais de 72.000.000 £, contre un prêt d'or français de 24.000.000 £ ; celui du 24 août 1916, complété par l'avenant du 28 mars 1917, comportait un crédit anglais de 150.000.000 £ contre un prêt d'or français de 50.000.000 £ ; enfin, celui du 28 mars 1917 comportait un crédit anglais de 25.000.000 £ contre un prêt d'or de 8.222.000 £. Il y avait donc, par la combinaison judicieuse des ouvertures de crédit et des envois d'or en Angleterre, une utilisation bien meilleure du stock d'or que si l'or eût été employé directement au paiement des achats faits à l'étranger.

Le rapport présenté à l'assemblée générale des actionnaires de la Banque de France, le 30 janvier 1919, résume ainsi les sorties d'or effectuées au cours de la guerre : les prélèvements sur l'encaisse-or se sont élevés à 3.022.000.000 de francs, somme sur laquelle 1.955.000.000 de francs représentent les prêts d'or faits à l'Angleterre ; en échange de ces prélèvements d'or, plus de 9.000.000.000 de francs de disponibilités de change ont été obtenues.

Pour reconstituer la réserve d'or que ces prélèvements appauvrissaient, un appel au public a été fait. La « campagne de l'or » a été menée avec le plus grand succès ; on en suit les progrès dans les rapports annuels de la Banque de France. En y comprenant quelques achats d'or faits à l'étranger dans les premiers mois de la guerre, c'est une somme de 2.400.000.000 de francs, en chiffres ronds, qui est entrée dans les caisses de la Banque de 1915 à 1918.

§ 2. — A partir du moment où les devises étrangères ont commencé à monter, les détenteurs de *valeurs mobilières étrangères* avaient intérêt à les vendre pour bénéficier de la différence des cours. Mais bien des raisons pouvaient, ou faire hésiter le détenteur de valeurs étrangères, ou rendre la vente impossible. Dans l'incertitude où l'on était sur les conséquences économiques de la guerre, ce pouvait être un acte de prudence, du point de vue de l'intérêt privé, que de garder en portefeuille des valeurs libellées en monnaies étrangères, en monnaies des pays qui, loin de souffrir de la guerre, y trouvaient des occasions de profit. Même pour le capitaliste bon citoyen, que le désir de contribuer au soutien du franc eût incité à vendre ses valeurs étrangères, ou pour celui qui l'eût fait volontiers pour réaliser un gain immédiat, la chose était souvent impossible ; le Stock-Exchange, qui était le principal marché de celles des valeurs étrangères qui pouvaient être utilement réalisées, n'était ouvert qu'aux titres dont le détenteur justifiait qu'ils avaient été

« possédés matériellement dans le Royaume-Uni depuis le 30 septembre 1914 (1) ».

La convention franco-britannique du 11 février 1916 ouvrit le Stock-Exchange aux ventes d'origine française, par l'intermédiaire de la Banque de France. La Banque devait certifier que les titres offerts en vente appartenaient à des Français dès avant la guerre. Les ordres de vente étaient transmis par elle à la Banque d'Angleterre qui était seule chargée de les exécuter ; elle créditait la Banque de France du montant de la vente et le crédit ne pouvait être utilisé que pour des paiements commerciaux en Grande-Bretagne. Ces restrictions ont été supprimées au mois d'août 1919. Le montant des ventes de titres faites au Stock-Exchange par les soins de la Banque de France, pendant le temps qu'elles ont duré, n'a pas été très important, il s'est élevé à 330.000.000 de francs ; en y joignant les ventes de titres faites par la Banque sur d'autres marchés, on a un montant total de 363.000.000 de francs.

Le gouvernement français a cherché à utiliser plus directement le portefeuille national de valeurs étrangères, et il a fait pour cela deux sortes d'opérations, opérations d'achat de titres et opérations d'emprunt de titres.

Les opérations d'*achat* ont commencé en juin 1915. Le gouvernement français proposa aux capitalistes détenteurs de diverses catégories d'obligations américaines de les leur acheter. Il s'agissait : a) Des obligations 3 3/4 pour 100 de la C^{ie} de Chemins de fer Pennsylvania ; b) des obligations 4 pour 100 de la C^{ie} Chicago Milwaukee ; c) des obligations 4 pour 100 de la C^{ie} Central Pacific ; d) des obligations 4 pour 100 de la C^{ie} New-York New-Haven and Hartford. Une fois en possession des titres, le gouvernement pouvait ou les négocier en Bourse, ou en faire la garantie d'ouvertures de crédit, ou les céder aux compagnies qui les avaient émis (2).

Quelques autres opérations d'achat de titres ont été faites par le Trésor français. La principale a été le rachat des obligations japonaises, émises sur le marché de Paris en 1913 : les banques françaises ont racheté ces obligations à leurs clients pour le compte du Trésor français, et celui-ci les a vendues au Trésor japonais. Il y a eu là, pour le gouvernement japonais, l'occasion de rapatrier, dans des conditions favorables, une partie de sa dette extérieure.

----

(1) Cette restriction a été édictée par le règlement du 28 novembre 1914 promulgué en vue de la réouverture du Stock-Exchange qui eut lieu le 4 janvier 1915. Elle avait pour objet d'empêcher la vente dans le Royaume-Uni des titres sur lesquels le contrôle d'origine et de propriété eût été difficile.

(2) L'opération présentait certaines difficultés, du fait que les titres en question avaient été, pour des raisons d'intérêt fiscal, créés dans une forme qui les rendait négociables sur le marché de Paris seulement. C'est au moyen d'un arrangement avec la maison Morgan que l'opération put être menée à bien. Cf. pour le détail, la thèse Goute précitée, 2e partie chap.v.

Les opérations d'*emprunts de titres* par le gouvernement français ont commencé en mai 1916. Le décret du 5 mai 1916 donnait une liste de valeurs pouvant faire l'objet d'un prêt à l'État. Un prêt de titres, à quoi cela servait-il ? Les titres prêtés à l'État étaient affectés par lui à garantir les avances qui lui étaient consenties ou les crédits qui lui étaient ouverts. Outre les facilités plus grandes que la remise des titres en gage donnait à l'État français de trouver des prêteurs, il convient de remarquer qu'en ce qui concerne spécialement les États-Unis les gages étendaient beaucoup la marge des crédits possibles. En effet, aux termes de la loi du 23 décembre 1913 (Federal Reserve Act), l'ensemble des billets et effets signés ou endossés par une personne, compagnie, firme ou corporation, et réescomptés pour une banque quelconque, ne devra jamais dépasser 10 pour 100 du capital et des réserves de cette banque. Mais cette restriction ne s'applique pas à l'escompte des lettres de change tirées contre des valeurs réellement existantes.

Puisque l'État français empruntait des titres pour les donner en gage à ses prêteurs, il fallait qu'il eût la faculté de les vendre : pour le créancier gagiste, la sécurité procurée par le gage vient de la possibilité d'en réaliser la valeur. L'article 4 du décret du 5 mai 1916 donne donc à l'État le droit d'acheter les titres qui lui ont été prêtés. En fait, cela n'a pas été une simple clause de précaution, et la majeure partie des titres prêtés à l'État a été, dans la suite, achetée par lui ; le prix de vente a servi à rembourser une partie des avances obtenues à l'étranger par le Trésor français (1).

Pour donner, au point de vue des détenteurs de titres, de l'attrait à l'opération, le décret du 5 mai 1916 leur attribuait une bonification du revenu inhérent au titre. Le prêteur de titres continuait, bien entendu, à toucher les intérêts ou dividendes et il recevait en outre, chaque année, une somme égale au quart du revenu brut annuel ; la bonification était payée d'avance, pour la première année, lors de la remise des titres à l'État et, pour les autres, en même temps que les premiers coupons venant à échéance chaque année ; elle était calculée sans bénéfice de change, alors que pour le revenu propre du titre le porteur gardait naturellement ment ce bénéfice.

Le décret du 5 mai 1916 donnait une liste de titres, qui étaient des titres du Danemark, de la Norvège, de la Suède, de la Hollande, de la Suisse, de l'Espagne, de l'Uruguay, du Brésil, de la République Argentine, de la province de Québec, du Canal de Suez et de l'Égypte. Une deuxième liste, publiée au *Journal Officiel* du 29 mai 1916, se référait à des titres des États-Unis et du Canada.

---

(1) Arrêtés du 13 septembre 1918 et du 15 mars 1919.

Le montant des valeurs mobilières prêtées à l'État a été d'environ 2 milliards de francs. C'est une somme qui peut paraître petite eu égard à l'importance qu'avait, avant la guerre, le portefeuille français de valeurs étrangères. Mais ce portefeuille était composé, en majeure partie, de titres que la guerre avait profondément dépréciés et qui ne figuraient pas sur les listes des valeurs que l'État demandait à emprunter : titres russes, turcs, bulgares, roumains, serbes..... titres que le malheureux porteur ne pouvait pas considérer sans mélancolie et qu'il eût bien voulu que l'État français lui rachetât à leur valeur d'avant la guerre. On a soulevé, à diverses reprises, la question de savoir s'il ne conviendrait pas de donner à l'État le droit de réquisitionner les valeurs étrangères qui pouvaient lui être utiles. Le gouvernement anglais a eu ce droit à partir de janvier 1917 ; le gouvernement allemand l'a eu aussi en mars 1917. Le gouvernement français n'a pas osé risquer cette mesure de contrainte. Il a redouté de nuire par là à son crédit et de rompre l'élan des capitaux qui s'employaient en bons de la Défense nationale, principale ressource du Trésor. Une réquisition des valeurs étrangères utilisables comme moyens de change n'eût pas donné une somme assez grande pour qu'il valût la peine de courir le risque sérieux de l'opération.

CHAPITRE VII

# Les emprunts extérieurs. Les modalités de leur réalisation

C'est en Angleterre et aux États-Unis que la majeure partie des emprunts extérieurs a été réalisée. Nous consacrerons aux opérations effectuées dans chacun de ces deux pays les deux premières sections de ce chapitre. Nous traiterons ensuite des opérations effectuées dans d'autres pays (1).

## I. *Les opérations de crédit faites en Angleterre*

La France a trouvé en Angleterre, dès les premiers mois de la guerre, un terrain favorable pour les opérations de crédit qu'elle avait besoin de faire. La place de Londres était le plus grand marché financier du monde, un marché sur lequel, depuis longtemps, il y avait une organisation bancaire puissante, et l'habitude prise des emprunts étrangers. Tandis que les États-Unis, malgré leur richesse et leur élan économique, étaient demeurés jusqu'en 1914 un peuple emprunteur, et qui plaçait des titres en Europe, l'Angleterre était le pays qui avait le plus d'argent dispersé dans le monde ; son portefeuille de valeurs étrangères et coloniales atteignant près de 100 milliards de francs. En outre, Londres était le principal marché de l'or ; une grande partie de la production annuelle des mines y affluait pour, de là, se répandre dans les autres places selon les besoins des affaires et l'état des comptes internationaux. La livre sterling était la monnaie mondiale ; une traite libellée en livres et acceptée par une des banques de Londres qui s'étaient spécialisées dans

---

(1) La source officielle la plus abondante de renseignements sur les emprunts extérieurs est le projet de budget pour l'exercice 1923 (Chambre, session ordinaire de 1922, doc. nº 4.220). La thèse déjà citée de Goute apporte une documentation précieuse pour la période qui précède l'entrée en guerre des États-Unis. On trouvera aussi des données intéressantes dans la collection des rapports de la Banque de France et dans l'ouvrage cité de DÉCAMPS : *Les changes étrangers*. Le projet de budget pour l'exercice 1925 (doc. nº 441), dans la partie dite : « Inventaire de la situation financière de la France », a complété sur certains points les renseignements fournis par le projet de budget pour 1923.

ce genre d'opérations, valait de l'or ; c'est à Londres que se réglaient, par voie de tirages acceptés, beaucoup des affaires effectuées dans d'autres pays.

Il est vrai que le gouvernement anglais, une fois la guerre déclarée, a défendu son marché et interdit toute émission sans son autorisation. C'était une politique nécessaire et que la France a pratiquée ; un État en guerre confère à ses propres besoins un privilège sur l'épargne nationale. Mais si cette politique a eu pour effet de limiter assez étroitement les émissions directes de l'État français sur le marché anglais, elle ne nous a cependant pas privés des ressources de ce marché. Un accord conclu, le 5 février 1915, entre les ministres des Finances d'Angleterre, de France et de Russie, posa le principe de l'union des ressources financières pour la poursuite de la guerre (1). Conformément à ce principe, le Trésor français a obtenu du Trésor anglais, non seulement des avances directes, mais aussi son appui, lorsqu'il s'est agi de placer des titres dans le public anglais. Nous avons trouvé en Angleterre les sommes nécessaires pour payer les achats faits dans le pays, et aussi une partie de celles dont nous avons eu besoin pour payer nos achats aux États-Unis, avant que ceux-ci fussent entrés à leur tour dans la guerre. Une fraction importante de nos règlements aux États-Unis a été faite par l'intermédiaire de Londres qui nous a fourni des dollars.

Les ressources que nous avons obtenues du marché anglais viennent, pour la majeure partie, d'avances faites directement par la Trésorerie anglaise au gouvernement français ; il y a eu aussi une avance de la Banque d'Angleterre à la Banque de France. Enfin, des émissions de titres ont été faites sur le marché anglais (2).

1° Les *avances de la Trésorerie anglaise* ont été consenties en vertu d'accords de 1915, 1916, 1917 et 1919. Elles ont été faites contre remise de bons du Trésor français que la Banque d'Angleterre a escomptés. Les intérêts ont été jusqu'à présent capitalisés et donnent lieu, lors de chaque échéance, à la remise de nouveaux bons. Il en résulte que le montant de la dette française est plus élevé que la somme effectivement reçue et va en s'accroissant d'année en année.

---

(1) Voici le texte de cet accord : « Ils (les ministres des Finances) sont d'accord pour déclarer que les trois puissances sont résolues à unir leurs ressources financières aussi bien que leurs ressources militaires afin de poursuivre la guerre jusqu'à la victoire finale.

. . . . . . . . . . . . . . . . . . . . . . . . . . . . . . . . . . . . . .

La question des rapports à établir entre les banques d'émission des trois pays a fait l'objet d'une entente particulière.

Les ministres ont décidé de procéder de concert à tous les achats que leurs pays ont à faire chez les nations neutres.....

(2) En outre des crédits en banque ont été ouverts au Trésor français pour une somme qui s'élevait, fin 1919, à 10.500.000, et que de nouvelles opérations faites en 1920 ont portée à 15.925.000 £.

Les sommes effectivement reçues par le Trésor français forment un total de 445.750.000 £, soit :

| | |
|---|---:|
| En vertu des accords de 1915 ............ | 19.800.000 |
| En vertu des accords de 1916 ............ | 177.200.000 |
| En vertu des accords de 1917 ............ | 143.550.000 |
| En vertu des accords de 1919 ............ | 105.200.000 |
| TOTAL ......................... | 445.750.000 |

Les avances faites par la Trésorerie anglaise dans la période antérieure à l'entrée des États-Unis présentaient deux caractères que les suivantes n'ont plus.

Elles avaient comme contrepartie des *remises d'or* faites par la France à l'Angleterre, soit à titre de vente, soit à titre de prêt. On a précédemment exposé cette combinaison qui, en procurant des disponibilités à la France, élargissait la base monétaire sur laquelle s'appuyait le crédit anglais. Un autre caractère des avances de cette période a été, du moins dans queiques cas, que l'accord déterminait l'*affectation des crédits* ; ceux-ci devaient être employés partie à des paiements en Angleterre, partie à des paiements aux États-Unis. C'est ainsi que l'accord du 30 avril 1915 affectait aux paiements à faire en Angleterre le tiers du crédit ouvert, et les deux tiers à des paiements à faire aux États-Unis ; l'accord du 8 février 1916 ouvrait à la France un crédit de 18.000.000 de £ pour les paiements en Amérique, et un crédit de 10.000.000 de £, à réaliser par avances mensuelles, pour les paiements en Angleterre. Il n'y a pas eu toujours cette détermination d'emploi des sommes prêtées : l'accord du 24 août 1916, qui nous ouvrait un crédit de 150.000.000 de £, ne le contient pas, non plus que l'accord du 28 mars 1917, conclu à la veille de l'intervention américaine. Mais en fait, les avances de la Trésorerie britannique correspondent en grande partie à des crédits qui nous ont été procurés aux États-Unis avant l'entrée de ce pays dans la guerre.

2º La *Banque d'Angleterre* a fait à la Banque de France une *avance* de 72.000.000 de £. (convention du 25 avril 1916) ramenée à 65.000.000 de £. par un prélèvement sur le produit de l'emprunt 4 pour 100 1918 (tranche anglaise). Cette opération s'est faite par l'escompte, à la Banque d'Angleterre, de bons du Trésor à elle remis par la Banque de France. Il n'y a donc pas de différence, quant au fonds des choses entre cette opération et les avances faites directement par le Trésor anglais au gouvernement français. La Banque de France n a joué que le rôle d'un intermédiaire ; quant à la Banque d'Angleterre, elle a escompté les bons présentés, comme elle faisait de ceux qui étaient remis par la

Trésorerie française à la Trésorerie anglaise (1). La seule différence est que l'opération était conclue de banque à banque au lieu de l'être de gouvernement à gouvernement. Dans les documents budgétaires français, qui distinguent ce qu'ils appellent la dette politique et ce qu'ils appellent la dette commerciale, l'opération conclue entre la Banque d'Angleterre et la Banque de France fait partie de la seconde, tandis que les avances de la Trésorerie anglaise font partie de la première ;

3º L'État français a placé des titres sur le marché anglais : soit des bons du Trésor, soit des titres des quatre grands emprunts de guerre.

Il y a eu deux émissions de bons 5 pour 100 à l'échéance d'une année ; la première a été faite en octobre 1914 par la maison N. M. Rothschild de Londres, pour un montant de 2.000.000 de £ ; la seconde a été faite en janvier 1915 par la banque d'Angleterre, pour un montant de 10.000.000 de £. Il ne reste plus aucun de ces bons dans la circulation.

Lors de chacun des emprunts en rentes de 1915, 1916, 1917 et 1918, une tranche de l'emprunt a été souscrite à Londres. Le total des versements en livres ainsi obtenus par le Trésor français est d'environ 50.000.000 de £.

Au total, le compte de ressources obtenues en Angleterre dans la période 1915-1919, exprimées en francs d'après la valeur de change au cours moyen de l'année, s'établit ainsi :

| | | |
|---|---|---|
| 1915....................... | 814 | millions de francs |
| 1916....................... | 6.968 | — |
| 1917....................... | 3.997 | — |
| 1918....................... | 1.594 | — |
| 1919....................... | 1.759 | — |
| Total............... | 15.132 | millions de francs |

## II. *Les opérations de crédits faites aux Etats-Unis*

Les relations financières de la France et des États-Unis pendant la guerre se présentent sous des formes très différentes, selon que l'on envisage la période de temps qui précède l'entrée des États-Unis dans la guerre, ou la période qui suit. Dans la première, la France a éprouvé des difficultés croissantes à se procurer les moyens de régler les achats faits aux États-Unis ; la neutralité de ce pays empêchait naturellement tout ce qui eût été une aide directe du Trésor américain, et l'attitude prise un moment, à la fin de 1916, par le Federal Reserve Board,

---

(1) Elle les a escomptés à 1 pour 100 au-dessus de son taux normal d'escompte, tandis qu'elle escomptait à son taux normal les bons remis par le Trésor français au Trésor anglais.

put faire craindre que les crédits nous fussent désormais refusés ou très
étroitement mesurés par les banques (1). Dans la seconde, les avances
faites par le Trésor nous ont fourni toutes les ressources nécessaires.


## § 1. *Période d'août 1914 à avril 1917*


Les États-Unis ont été, avec l'Angleterre, notre principal fournisseur, et cela se marque par le chiffre des importations américaines.
En 1913, les importations américaines en France avaient été de
895.000.000 de francs ; en 1915, elles ont été de 3.028.000.000 de francs
et en 1916 de 6.163.000.000 de francs, dépassant, cette année-là, celles
de l'Angleterre (5.967.000.000 de francs).

Le problème des moyens de paiement se présentait dans des conditions difficiles, au point de vue financier et au point de vue politique.
Les États-Unis ont été, jusqu'à ces dernières années, un peuple qui
empruntait plutôt qu'il ne prêtait ; les chemins de fer américains, notamment, ont été construits avec des capitaux européens, et il y avait en 1914
beaucoup d'obligations de compagnies américaines placées en Angleterre et quelques-unes en France. Le public américain n'avait pas du
tout l'habitude des placements en titres des pays d'Europe, surtout en
titres à revenu fixe. D'autre part, il y avait entre les États-Unis et l'Allemagne des relations économiques étendues, appuyées sur le fait qu'une
partie importante de la population américaine était d'origine germa-
nique. Le service allemand de la propagande était extrêmement bien
organisé et actif, et atteignait efficacement les milieux financiers. Au
début de la guerre M. Bryan avait déclaré, au nom du gouvernement,
que les prêts consentis par les banques américaines à une nation étrangère en état de guerre n'étaient pas compatibles avec le véritable esprit
de neutralité. Ce n'est qu'en avril 1915 qu'une nouvelle déclaration du
gouvernement vint corriger l'effet de la première : le gouvernement
fédéral déclarait, cette fois, qu'il ne s'était pas cru en droit de s'opposer
aux accords passés entre des banques américaines et certains pays belligérants ; il n'avait ni à approuver, ni à désapprouver ces accords.

La situation était donc difficile. Si des solutions financières purent
être trouvées, ce furent des solutions partielles, successives, fragmen-
taires et il faut rendre hommage à l'ingéniosité des négociateurs. Nous

---

(1) En novembre 1916 le Federal Reserve Board conseillait aux banques américaines de ne pas
souscrire, en quantités exagérées, à des bons à long terme des pays belligérants, les circonstances
pouvant en rendre la réalisation difficile. Mais une seconde note du 20 décembre 1916 disait que le
Bureau ne voyait pas d'objection à ce que les banques consentissent des prêts à l'étranger sous
forme de souscription de bons à long terme.

avions, aux États-Unis, des sympathies anciennes, des amis qui furent actifs et fidèles. Le prestige et les relations très étendues de la finance anglaise nous donnèrent un point d'appui solide. Les intérêts industriels et commerciaux des États-Unis se trouvaient enfin inclinés, par la pente naturelle des choses, dans le sens de nos demandes de crédit. Nos commandes étaient la source de très grands bénéfices, et, comme nous ne pouvions les payer qu'en trouvant sur place l'argent nécessaire, ceux qui étaient appelés à les recevoir furent bien vite dans un état d'esprit favorable à l'obtention des crédits que nous demandions, et agirent en ce sens sur l'opinion et le gouvernement.

L'Angleterre, comme nous l'avons vu, nous a fourni une partie des dollars dont nous avions besoin. L'autre partie nous a été fournie par des crédits de banque obtenus aux États-Unis ou des émissions de titres sur le marché. Les crédits ont été obtenus de deux façons : les uns par le Trésor français directement, les autres par personnes interposées. Nous considérerons successivement les émissions de titres, les crédits directs et les crédits indirects.

a) *Émissions de titres.* — La première émission à été faite au mois d'avril 1915, sur le marché de New-York, par les soins de la Banque J.-P. Morgan and Cº, la National City Bank et la First National Bank. Le montant de l'émission était de 50.000.000 de dollars ; les titres émis étaient des bons 5 pour 100 à un an, remboursables, au gré des porteurs, en dollars à New-York ou en francs à Paris, au change de 5,18 1/8 : clause dont la marche des événements a fait une précaution inutile, mais qui avait à ce moment-là sa raison d'être comme garantie contre une baisse possible du dollar. Le montant de la somme souscrite devait être employé entièrement en paiements à faire aux États-Unis. Il était stipulé que le paiement des intérêts et le remboursement du capital seraient faits, en temps de paix et en temps de guerre, sans considération de la nationalité des porteurs et sans que ceux-ci aient à fournir aucune justification.

Le syndicat émetteur annonçait, dans la notice d'émission, qu'une large part des titres était déjà souscrite. L'opération cependant ne réussit que médiocrement ; le chiffre des souscriptions ne s'éleva qu'à 26.200.000 dollars.

La seconde émission fut lancée au mois d'octobre 1915. C'est l'emprunt franco-anglais de 500.000.000 de dollars en bons 5 pour 100 à cinq ans d'échéance. L'opération avait été autorisée par la loi française du 8 octobre 1915 (1). Le prix d'émission était de 98 pour 100 pour le

---

(1) Voici le texte de cette loi : « Le gouvernement français est autorisé à émettre aux États-Unis, conjointement et solidairement avec le gouvernement britannique, un ou plusieurs emprunts dont le montant et les conditions seront fixés par lui au mieux des intérêts du Trésor ; les titres de ces emprunts seront exempts d'impôts présents et futurs. »

public, mais le syndicat recevait les titres au prix de 96 pour 100.
L'emprunt était remboursable en octobre 1920, mais les porteurs avaient
la faculté de demander la conversion en titres 4,50 pour 100 qui ne pourraient être remboursés qu'en octobre 1930. Partagé également entre la
France et l'Angleterre, cet emprunt fournit à notre pays une somme nette,
commissions déduites, de 1.243.000.000 de francs, correspondant à un
capital nominal de 1.295.000.000 de francs. Sur chacune des parts,
anglaise et française, un cinquième fut mis à la disposition du gouvernement russe.

La troisième émission dans cette période a été faite le 19 mars 1917.
C'était un emprunt de 100.000.000 de dollars, au taux de 5,50 pour 100
à échéance de deux ans, remboursable par conséquent en 1919, conver-
tible, au gré des porteurs, en bons à vingt ans d'échéance. Les intérêts
et le principal étaient payables en or aux États-Unis, avec faculté pour
le porteur de se faire payer à Paris, au change de 5 fr. 75. A la garantie
de l'emprunt étaient affectés des titres d'une valeur de 120.000.000 de
dollars, dont 20.000.000 en titres de collectivités américaines et du
Canadian Pacific Railway, et 100.000.000 en titres argentins, uru-
guayens, brésiliens, suisses, hollandais, espagnols, suédois, danois, norvégiens, égyptiens et canadiens. Le dépôt des titres était fait dans les caisses
du Central Trust Cᵒ de New-York, et il était convenu que l'on maintien-
drait toujours une marge de 20 pour 100 entre la valeur du nantisse-
ment et le montant de l'emprunt. L'émission fut faite au taux de
99 pour 100, et fournit au Trésor français une somme de 498.000.000 de
francs en chiffres ronds.

Il suffit de comparer les conditions de cette émission avec celles des
deux précédentes pour voir que la marché américain s'était sensiblement
resserré depuis 1915.

b) *Crédits de banque consentis directement au Trésor français.* — Il
y eut deux crédits de cette sorte, l'un en novembre 1914 et l'autre en avril
1916. Il faudrait y ajouter les opérations faites en 1915 avec la maison
J.-P. Morgan et qui avaient pour base le rachat d'obligations américaines
de chemins de fer émises avant la guerre sur le marché de Paris. Mais
ces opérations ont été mentionnées dans le chapitre vi, à l'occasion des
mesures prises pour utiliser le portefeuille français de valeurs étrangères,
et il n'y a pas lieu d'y revenir.

L'opération de novembre 1914 a consisté dans l'escompte, au taux
de 5,75 pour 100, par la National City Bank, de New-York, de bons du
Trésor français pour un capital nominal de 10.000.000 de dollars.

En août 1916, une avance de 100.000.000 de dollars fut faite au
Trésor français par une société qui avait été créée en vue de cette opération, l'American Foreign Securities ; c'était un syndicat formé par

la banque Morgan, la National City Bank et la Guaranty Trust C°.
Le prêt était fait pour trois ans au taux d'intérêt de 7 1/4 pour 100.
Il était garanti par le dépôt de titres américains ou neutres d'une valeur
de 120.000.000 de dollars. La Société émit dans le public des obligations 5 pour 100 à trois ans d'échéance, mais ce n'étaient pas là des
titres émis par le gouvernement français, qui n'eut affaire qu'à la société
même.

c) *Crédits de banque consentis au Trésor français par personnes interposées.* — Il est bon que la figure de l'emprunteur ne soit pas toujours
la même. De grandes villes, des groupements de banquiers ou d'industriels ont emprunté sur le marché américain et mis à la disposition du
gouvernement français les dollars qu'ils s'étaient procurés. Outre l'avantage de faire apparaître sur le marché un emprunteur nouveau, dont le
crédit était distinct du crédit de l'État et non encore fatigué par des
opérations antérieures, le procédé permettait de tourner un obstacle
formé par une des dispositions de la loi sur les banques fédérales de
réserve. Cette loi limite, nous l'avons vu, les engagements qui peuvent
être pris par une banque du fait des billets ou effets signés ou endossés par une même personne. L'État français fut ainsi amené à se
substituer des emprunteurs qui feraient l'opération en leur nom, et lui
céderaient ensuite les disponibilités de change obtenues par eux.

Des emprunts ont été contractés dans ces conditions par des villes
françaises ; la ville de Paris d'abord, puis les villes de Bordeaux, Lyon
et Marseille. L'emprunt de la ville de Paris (décret du 4 octobre 1916)
a été d'une somme de 50.000.000 de dollars, en obligations 6 pour 100 à
cinq ans. Les emprunts des villes de Bordeaux, Lyon et Marseille (trois
décrets du 2 décembre 1916) étaient chacun d'un montant autorisé de
25.000.000 de dollars, en obligations 6 pour 100 à trois ans ; en fait,
il ne fut émis de chaque emprunt qu'une somme de 12.000.000 de
dollars.

Les crédits ouverts à des groupements français de banquiers ou d'industriels ont été nombreux. Le premier a été le crédit ouvert par la maison Brown brothers en août 1915. L'opération a été préparée sur place
par un délégué de la Banque de France, et elle a eu une très grande importance parce qu'elle a été la première application positive aux opérations
internationales d'escompte et d'acceptation de la loi sur les banques
fédérales de réserve, mise en vigueur en novembre 1914. Le crédit a
été ouvert par un groupe américain, comprenant dix-neuf des principales banques et trust companies de New-York et constitué par la maison Brown brothers, à un groupe français dont les opérations étaient
centralisées par le Crédit Lyonnais. Il était d'un montant de
20.000.000 de dollars et accordé pour trois mois, avec trois renouvelle-

ments prévus, de trois mois chacun, ce qui faisait une durée totale d'une année. En 1916, il fut renouvelé pour un an et porté à 25.000.000 de dollars. La réalisation en était faite au moyen d'acceptations, ce qui a été la forme employée pour plusieurs crédits de ce genre ouverts par la suite : les membres du groupe français tirent sur les membres du groupe américain ; ceux-ci acceptent les traites et les présentent à la banque fédérale de réserve qui les escompte. Le crédit n'était ouvert que pour les besoins commerciaux de la France aux États-Unis, c'est-à-dire que pour payer les exportations américaines. La Banque de France avait déposé, en garantie des crédits accordés, des bons du Trésor, à l'ordre de Brown brothers, dans diverses succursales de banques américaines.

Une autre opération, sous la même forme de crédits d'acceptation, a été réalisée entre le groupe américain Bombright et le groupe français Schneider : tirages à trois mois, renouvelables trois fois, par les membres du groupe français, acceptation par les tirés américains et escompte par les banques fédérales de réserve. Des bons du Trésor français, libellés en dollars, étaient déposés par MM. Schneider et C^ie à la Banque de France, en garantie de l'opération. Il y eut quatre crédits de 15.000.000 de dollars chacun, ouverts par des conventions de décembre 1915, de mars et septembre 1916 et de mars 1917. Une partie des crédits fut utilisée directement, pour ses achats, par la maison Schneider et C^ie, qui reversa ensuite les sommes correspondantes au Trésor français ; celui-ci fut cessionnaire de la partie non utilisée du crédit (1).

----

(1) Voici, d'après le projet de budget pour 1923, le tableau, par ordre chronologique, des emprunts contractés, directement ou indirectement, par l'État français aux États-Unis, dans la période qui a précédé leur entrée en guerre (ces opérations sont exprimées en dollars) :

1º Une émission de bons du Trésor à un an, effectuée en novembre 1914, pour un capital nominal de 10.000.000. Ces bons furent souscrits par la National City Bank, moyennant un escompte de 5,75 pour 100 ;

2º Une émission de bons du Trésor, réalisée au mois d'avril 1915 par l'intermédiaire d'un syndicat émetteur ayant à sa tête la maison Morgan. Ces bons du type 5 pour 100 et d'une durée d'un an étaient émis à 99,50. Ils furent souscrits à concurrence de 26.200.000 ;

3º Deux opérations d'avances sur titres consenties par les maisons Morgan et Rothschild qui portaient, la première sur 42.190.780, la seconde sur 2.175.000. Les titres fournis par le Trésor français consistaient en valeurs américaines, rachetées sur le marché intérieur ou prêtées par les porteurs ;

4º Un crédit ouvert par la maison Brown brothers par l'entremise de la Banque de France. Primitivement remboursable en 1916, il fut renouvelé pour une nouvelle période d'un an ;

5º Un emprunt de 500.000.000 contracté solidairement par la France et l'Angleterre pour une durée de cinq ans (emprunt dit anglo-french, octobre 1915 à 1920). Cet emprunt, du type 5 pour 100, était émis à 98. Le gouvernement français y participait pour 250.000.000 dont 1/5 devait être rétrocédé au gouvernement russe ;

6º Le crédit ouvert par la maison Bombright et diverses autres, contre versement de bons du Trésor français libellés en dollars. Le remboursement en était garanti par plusieurs banques françaises ainsi que par la maison Schneider. Celle-ci utilisa une partie du crédit pour ses achats de matières premières et reversa ensuite les sommes correspondantes au Trésor français. Le montant de ce crédit était de 60.000.000 ;

7º Des avances sur titres consenties par le syndicat Morgan et divers, pour un montant de 100.000.000 et une durée de trois années. Les titres remis en garantie représentaient un capital nominal de 120.000.000. Ils avaient été acquis sur le marché français. L'escompte s'élevait à 7,25 pour 100 ;

8º Un emprunt de 50.000.000, contracté auprès de la banque Kuhn Loeb par la Ville de Paris

Les compagnies françaises de chemins de fer et divers groupements industriels ont obtenu aux États-Unis des crédits du même genre.

Dans les opérations d'ouvertures de crédit faites avant l'entrée en guerre des États-Unis la Banque de France a joué un rôle très important. Le rapport présenté par le gouverneur à l'assemblée générale des actionnaires du 27 janvier 1915 met très bien ce point en lumière, avec la discrétion toutefois qui est de règle dans les documents de cette sorte : « En ce qui concerne la reprise des crédits internationaux — dit ce rapport — nous nous sommes appliqués surtout à préparer la voie aux institutions de banque, afin de permettre à leurs initiatives de se développer à l'abri des précédents créés par nous. » Au cours de l'année 1915, la Banque a donné sa garantie de change pour une avance consentie, sur le marché anglais, à une banque parisienne et cautionné un crédit d'acceptation de 5.000.000 de £ ouvert pour un an par un groupe de banquiers de Londres. Sur le marché américain, elle a fourni la garantie de change pour une avance de 2.000.000 de dollars ; elle a préparé le crédit Brown brothers ; elle a préparé la négociation de l'emprunt franco-anglais ; elle s'est engagée à mettre éventuellement à la disposition de l'État les moyens de change nécessaires pour assurer, à l'échéance, la couverture du crédit ouvert à New-York, par les banques du groupe J.-P Morgan et C$^{\text{ie}}$, contre dépôt d'obligations de chemins de fer américains rachetées par le Trésor français.

Le rapport sur l'année 1916 montre que l'action de la Banque a continué à s'exercer dans le même sens : engagement de change pour un montant de 500.000.000 de francs, à l'occasion d'opérations de crédit ou de renouvellements négociés en Angleterre, en Amérique, en Suisse, en Danemark, en Norvège ; négociation, sur le marché de New-York, d'opérations analogues au crédit Brown brothers, pour compte de sociétés ou d'entreprises françaises obligées d'acheter en Amérique leurs matières premières ou leur outillage d'exploitation ; préparation des emprunts réalisés par la ville de Paris, puis par les villes de Bordeaux, Lyon et Marseille.

---

et rétrocédé immédiatement au Trésor français. Il consistait en obligations 6 pour 100 émises à 88,75 pour une durée de cinq ans (octobre 1916 à octobre 1921) ;

9° Des avances sur titres s'élevant à 12.400.000 consenties par la maison Seligman et C$^{\text{ie}}$ pour une durée d'un an (octobre 1916 à octobre 1917) moyennant un escompte de 7 pour 100 ;

10° Un emprunt de 60.000.000 contracté solidairement par les villes de Bordeaux, Lyon et Marseille et rétrocédé au Trésor français. Cet emprunt consistait en obligations 6 pour 100 d'une durée de trois ans (novembre 1916 à 1919) ; il ne fut souscrit qu'en partie ;

11° Une émission ou plutôt un escompte de 6.000.000 1/2 de bons du Trésor 5 pour 100 fait par la maison Dupont de Nemours en contre-partie d'une commande de matériel de guerre ;

12° Un crédit de 100.000.000 ouvert à divers industriels français et rétrocédé au Trésor. Ce crédit était garanti : 1° par des traites à quatre-vingt-dix jours renouvelables cinq fois ; 2° par des titres neutres ; 3° par des bons du Trésor libellés en dollars. Le taux d'escompte était de 8 2/8 pour 100, plus une commission ;

13° Un emprunt de 100.000.000 contracté auprès du syndicat Morgan et divers pour une durée de deux ans (1917 à 1919). Cet emprunt émis à 99, au taux de 5 1/2 pour 100, était garanti par un collatéral de 120.000.000 de titres neutres.

### § 2. *Période postérieure à l'entrée des Etats-Unis dans la guerre*

Malgré la diversité des moyens de crédit utilisés, la tâche de trouver sur le marché américain de quoi régler les achats qu'il était indispensable d'y faire devenait de plus en plus ardue, à mesure que la guerre se prolongeait et que la dépense grandissait. Les conditions des dernières opérations faites au cours de la période que nous venons d'étudier sont rigoureuses. Les hommes qui avaient la charge d'approvisionner le Trésor et le commerce français en dollars voyaient le cercle des possibilités se resserrer autour d'eux, et peut-être sentaient-ils venir le moment où le marché financier des États-Unis se fermerait pour notre pays, ou ne s'ouvrirait plus qu'à des conditions telles qu'il serait presque impossible de les subir. S'ils n'ont pas dit alors leurs angoisses, les gens un peu avertis pouvaient les deviner.

A partir d'avril 1917 les choses changent. C'est la Trésorerie fédérale qui met à notre disposition les sommes qui nous sont nécessaires pour nos paiements aux États-Unis. D'une part, elle nous fournit la valeur en dollars des francs que notre gouvernement lui avance pour l'entretien et l'équipement des armées américaines sur le sol français ; d'autre part, elle nous avance le montant du surplus qui nous est nécessaire pour couvrir nos dépenses sur le marché américain.

Les avances de la Trésorerie fédérale se sont élevées à :

| | | |
|---|---:|---|
| En 1917 ................ | 1.130.000 | milliers de dollars |
| En 1918 ................ | 895.000 | — |
| En 1919 ................ | 760.330 | — |
| Total............ | 2.785.330 | milliers de dollars |

En outre, un crédit supplémentaire de $200.000.000 a été ouvert au Trésor français pour les besoins du commerce et transféré à la Banque de France qui l'a utilisé par tranches, de 1918 à 1920. Le total des avances a donc été de $2.985.330.000.

Ces sommes sont loin d'ailleurs de représenter, pour leur montant total, des dépenses entièrement nouvelles ; une grande partie a été employée au remboursement d'emprunts contractés pendant la première période et arrivés à échéance.

Depuis les premiers mois de 1919 la Trésorerie fédérale a cessé de consentir des avances nouvelles, mais une partie des avances précédemment consenties a été réalisée seulement en octobre et novembre 1919. D'autres opérations encore ont eu lieu après 1919 ; elles ont eu pour objet le remboursement des dettes commerciales antérieurement contractées. Il y a lieu aussi de mentionner l'opération de rachat des stocks américains, faite pour un prix global de $ 400.000.000, représenté par des obligations 5 pour 100 remboursables au bout de dix ans.

### § 3. *Tableau d'ensemble des opérations de crédit réalisées aux États-Unis*

En résumé, les emprunts contractés aux États-Unis, directement ou indirectement, par l'État français, de 1915 au 31 décembre 1921, se sont élevés à $4.486.000.000 en chiffres ronds, et les remboursements dans la même période ont atteint un chiffre un peu supérieur à $898.000.000.

Si l'on s'en tient à la période 1914-1919, voici, exprimées en francs, d'après la valeur de change au cours moyen de l'année, les sommes obtenues aux États-Unis :

| | | |
|---|---:|---|
| En 1914 ................... | 51 | millions de francs |
| En 1915 ................... | 1.845 | — |
| En 1916 ................... | 1.624 | — |
| En 1917 ................... | 7.532 | — |
| En 1918 ................... | 5.388 | — |
| En 1919 ................... | 9.267 | — |
| TOTAL............... | 25.707 | millions de francs |

### III. *Les opérations de crédit faites dans les autres pays*

Nous avons eu à faire des achats autre part qu'en Angleterre et aux États-Unis, achats moins importants sans doute que dans ces deux pays, mais cependant considérables. Il a donc fallu, là aussi, trouver des moyens de paiement, et on ne pouvait les trouver que dans des emprunts faits sur place. Les opérations ont eu un caractère strictement privé puisqu'il s'agissait, en général, de pays neutres (1), et qu'aucune aide officielle ne pouvait être demandée. En général, les crédits n'ont été accordés que dans la mesure des achats faits dans le pays ; ce n'était pas dans l'intérêt du pays emprunteur qu'ils étaient accordés, mais dans l'intérêt des industriels, commerçants ou agriculteurs du pays prêteur, bien que les sympathies de nation à nation aient pu, dans certains cas, exercer une influence. Il n'y a donc pas lieu de distinguer, comme c'est le cas pour l'Angleterre et les États-Unis, la dette politique et la dette commerciale ; toute la dette est commerciale.

Nous signalerons brièvement les principales opérations.

En Suède, un crédit de 50.000.000 de couronnes a été ouvert en 1916

---

(1) Sauf le Japon et le Canada.

par un groupe de banques suédoises à un groupe de banques françaises ;
un autre crédit de 6.250.000 couronnes fut ouvert en 1918. En Norvège,
deux crédits furent ouverts, l'un de 35.000.000 de couronnes en 1916,
l'autre de 25.000.000 de couronnes en 1917. D'une façon générale, les
crédits suédois et norvégiens portaient intérêt à 1 pour 100 au-dessus
du taux local de l'escompte et donnaient lieu, en outre, à une commission variable ; ils étaient garantis par des dépôts de titres suédois,
norvégiens et danois (1).

En Espagne deux emprunts ont été contractés. Le premier, dit crédit Urquijo, a été réalisé en deux fois. Il a le caractère d'une avance sur
titres (obligations de chemins de fer espagnols). Les sommes mises à
notre disposition par la banque Urquijo se sont élevées à 149.000.000 de
pesetas ; l'intérêt était de 5,50 pour 100, plus une commission. Le second
a consisté dans une avance faite par la Banque d'Espagne pour le compte
d'un consortium de banques, en vertu d'un accord passé avec le gouvernement espagnol au début de 1918 ; un crédit de 455.000.000 de pesetas
a été ouvert par le consortium espagnol à un groupe de banques françaises, agissant pour le compte du gouvernement français ; il a été réalisé
au moyen de traites tirées par les banques françaises et escomptées
par la Banque d'Espagne (2).

En Suisse, trois emprunts ont été conclus, les deux premiers en 1917
et le troisième en 1919. Ils s'élèvent respectivement à 37.500.000 francs,
127.775.000 francs et 30.000.000 de francs (francs suisses). La situation,
au point de vue des crédits à obtenir, avait été rendue difficile par la publication, en mars 1916, d'une note du département suisse d'économie
politique. Cette note invitait les banques à ne participer à aucune émission en Suisse d'emprunts étrangers, et bien qu'elle ne visât expressé-
ment que les émissions de titres, il en ressortait que les ouvertures de
crédits étaient vues avec défaveur. Mais, par ailleurs, nous avions prise
sur le gouvernement suisse par le fait que la Suisse s'approvisionnait
chez nous en vivres et matières premières. De cette situation sont sortis
les accords en question. Les deux premiers sont le résultat de négociations engagées avec le gouvernement suisse, et à la suite desquelles ce
gouvernement a consenti à nous laisser ouvrir des crédits en contre-
partie de facilités qui lui étaient accordées pour son ravitaillement.
Ces crédits étaient représentés par des traites émises par un consortium
de banques françaises sur un consortium de banques suisses ; ils portaient

---

(1) Le remboursement des crédits, suédois et norvégiens a été effectué en 1920 et 1921 au moyen
des fonds provenant de la réalisation des titres qui servaient de gage aux emprunts.

(2) Le remboursement devait s'effectuer primitivement en treize mensualités de 35.000.000 de
pesetas chacune, s'échelonnant entre les mois de février 1920 et de février 1921. Des négociations
poursuivies en 1920 et 1921 ont abouti à répartir le remboursement sur trois années.

intérêt à 5 pour 100, plus 2 pour 100 de commission ; ils étaient renouvelables de trois mois en trois mois et remboursables par douzièmes, de février 1921 à février 1922. Des titres suisses étaient déposés en garantie. Dans la suite, le Trésor français substitua sa garantie à celle des banques qui n'avaient d'ailleurs joué que le rôle d'intermédiaires.

La troisième opération a consisté dans un crédit direct de la Société financière suisse au Trésor français, en vertu d'un accord du 19 juillet 1919.

Au Japon, nos achats ne sont devenus importants qu'à partir de 1917. Trois crédits nous ont été ouverts, l'un par la Banque du Japon, les autres par un consortium de banques japonaises ; des obligations et des bons du Trésor français ont été émis au Japon.

Enfin, des crédits nous ont été ouverts par un consortium de banques néerlandaises, par le Crédit foncier égyptien, par le gouvernement canadien, par le gouvernement uruguayen, par le gouvernement argentin et par la Banque hypothécaire argentine. Au Brésil, nos achats ont pu être couverts par les créances que des compagnies françaises, principalement des compagnies concessionnaires de chemins de fer, avaient sur le gouvernement brésilien, du fait de garanties d'intérêts ; ces compagnies rétrocédèrent au gouvernement français les disponibilités qu'elles obtinrent ainsi en monnaie brésilienne.

Les emprunts réalisés en d'autres pays que l'Angleterre et les États-Unis nous ont fourni, valeur en francs au cours moyen de l'année, dans la période 1915-1919, les ressources suivantes :

| | | |
|---|---|---|
| En 1915 . . . . . . . . . . . . . . . . . . . . . | 147 | millions de francs |
| En 1916 . . . . . . . . . . . . . . . . . . . . | 208 | — |
| En 1917 . . . . . . . . . . . . . . . . . . . . | 356 | — |
| En 1918 . . . . . . . . . . . . . . . . . . . | 1.713 | — |
| En 1919 . . . . . . . . . . . . . . . . . . . | 322 | — |
| TOTAL . . . . . . . . . . . . . . . . | 2.746 | millions de francs |

IV. *Les ressources tirées par la France des emprunts extérieurs dans la période 1914-1919. La dette extérieure de la France à la fin des hostilités.*

Pour la période 1914-1919, le montant total des ressources procurées au Trésor français par les emprunts extérieurs s'établit ainsi :

| | | |
|---|---|---|
| En 1914 . . . . . . . . . . . . . . . . . . . | 51 | millions de francs |
| En 1915 . . . . . . . . . . . . . . . . . . | 2.806 | — |
| En 1916 . . . . . . . . . . . . . . . . . . | 8.800 | — |
| TOTAL . . . . . . . . . . . . . . . | 11.657 | millions de francs |

|                        |              |                   |
|------------------------|--------------|-------------------|
| *Report*...............| 11.657       | millions de francs |
| En 1917 .................| 11.885     | —                 |
| En 1918 .................| 8.695      | —                 |
| En 1919 .................| 11.348     | —                 |
| Total................| 43.585       | millions de francs |

Mais il faut déduire, des ressources ainsi obtenues, les remboursements nets effectués par le Trésor au cours de la période considérée et qui se sont élevés à :

|                        |              |                   |
|------------------------|--------------|-------------------|
| En 1915 ...................| 185      | millions de francs |
| En 1916 ...................| 347      | —                 |
| En 1917 ...................| 512      | —                 |
| En 1918 ...................| 442      | —                 |
| En 1919 ...................| 2.676    | —                 |
| Total................| 4.162        | millions de francs |

Les ressources nettes procurées par les emprunts extérieurs, de 1914 à 1919, sont donc de 39.423.000.000 de francs (1).

Certaines des ressources réalisées au moyen d'emprunts extérieurs ne l'ont été que postérieurement à la période que nous étudions, dans les années 1920 et 1921. En tenant compte de ces réalisations tardives, et aussi des remboursements nets effectués par le Trésor en 1920 et 1921, on trouve les résultats suivants :

|                        |              |                   |
|------------------------|--------------|-------------------|
| Ressources obtenues au moyen d'emprunts extérieurs, de 1914 à 1921............... | 48.615 | millions de francs |
| Remboursements nets sur emprunts extérieurs ......... | 12.029 | — |
| Différence.......... | 36.586 | millions de francs |

---

(1) Les ressources en francs sont calculées, ainsi qu'il a été dit à l'occasion des chiffres donnés déjà pour l'Angleterre, les États-Unis et les divers autres pays, d'après la valeur du change au cours moyen de l'année.

Il convient d'observer que les chiffres figurant dans les tableaux ci-dessus ne représentent pas exactement le prix de revient des opérations pour le Trésor français. En effet, comme le fait observer l'exposé des motifs du projet de budget pour 1923, « le remboursement de notre dette commerciale a été réalisé en grande partie au moyen de fonds provenant de la vente de titres étrangers acquis par le Trésor sur le marché français à un prix déterminé, d'une part par le cours réel de chaque titre dans son pays d'origine, d'autre part par la contre-valeur en francs, à ce moment, de la devise dans laquelle ce titre était libellé. En raison des délais qui se sont écoulés entre l'achat et la revente des titres des variations considérables se sont produites, tant dans les cours des titres eux-mêmes que dans ceux des monnaies qu'ils représentaient, et ces variations ont eu leur répercussion sur le coût des opérations. D'une façon générale les achats de titres se sont traduits pour le Trésor par un bénéfice de change et une perte sur le cours. D'une façon générale aussi le bénéfice de change pour cette partie de l'opération a été supérieur à la perte sur le cours ». Sous réserve de cette observation, les chiffres des tableaux ci-dessus représentent avec une approximation suffisante les résultats financiers des opérations réalisées.

La guerre nous laissait, à la fin de 1919, chargés d'un lourd fardeau de dettes extérieures. La dette extérieure était formée d'une dette à terme et d'une dette flottante. Voici quels en étaient la composition et le montant à la date du 31 décembre 1919 :

DETTE EXTÉRIEURE A TERME :

| | | |
|---|---|---|
| Avances de la Trésorerie américaine | $ | 2.785.300.000 |
| Emprunt anglo-français aux États-Unis | $ | 250.000.000 |
| Emprunt de la Ville de Paris aux États-Unis | $ | 50.000.000 |
| Emprunts des villes de Lyon, Bordeaux et Marseille aux États-Unis | $ | 45.000.000 |
| Emprunt au Japon | yens | 100.000.000 |
| Obligations remises au gouvernement américain en paiement de ses stocks | $ | 400.000.000 |

DETTE EXTÉRIEURE FLOTTANTE :

| | | |
|---|---|---|
| Bons du Trésor remis à la Trésorerie britannique | £ | 454.557.000 |
| Bons du Trésor remis à la Banque d'Angleterre | £ | 65.000.000 |
| Bons du Trésor émis dans le public par la Banque d'Angleterre | £ | 10.000.000 |
| Bons du Trésor émis aux Etats-Unis | $ | 25.508.000 |
| Bons du Trésor émis au Japon | yens | 30.000.000 |

CRÉDITS EN BANQUE :

| | | |
|---|---|---|
| *Espagne* : Avances sur titres | pesetas | 137.725.000 |
| —        Crédit des accords de mars 1918 | — | 455.000.000 |
| *Suède* | kroners | 50.000.000 |
| *Norvège* | — | 60.000.000 |
| *Argentine* | pesos | 25.000.000 |
| *Suisse* : Crédit de l'accord du 29 décembre 1917 | francs | 116.500.000 |
| —        Crédit de l'accord du 15 juillet 1919 | — | 30.000.000 |
| *Hollande* | florins | 55.000.000 |
| *Angleterre* | £ | 10.500.000 |
| *Uruguay* | piastres | 15.000.000 |

Le montant en francs de cette dette extérieure varie, d'une part selon les opérations nouvelles, les remboursements effectués, l'addition des intérêts au capital ; d'autre part, selon le cours du change.

## CHAPITRE VIII

### Le mécanisme financier de la guerre

Nous pouvons maintenant essayer, ayant analysé les divers procédés
par lesquels l'État français s'est procuré les sommes dont il avait besoin
pour couvrir les dépenses de la guerre, de nous représenter le fonctionnement du mécanisme financier. Cela offre un intérêt qui ne se limite
pas aux finances de guerre de la France, car, avec quelques variantes
nationales, le mécanisme qui a procuré aux États belligérants des ressources adéquates à leurs besoins a été sensiblement le même partout.

*
* *

Pour ce qui est des ressources fournies par des *emprunts extérieurs,*
le mécanisme est aisé à comprendre. Les 43.585.000.000 de francs que
ces emprunts nous ont fournis, c'est un afflux supplémentaire de biens
qui est venu s'ajouter aux ressources propres de notre économie nationale, l'équivalent d'une production que nous n'avons pas fournie et que
nous avons cependant consommée.

Dans le train ordinaire des choses, les peuples consomment beaucoup
de biens qu'ils n'ont pas eux-mêmes produits ; c'est l'effet des relations
économiques qui se sont établies entre eux. Mais, par compensation,
chacun produit des biens qu'il ne consommera pas et qui servent à
payer ceux qu'il consomme sans les avoir produits : par exemple, le
charbon anglais et les cotonnades anglaises servent à payer les denrées
alimentaires que l'Angleterre tire des diverses parties du monde.

Il en est autrement dans le cas des emprunts extérieurs de guerre.
A quoi nous a servi l'argent emprunté ? A acquérir les armes, les munitions, l'acier, le charbon, le pétrole, le blé, la viande, toutes les choses
nécessaires aux besoins des troupes ou de la population civile. Mais
nous n'avons fourni, en échange de ces divers biens consommés par nous,
qu'une promesse de payer : de payer les intérêts des sommes dues et,

au bout d'un plus ou moins long délai, de rembourser le capital. En fait, dans la plupart des cas, c'est le pays fournisseur qui nous a prêté de quoi payer les fournitures qu'il nous envoyait. Ce n'est pas de l'argent qui nous a été envoyé, mais des biens ; l'argent est resté sur place, dans le pays même qui nous le prêtait. Les choses se sont donc passées, à notre égard, comme si la dépense était ajournée. De ces dépenses ajournées, une partie est actuellement en voie de règlement ; c'est la dette qualifiée de *commerciale*. Pour ce qui est de la dette *politique*, constituée par les avances de la Trésorerie anglaise et de la Trésorerie américaine, le règlement n'est commencé ni en capital, ni en intérêts. C'est une question qui ne peut être équitablement résolue qu'intégrée à la question plus vaste des dettes internationales de guerre. Jusqu'à concurrence du montant de cette dette politique, il y a donc réellement un ajournement, en ce qui nous concerne, des dépenses de guerre.

*<br>* *

Le mécanisme financier est plus complexe et plus difficile à comprendre, en tant qu'il s'agit des *ressources tirées du pays même*.

Les ressources que la France a tirées d'elle-même au cours de la guerre ont excédé énormément celles du temps de paix. Elles sont d'un ordre de grandeur tel qu'il exclut la possibilité qu'elles aient été prélevées sur le seul revenu national, c'est-à-dire sur la partie de la richesse nationale qui se renouvelle incessamment et qu'un peuple peut, par conséquent, consommer sans s'appauvrir. Il y a une nécessité logique de croire qu'une partie des ressources de guerre a été prélevée sur l'élément durable de la richesse nationale, sur ce qu'on est convenu d'appeler le *capital national*.

C'est là une idée qui se présente naturellement à l'esprit et qui se tire de l'analogie que nous établissons, presque sans y penser et quelquefois à tort, entre la situation d'un particulier et celle d'une nation. Un particulier, s'il a à faire face à une dépense exceptionnelle et qui excède ce dont il peut couramment disposer, prend, comme il dit, sur son capital. Il vend une terre ou bien il l'hypothèque ; il vend en Bourse des valeurs mobilières ; il s'appauvrit de tout ce qu'il prend sur son capital.

Transposée de l'individu à la nation en guerre, l'idée de prise faite sur le capital exprime certainement une part de vérité. Le revenu national n'aurait pas suffi à couvrir les dépenses de la guerre s'il était demeuré aussi grand qu'en 1914. Or, il a certainement diminué au cours de la guerre, par suite d'une série de faits qu'il suffit de rappeler : l'invasion d'une des plus riches parties du territoire ; les destructions matérielles opérées dans la zone des combats ; le non-paiement des coupons de plusieurs des catégories de valeurs mobilières étrangères que détenaient les capitalistes français. La production nationale a diminué pendant la guerre, à raison de l'appel aux armées des hommes valides en âge de se battre, malgré l'apport d'une main-d'œuvre de remplacement fournie par les femmes, les enfants et les vieillards. Elle a diminué en quantité et elle a, en même temps, changé de nature. Au lieu de produire des choses économiquement utiles, comme au temps de la paix, la nation a consacré une partie de ses forces à produire des choses qui n'avaient d'utilité que pour la guerre et qui n'augmentaient pas la somme des biens propres à satisfaire ses besoins ; il y a eu ce qu'on peut appeler une production improductive.

Il est vrai, par contre, qu'il y a eu une compression assez sensible des dépenses privées, dans des milieux étendus de la population ; ou bien compression volontaire, conséquence de l'effort d'économie que certains s'imposaient, soit par prudence, soit par devoir patriotique, ou bien compression forcée résultant du manque de marchandises ou des réglementations légales. Cette compression accroissait la marge entre les recettes et les dépenses et devait par conséquent se traduire par une possibilité accrue d'épargne, de revenu libre prêt à répondre aux appels que l'État faisait sous la forme de l'impôt ou sous la forme de l'emprunt. Mais cette cause d'accroissement du revenu national était loin de compenser l'effet des multiples causes de diminution qui ont été énoncées.

La conclusion est donc qu'il y a une part certaine de vérité dans l'idée que la nation en guerre n'a pas pu faire face aux dépenses au moyen de son seul revenu et qu'elle a dû vivre, comme on dit, sur son capital. Toutefois, ce n'est pas une idée aussi simple qu'on est d'abord disposé à le croire, et il est nécessaire de chercher à en déterminer exactement le contenu.

*<br>* *

On est tenté de dire que la distinction entre la part de ressources qui a été tirée du revenu national et celle qui l'a été du capital national, coïncide avec la distinction des ressources d'impôt et des ressources d'emprunt. Par l'impôt, l'État aurait prélevé une part du revenu des citoyens, et par l'emprunt il leur aurait demandé une part de leur capital.

Mais cela n'est pas exact. Il est vrai que dans les comptes financiers de l'État les sommes qu'il a empruntées et non encore remboursées sont un passif et, s'il tient ses comptes à la manière d'un particulier, il considérera ce passif comme étant à déduire de son actif. Mais il n'en résulte pas qu'au moment où l'emprunt est fait, les sommes qui en proviennent soient prises sur le capital national. C'est du revenu national que sortent les sommes apportées aux emprunts comme celles que l'État exige à titre d'impôt. Avec quoi le souscripteur à l'emprunt paie-t-il les titres de rente ou les bons du trésor ? Avec les économies faites sur son revenu. Dans un pays assez riche pour que la consommation n'y absorbe pas toute la production, il y a à tout moment une fraction des revenus privés qui est disponible et cherche un placement. Il y avait en France, avant la guerre, une épargne annuelle de plusieurs milliards de francs ; cette épargne a continué à se former au cours de la guerre, et la dépréciation de la monnaie en a accru la valeur nominale. Elle a été canalisée vers les emprunts d'État. Employer son épargne de l'année à couvrir une dépense exceptionnelle, ce n'est pas ce qu'on appelle vivre sur son capital.

Il y a des souscripteurs aux emprunts qui, n'ayant pas à leur disposition une somme suffisante pour souscrire, ont eux-mêmes, soit emprunté cette somme, soit vendu une partie de leurs capitaux déjà placés. Mais cela ne change rien au fond des choses. Emprunter pour souscrire, c'est engager à l'avance les épargnes que l'on pense réaliser dans la suite. Vendre pour souscrire, c'est, indirectement, affecter à l'emprunt une épargne qui existe dans un autre patrimoine. En effet, l'acheteur des titres que j'ai vendus pour souscrire me paie avec son épargne, et les choses se passent, au point de vue de l'économie nationale, comme si j'avais employé ma propre épargne à souscrire. Il se peut que mon acheteur ait lui-même vendu, pour me payer la somme qui m'a permis de souscrire. Mais, en remontant la filière, on trouve toujours à l'extrémité une épargne disponible, dont l'emploi a permis indirectement de souscrire à l'emprunt.

En un cas, cependant, la souscription à l'emprunt a pour conséquence une diminution du capital national préexistant. Le souscripteur, pour se faire des disponibilités, a vendu *une valeur étrangère* qu'il avait en portefeuille et celle-ci, ce qui était l'hypothèse pratique du temps de guerre, a été achetée par un étranger. Voilà un élément qui, auparavant, comptait dans le total du patrimoine national et qui désormais en est retranché. Il en est de même, bien entendu, dans tous les cas où un acheteur étranger s'est rendu acquéreur d'un bien dont le souscripteur français s'est dessaisi, valeur mobilière française, maison, terre, etc..... Si l'on a raisonné sur le cas des valeurs mobilières étrangères, c'est que c'est celui qui s'est produit le plus souvent. Le portefeuille français de valeurs étrangères s'est appauvri au cours de la guerre, et nous avons vu quelles mesures l'État avait prises pour utiliser cet élément de la fortune nationale.

Le souscripteur français qui vend des titres étrangers ne subit, dans son patrimoine privé, aucune diminution de capital. Ce qu'il avait en titres étrangers, il l'a en titres de rente française. Si le patrimoine privé du souscripteur ne subit aucune diminution, comment peut-on dire que le capital national a diminué ? C'est que, du point de vue de l'économie nationale, le titre étranger était un avoir réel. Il représentait un droit à exiger d'une autre économie nationale des paiements en intérêts ou en capital. Le titre de rente française n'est pas, pour l'économie nationale française, un avoir réel ; il ne représente que le droit, pour un français, d'exiger de l'État français le paiement d'arrérages qui seront prélevés, par l'impôt, sur la masse de la richesse française. Si les États augmentaient l'avoir national en faisant des dettes, tous les États qui ont fait la guerre en seraient sortis beaucoup plus riches qu'ils n'y sont entrés.

Sauf le cas où la souscription à l'emprunt a pour conséquence l'aliénation, au profit d'un étranger, d'un élément de la fortune nationale, l'emprunt n'est pas une diminution du capital existant ; il ne peut jamais provenir, en dernière analyse, que d'épargnes faites sur le revenu. Il n'en faudrait pas d'ailleurs conclure que les emprunts de guerre n'ont pas été une cause d'appauvrissement pour les pays qui ont dû les faire. Employer l'épargne nationale à créer des moyens de destruction, c'est, au point de vue économique, une calamité certaine. Il est évident que les pays belligérants seraient beaucoup plus riches s'ils avaient consacré, à l'extension et à l'amélioration de leur outillage économique, les sommes ou une partie des sommes qu'ils ont consacrées à faire la guerre. Mais la question n'est pas là ; elle est de savoir quelle est l'origine des sommes versées aux emprunts. Sauf dans le cas qui a été indiqué, ces sommes proviennent de *l'épargne en formation*, c'est-à-dire du revenu national, comme les sommes prélevées par l'impôt. Impôt et emprunt puisent à la même source, parce qu'il n'y en a pas d'autre. Impôt et emprunt, bien que tirés du revenu national et non du capital, ont les mêmes effets nocifs lorsque le produit en est employé, ce qui est l'inexorable nécessité du temps de guerre, à des fins de destruction.

*<br>* *

L'emprunt implique un prélèvement sur le capital national quand il a pour conséquence de faire passer aux mains des capitalistes étrangers un des éléments qui constituaient ce capital. Il y a d'autres prélèvements sur le capital national qui se trouvent opérés par le jeu du mécanisme financier de la guerre.

1º La guerre a consommé des stocks qui n'ont pas pu être renouvelés complètement pendant sa durée ; stocks de vivres, de vêtements, bétail de ferme, etc..... Il y avait une grande pénurie de beaucoup de marchandises lorsque la guerre a pris fin, et les années 1919 et 1920 ont été des années de reconstitution des stocks.

Dans la mesure de la diminution des stocks, il est vrai de dire que les États en guerre ont vécu sur leur capital. Il y a un stock qui, en France, a été largement mis à contribution : c'est le stock forestier ; des coupes extraordinaires ont été faites dans nos forêts, pour les besoins de la guerre ou de la population civile, et c'est une richesse dont la reconstitution est fort lente ;

2º La guerre a eu pour conséquence l'entretien insuffisant de parties considérables du capital national, et à ce point de vue encore on peut dire qu'elle a vécu de prélèvements sur ce capital.

Le propre de ce que nous appelons capital, capital privé ou capital national, est de durer. Mais le capital ne dure pas en vertu de lois naturelles. Tous les biens matériels sont périssables, à des degrés divers, et le capital ne dure que par un incessant renouvellement qui est le résultat du travail de l'homme. Maisons, usines, outillages, mobiliers, tout cela s'use, dépérit, perd graduellement de son utilité économique ; la terre cultivable même ne demeure fertile que par les façons que l'homme lui donne et les apports qu'il lui fait. Le capital en tant que stock est durable, mais les éléments qui le composent doivent être incessamment rajeunis ou renouvelés.

L'une des conséquences de la guerre a été l'impossibilité d'entretenir le capital comme on faisait auparavant. Faute de main-d'œuvre ou de matériaux, ou bien par désir d'économie, on a dans bien des cas limité les réparations à l'indispensable. L'économie volontaire ou forcée, faite sur l'entretien du capital, avait pour effet d'accroître le revenu disponible et de donner à l'État la possibilité d'un plus large prélèvement, par l'impôt ou par l'emprunt, sur les ressources des citoyens. Mais par là aussi le capital s'amoindrissait, perdait de sa capacité productive et de sa valeur vénale. Dans la mesure où les choses se sont passées ainsi, il est vrai de dire que l'État en guerre a vécu sur le capital national ;

3º Le procédé le plus efficace de prélèvement sur le capital national pour les besoins du temps de guerre a été la création, par l'État ou à la demande et pour les dépenses de l'État — ce dernier cas étant celui de la France — de moyens de paiement qui n'avaient pas pour contrepartie une création de richesses. C'est par ce procédé surtout que les États belligérants ont mis à contribution le capital national préexistant, et il est nécessaire de traiter ce point avec quelques développements.

*
* *

La *création de moyens de paiements* peut se faire de deux façons :
ou par l'émission de billets à cours forcé ; ou par l'ouverture de crédits
en banque sur lesquels des chèques seront tirés. En France, c'est le premier de ces deux procédés qui a été employé.

Entre le billet de banque qui est émis pour les besoins du commerce
et des affaires et celui qui est émis pour que la banque puisse faire des
avances à l'État, il y une différence essentielle. Le premier n'est que la
représentation de valeurs réelles, d'affaires conclues, de produits et de
marchandises mis en circulation ; la somme des billets augmente et diminue avec le volume des affaires ; elle se règle quasi automatiquement
sur les fluctuations de la richesse nationale. Les billets émis pour donner
à l'État en guerre des moyens de paiement ne sont pas la représentation
de richesses réelles. Il ne sont mis en circulation que pour que l'État
puisse acheter des produits et services existants, et viennent s'ajouter
à une somme de moyens de paiement qui suffisait aux besoins des affaires.
La conséquence de telles émissions est une surabondance de moyens de
paiement et la diminution de leur pouvoir d'achat. La valeur en produits
et services de chacun des billets émis diminue, et cela d'autant plus qu'il
en est émis davantage.

De la dépréciation des billets résulte la dépréciation des capitaux existants, en tant que ceux-ci consistent en un droit à une somme fixe exprimée en monnaie. Le créancier chirographaire ou hypothécaire d'une
somme de 10.000 francs, le porteur d'une obligation de chemins de fer
ou d'un titre de rente sur l'État, continuent à recevoir la même somme
en francs, mais cette somme ne représente plus qu'un pouvoir d'achat
égal à la moitié du pouvoir d'achat ancien si la valeur du franc en
marchandises a diminué de moitié.

Les créanciers chirographaires ou hypothécaires d'une somme d'argent, les porteurs de valeurs à revenu fixe ne sont pas seuls frappés.
Le salarié l'est aussi puisque son salaire ne lui confère plus qu'un pouvoir d'achat moindre ; à son égard la dépréciation du billet agit comme
ferait un impôt sur le salaire. De même, le propriétaire d'une maison
ou d'un domaine rural, créancier de loyers ou de fermages, reçoit, en
valeur réelle, moins qu'auparavant. Mais pour le salarié, pour le propriétaire créancier de loyers ou de fermages, l'ajustement à la situation
nouvelle créée par la dépréciation du billet se fait tôt ou tard, une fois
que les contrats en cours sont expirés. Cet ajustement ne peut pas se
faire pour les prêteurs d'une somme fixe en argent, et à leur égard la
perte subie est définitive.

Ainsi la création, au profit de l'État, de moyens de paiement en surnombre a pour conséquence l'expropriation d'une partie des capitaux existants. Émettre des billets à cours forcé, c'est dégager et mobiliser de la richesse ancienne. Les choses se passent comme si l'État avait prélevé, sur les possesseurs de valeurs exprimées en une somme de monnaie invariable, une fraction de leur capital. C'est une sorte de conscription des fortunes, mais qui ne porte pas sur tous les détenteurs de la fortune et qui implique une extrême inégalité dans le sacrifice.

*<br>* *

La création, au profit de l'État, de moyens de paiement par l'émission de billets à cours forcé, détermine un circuit de papier qui va de l'État aux citoyens et revient des citoyens à l'État. L'État paie, avec les billets que la banque a fabriqués pour lui, les produits et les services dont il a besoin. Les billets rentrent dans les caisses publiques, soit pour le paiement des impôts, soit pour la souscription aux emprunts. A mesure que l'État lance dans la circulation des quantités croissantes de billets il obtient, par l'impôt ou par l'emprunt, des ressources croissantes. De cette constatation est née une formule qui a eu un assez grand succès : la guerre nourrit la guerre.

La guerre nourrit la guerre, il est clair que cette formule n'est vraie que d'une vérité superficielle et provisoire. Pour que la guerre pût nourrir la guerre, il faudrait qu'elle créât, au fur et à mesure, les richesses qu'elle consomme : non pas des richesses de papier seulement, mais des richesses réelles. Or, elle ne produit que des destructions. Ces amas de papier qui font, en quantités croissantes, le va-et-vient entre les caisses publiques et celles des particuliers, ne sont qu'une figuration de richesse, et leur afflux sans cesse grossi ne fait que masquer pour un temps l'appauvrissement de la nation. La guerre ne nourrit la guerre que si elle est menée sur le territoire ennemi et si elle y trouve toutes les richesses qu'elle a besoin de consommer.

En réalité les peuples belligérants, dans la guerre de 1914, ont partiellement consommé la substance de leur richesse antérieure. Ils ont tous subi une usure économique dont les effets se feront sentir longtemps encore.

------

# ANNEXES

Il a paru utile de rassembler à la fin du volume les principales données relatives aux dépenses et aux recettes de la période envisagée, soit les années 1914-1919. La source de ces données est.le projet de loi portant fixation du budget général de l'exercice 1923 (Chambre des députés, douzième législature, doc. n° 4220).

Les données rassemblées ici sont les suivantes :

1° Dépenses des années 1914-1919. Ces dépenses sont divisées en : dépenses des services civils — charges militaires — charges de la dette publique — dépenses recouvrables en vertu des traités de paix — soldes débiteurs globaux des services spéciaux du Trésor ;

2° Ressources permanentes ou exceptionnelles des années 1914-1919, à l'exclusion des ressources d'emprunt ;

3° Excédent, par année, des dépenses sur les ressources, et somme de ces excédents pour la période 1914-1919 ;

4° Ressources d'emprunt créées de 1914 à 1919 ;

5° Remboursements nets effectués par le Trésor de 1914 à 1919, et non compris dans les dépenses budgétaires.

Le projet de loi portant fixation du budget général de l'exercice 1923 fait observer que les chiffres présentés ne sauraient être considérés comme définitifs. A partir de 1916 ils sont, pour les dépenses, la simple addition des dotations ouvertes par les lois annuelles de finances et les lois de crédits supplémentaires ; pour les recettes, le total des recouvrements mensuellement constatés et tels, sauf quelques corrections, qu'ils ont été publiés au *Journal Officiel*. On peut affirmer, dit l'exposé des motifs du projet de loi, que les dépenses et les recettes effectives seront, les premières notablement inférieures, les secondes sensiblement supérieures, aux chiffres actuellement constatés.

## ANNEXE I

### Dépenses des années 1914-1919

#### 1° Dépenses des services civils de 1914 a 1919 :

| | |
|---|---|
| 1914........................ | 2.005 millions de francs |
| 1915........................ | 2.479 — |
| *A reporter*........... | 4.484 millions de francs |

| | | |
|---|---|---|
| *Report* .............. | 4.484 | millions de francs |
| 1916...................... | 2.817 | — |
| 1917...................... | 4.119 | — |
| 1918...................... | 5.443 | — |
| 1919...................... | 9.257 | — |
| Total ............. | 26.120 | millions de francs |

### 2º Charges militaires de 1914 a 1919 :

| | | |
|---|---|---|
| 1914...................... | 6.526 | millions de francs |
| 1915...................... | 14.712 | — |
| 1916...................... | 23.853 | — |
| 1917...................... | 28.662 | — |
| 1918...................... | 36.120 | — |
| 1919...................... | 18.185 | — |
| Total............. | 128.058 | millions de francs |

### 3º Charges de la dette publique de 1914 a 1919 :

| | | |
|---|---|---|
| 1914...................... | 1.360 | millions de francs |
| 1915...................... | 1.818 | — |
| 1916...................... | 3.327 | — |
| 1917...................... | 4.816 | — |
| 1918...................... | 7.021 | — |
| 1919...................... | 7.903 | — |
| Total............. | 26.245 | millions de francs |

### 4º Dépenses recouvrables de 1914 a 1919 :

| | | |
|---|---|---|
| 1914...................... | 372 | millions de francs |
| 1915...................... | 1.914 | — |
| 1916...................... | 2.947 | — |
| 1917...................... | 4.081 | — |
| 1918...................... | 5.952 | — |
| 1919...................... | 15.481 | — |
| Total............. | 30.747 | millions de francs |

### 5º Soldes débiteurs globaux des services spéciaux du trésor de 1914 a 1919 (1) :

| | | |
|---|---|---|
| 1914...................... | 108 | millions de francs |
| 1915...................... | 1.197 | — |
| *A reporter*.......... | 1.305 | millions de francs |

______

(1) Les chiffres donnés dans ce tableau ne traduisent pas toujours exactement la charge réellement assumée par la Trésorerie dans chacune des années considérées. Certains débits n'ont pas entraîné de décaissements effectifs du Trésor, notamment en ce qui concerne les avances aux gouvernements étrangers. De même certains crédits n'ont pas donné lieu à des encaissements effectifs. D'autre part de nombreux achats faits hors de France ont été payés par le Trésor sur des provisions constituées par lui à l'étranger ; la liquidation et la constatation comptable des recettes et des dépenses, pour les opérations faites à l'étranger, ont subi des retards considérables.

(Exposé des motifs du projet de loi relatif au budget général de l'exercice 1923, p. 33).

|                    |            |                   |
|--------------------|-----------:|-------------------|
| *Report* ............... | 1.305 | millions de francs |
| 1916.................... | 3.904 | — |
| 1917.................... | 2.983 | — |
| 1918.................... | 2.113 | — |
| 1919.................... | 3.387 | — |
| TOTAL .............. | 13.692 | millions de francs |

## ANNEXE II

RESSOURCES PERMANENTES ET RESSOURCES EXCEPTIONNELLES (AUTRES QUE CELLES PROVENANT D'EMPRUNTS) RÉALISÉES DE 1914 A 1919

| | | | |
|---|---:|---:|---|
| 1914.................... | | 4.196 | millions de francs |
| 1915.................... | | 4.130 | — |
| 1916.................... | | 4.932 | — |
| 1917 : Permanentes .. | 5.977 | | |
| — Exceptionnelles | 209 | 6.186 | — |
| 1918 : Permanentes .. | 6.213 | | |
| — Exceptionnelles | 578 | 6.791 | — |
| 1919 : Permanentes .. | 9.707 | | |
| — Exceptionnelles | 1.879 | 11.586 | — |
| TOTAL................ | | 37.821 | millions de francs |

## ANNEXE III

### EXCÉDENT DES DÉPENSES

La somme des écarts annuels entre les ressources (permanentes ou exceptionnelles) autres que celles provenant d'emprunts, et les dépenses de toute nature auxquelles le Trésor a dû pourvoir, est exprimée dans les deux tableaux suivants.

Dans le premier tableau, les dépenses sont rangées en cinq catégories :

*a)* Dépenses des services civils ;
*b)* Charges militaires ;
*c)* Charges de la dette publique ;
*d)* Dépenses recouvrables en vertu des Traités de paix ;
*e)* Soldes débiteurs globaux des services spéciaux du Trésor.

*Tableau* A

1914 :

| | | | |
|---|---:|---:|---|
| Dépenses : *a)* ......... | 2.005 | | |
| — *b)* ......... | 6.526 | | |
| — *c)* ......... | 1.360 | 10.371 | millions de francs |
| — *d)* ......... | 372 | | |
| — *e)* ......... | 108 | | |
| Ressources ................... | | 4.196 | — |
| EXCÉDENT DES DÉPENSES.... | | 6.175 | millions de francs |

1915 :

```
Dépenses : a) ........   2.479  ⎫
    —      b) ........  14.712  ⎪
    —      c) ........   1.818  ⎬  22.120 millions de francs
    —      d) ........   1.914  ⎪
    —      e) ........   1.197  ⎭
Ressources ...................   4.130        —
        EXCÉDENT DES DÉPENSES ...  17.990 millions de francs
```

1916 :

```
Dépenses : a) ........   2.817  ⎫
    —      b) ........  23.853  ⎪
    —      c) ........   3.327  ⎬  36.848 millions de francs
    —      d) ........   2.947  ⎪
    —      e) ........   3.904  ⎭
Ressources ...................   4.932        —
        EXCÉDENT DES DÉPENSES....  31.916 millions de francs
```

1917 :

```
Dépenses : a) ........   4.119  ⎫
    —      b) ........  28.662  ⎪
    —      c) ........   4.816  ⎬  44.661 millions de francs
    —      d) ........   4.081  ⎪
    —      e) ........   2.983  ⎭
Ressources ...................   6.186        —
        EXCÉDENT DES DÉPENSES....  38.475 millions de francs
```

1918 :

```
Dépenses : a) ........   5.443  ⎫
    —      b) ........  36.120  ⎪
    —      c) ........   7.021  ⎬  56.649 millions de francs
    —      d) ........   5.952  ⎪
    —      e) ........   2.113  ⎭
Ressources ...................   6.791        —
        EXCÉDENT DES DÉPENSES ...  49.858 millions de francs
```

1919 :

```
Dépenses : a) ........   9.257  ⎫
    —      b) ........  18.185  ⎪
    —      c) ........   7.903  ⎬  54.213 millions de francs
    —      d) ........  15.481  ⎪
    —      e) ........   3.387  ⎭
Ressources ...................  11.586        —
        EXCÉDENT DES DÉPENSES ...  42.627 millions de francs
```

*Tableau* B

EXCÉDENT DES DÉPENSES :

| | | |
|---|---|---|
| 1914 | 6.175 | millions de francs |
| 1915 | 17.990 | — |
| 1916 | 31.916 | — |
| 1917 | 38.475 | — |
| 1918 | 49.858 | — |
| 1919 | 42.627 | — |
| TOTAL | 187.401 | millions de francs |

## ANNEXE IV

TABLEAU DES RESSOURCES D'EMPRUNT CRÉÉES DE 1914 A 1919

(*En millions de francs*)

A. *Emprunts intérieurs* :

| | 1914 | 1915 | 1916 | 1917 | 1918 | 1919 |
|---|---|---|---|---|---|---|
| Emprunts perpétuels (1) | | 6.265 | 5.425 | 5.174 | 7.246 | |
| Emprunts à terme | 465 | | | | | 655 |
| Bons et obligations (net) | 1.858 | 10.487 | 12.955 | 13.054 | 16.611 | 25.454 |
| Dépôts de fonds | | | 53 | 360 | 436 | 1.544 |
| TOTAUX | 2.323 | 16.752 | 18.433 | 18.588 | 24.293 | 27.653 |

B. *Emprunts extérieurs* (2) :

| | 1914 | 1915 | 1916 | 1917 | 1918 | 1919 |
|---|---|---|---|---|---|---|
| Amérique | 51 | 1.845 | 1.624 | 7.532 | 5.388 | 9.267 |
| Angleterre | | 814 | 6.968 | 3.997 | 1.594 | 1.759 |
| Espagne | | | 131 | 67 | 570 | |
| Suisse | | | | 46 | 164 | 73 |
| Pays Scandinaves | | 147 | 47 | 11 | | |
| Autres pays | | | 30 | 232 | 979 | 249 |
| TOTAUX | 51 | 2.806 | 8.800 | 11.885 | 8.695 | 11.348 |

C. *Avances des banques d'émission*

| 1914 | 1915 | 1916 | 1917 | 1918 | 1919 |
|---|---|---|---|---|---|
| 3.925 | 1.150 | 2.350 | 5.160 | 4.680 | 8.370 |

D. *Opérations pour faciliter le payement des dommages de guerre* :

Emprunts du Crédit National ................................ 3.960

| | 1914 | 1915 | 1916 | 1917 | 1918 | 1919 |
|---|---|---|---|---|---|---|
| TOTAUX A-D | 6.299 | 20.708 | 29.583 | 35.633 | 37.668 | 51.331 |

TOTAL GÉNÉRAL 1914-19 ................................ 181.222

_______________

(1) Produit net non compris les consolidations et conversions.
(2) Contrevaleur de change au cours moyen de l'année.

## ANNEXE V

TABLEAU DES REMBOURSEMENTS NETS EFFECTUÉS PAR LA TRÉSORERIE DE 1914 A 1919 ET NON COMPRIS DANS LES DÉPENSES BUDGÉTAIRES

*(En millions de francs)*

|  | 1914 | 1915 | 1916 | 1917 | 1918 | 1919 |
|---|---|---|---|---|---|---|
| Bons et obligations du Trésor (type d'avant-guerre) ............... |  | 149 |  |  |  |  |
| Dépôts de fonds ................ | 42 | 68 |  |  |  |  |
| Emprunts extérieurs ........... |  | 185 | 347 | 512 | 442 | 2.676 |
| TOTAUX ................... | 42 | 402 | 347 | 512 | 442 | 2.676 |

TOTAL GÉNÉRAL 1914-1919 ................................... 4.421

# INDEX

## A

**Accords** : du 5 février 1915, 112 ;
— 30 avril 1915, 106, 113 ; —
8 février 1916, 113 ; — 25 avril
1916, 107 ; — 24 août 1916, 107 ;
— 28 mars 1917, 107 ; — 29
décembre 1917, 123, 126 ; —
mars 1918, 123, 126 ; — 15 juillet 1919, 123, 126 ; — 19 juillet
1919, 124 ; — de 1915, 1916,
1917 et 1919, 112, 113.

**Accords interalliés** : du 5 février
1915, 48 ; — 4 octobre 1915,
48.

**Acier**, 3.

**Actionnaires** de la Banque de France,
44, 46, 107, 120.

**Administration**, 11 ; — fiscales, 2,
11, 20, 54-56, 58, 77 ; 80, 104 ;
désordre des — fiscales, 11.

**Aftalion**, 100.

**Agents** : de change, 80 ; — du fisc,
20.

**Agriculture**, agriculteurs, 11 ; 16 ;
38 ; 122.

**Alcool** (droits sur l' —), 23, 32.

**Algérie**, 80 ; (et voir : Banque
d'Algérie).

**Allemagne**, 4, 15 ; 47 ; 60, 61 ;
79, 83, 88-91, 102, 110, 115 ;
carence de l' —, 4, 15, 47.

**Alliés**, 30, 48.

**Allumettes**, 14, 23, 29.

**Alsace-Lorraine**, 46.

**Américan Foreign Securities**, 117.

**Amérique**, 94, 105, 113, 120, 139.

**Amortissement**, 44, 48, 64, 71, 72,
73, 86 ; — de la Dette publique,
24, 71, 72, 73 (et voir : rentes,
et : emprunts).

**Angleterre**, 5, 16 ; 35-37 ; 50, 58 ;
79, 93, 94, 96, 105-108, 110-
117, 120, 122, 124-126 ; 127,
139 ; opérations de crédit faites
en —, 111-114.

**Annexes**, 135-140 ; dépenses des
années 1914-1919, 135-137 ; ressources permanentes et exceptionnelles, 137 ; excédent des dépenses,
137-139 ; ressources d'emprunt de
1914 à 1919, 139 ; remboursements
nets effectués, 140.

**Appréciation** de la politique fiscale
pendant la guerre, 26-39 ; critique
de la politique fiscale suivie en
1919, 29, 30, 51.

**Argent**, argent frais, 33, 53, 60,
64, 74, 75, 81, 82, 83, 94, 100,
111, 116, 127, 128, 133 ; (et voir :
numéraire).

**Argentine** (**République** —), 109, 117,
124, 126.

**Aris** (J. F. —), Les charges fiscales
en France et en Angleterre, 37.

**Armées**, 4, 17, 41, 89 ; 96, 97, 98,
121 ; 127, 129 ; dépenses des
— alliées en France, 97, 121.

**Armistice**, 89.

**Arrêtés ministériels**, 70 ; — du 25
juin 1914, 68, 69 ; — 13 février
1915, 65 ; — 16 novembre 1915,
80, 82 ; — 16 septembre 1916,
83 ; — 6 juillet 1917, 103 ; —
1er novembre 1917, 85 ; — 13 septembre 1918, 109 ; — 24 septembre
1918, 89 ; — 15 mars 1919, 109 ;
— 25 février 1922, 59.

**Assiette** de l'impôt, 17, 18.

**Assignats**, 77.

**Auriol** (voir : Vincent Auriol).

**Automobiles**, 15, 63.

**Autriche**, 102.

**Avances** : de la Banque de France,
10, 29, 40-51, 79 ; — de la Banque
de France en 1919, 51 ; — de la
Banque de France aux alliés, 48 ;
conséquences des — de la Banque

de France, 49-51 ; — de la Banque d'Algérie, 40 ; 44, 48 ; — par les banques à l'Etat, 6, 10 ; 40-51 ; 59 ; — des banques d'émission, 6 ; 94 : 139 ; — obtenues par le Trésor, 109, 112, 113, 121, 126 ; — sur titres, 126 ; — des Trésoriers payeurs généraux, 53, 54-56.

**Avocats**, 39.


**B**

**Baisse**, 9, 10 ; 72, 75 ; 87, 116 ; — des ressources budgétaires, 9, 10.

**Balance économique**, 95-98, 103, 104.

**Banques**, banquiers, 38, 40, 53-58, 60, 61, 63, 69, 80, 83 ; 97, 102, 103, 108, 109, 111, 114, 115, 116, 118, 120, 123, 124, 133, 134 ; — d'émission, 10, 40, 49, 94, 104, 112 ; 139 ; — de France, 10, 40, 42-51, 57, 58, 59, 66, 70, 82, 83 ; 97, 98, 102-106, 108, 111-114, 118-121 ; succursales de la — de France, 42 ; — d'Algérie, 82 ; — d'Angleterre, 106-108, 112-114, 126 ; — d'Espagne, 123 ; — fédérales de réserve, 118, 119 ; — du Japon, 124 ; — Rothschild, 74 ; — Urquijo, 123.

**Belligérants**, 2, 5, 16, 24, 83, 87, 96, 102, 115, 127, 131, 132, 134.

**Bénéfices**, 19 ; agricoles, 38 ; — exceptionnels, 16 ; — de guerre, 6, 10, 16 ; contribution sur les — de guerre, 6, 10, 14, 24, 27, 86, 88 ; contribution extraordinaire sur les — de guerre, 14, 15 ; 16, 17 ; 26, 86, 88 ; — supplémentaires, 16.

**Billets** de la Banque, 44, 46 ; 49, 50, 51, 62, 82 ; 133 ; — à cours forcé, 29, 40 ; 133, 134.

**Bombright** (groupe —), 119.

**Bons** de la Défense nationale, 37, 51, 54, 55, 56 ; 56-63 ; 65-67 ; 79, 81-84, 86-89 ; 110 ; 139 ; placement des — de la Défense nationale, 58, 60, 62, 63, 66 ; — du Trésor, 10, 29, 41, 42, 43, 48 ; 53-68 ; 79, 81, 88, 89, 112, 113, 114, 117, 119, 120, 124, 126 ; 130, 139, 140 ; — royaux,

57 ; — du Trésor allemand, 60, 61.

**Bordeaux**, 118, 120, 126.

**Bourse** (la —), 62, 69, 75, 76, 78, 80, 82, 86 ; 108 ; 128 ; — du Travail, 39.

**Brésil**, 109, 117, 124.

**Brown Brothers**, 118-120.

**Bryan**, 115.

**Budgets**, 1, 3, 21, 24, 25, 32, 33 ; 52, 53, 54, 57, 73, 86 ; — des dépenses recouvrables, 4 ; — général, 4 ; 86 ; 135, 136 ; — de 1914, 1, 3 ; — ordinaire, 4, 14, 15, 22 ; — des réparations, 15.

**Bulletin** de la Société d'études et d'informations économiques, 37.


**C**

**Caillaux**, 17.

**Caisses** : des dépôts et consignations, 53, 87 ; — d'épargne, 61, 81, 84.

**Campagne des économies**, 99-102 (et voir : économies).

**Canada**, 109, 117, 122, 124.

**Canadian Pacific Railway**, 117.

**Canal de Suez**, 109.

**Capital** (le —, les capitalistes), 19, 32-36 ; 62, 63, 67, 69, 71, 73-76, 81, 83-87, 89, 104, 105, 109, 115-117, 126, 128, 129, 131, 132-134 ; — flottants, capitaux liquides, 53, 54, 57, 59, 61, 62, 66 ; 80, 82, 90, 93, 104, 107, 110 ; 129, 130, 131 ; — fonciers, 19 ; capitaux mobiliers, 19 ; le — national, 128-132, 134.

**Caractères communs** des emprunts de guerre, 71-79.

**Carence de l'Allemagne** (voir : Allemagne).

**Carnets** d'alimentation, 99.

**Cartes** d'alimentation, 99.

**Cédules** (voir : impôt cédulaire).

**Central Trust Cᵒ**, 117.

**Chambres** (les —), 43, 49 (et voir : Parlement) ; — des Députés, 10, 12, 14, 20, 30, 31, 78 ; 135 ; — de Commerce, 58, 88.

**Change**, 41 ; 93, 94 ; 97, 98 : 102-104, 105, 106, 107, 110, 116, 117, 120, 122, 125, 126, 139 ; contrôle du marché des —, 98 ; 102-104.

**Charbon** (voir : houille).

**Charges militaires**, 135-137 (et voir : armées).

**Charges et offices**, 19.

**Chevaux**, 63.

**Choix des ressources** nouvelles (voir : ressources).

**Circulation fiduciaire**, 34, 41-43, 49, 50 ; 53, 57, 59, 60, 61, 62, 64, 114, 133, 134.

**Coefficients de majoration**, 14, 23, 29.

**Colis postaux**, 23.

**Comités** : des dérogations, 100, 101 ; — exécutif des importations, 102.

**Commerce**, commerçants, 3, 16, 18, 19, 38, 49, 96, 99, 103, 105, 121, 122, 133.

**Commissariat à l'emprunt**, 88.

**Commissions** : du budget de la Chambre des députés, 12, 14, 20, 31, 99 ; — des changes, 103 ; — des finances de la Chambre, 12 ; — des finances du Sénat, 12 ; — interministérielle des dérogations, 100 ; — de législation fiscale de la Chambre, 30.

**Commune**, 2, 53 ; 88.

**Compagnies** : de chemins de fer, 57 ; — des chemins de fer Pennsylvania, 108 ; — Central Pacific, 108 ; — Chicago Milwaukee, 108 ; — New-York, New-Haven and Hardtford, 108.

**Comparaison** des impôts français et anglais, 35-37.

**Comptes spéciaux**, 1, 3, 99 ; compte spécial de réserve de la Banque de France, 44, 48 ; — de ravitaillement, 99.

**Concurrence** (libre —), 87, 90.

**Conférence** de Londres du 3 décembre 1917, 101.

**Conseil d'Etat**, 77 (et voir : décrets rendus en —).

**Conseil de Régence** de la Banque de France, 43, 46, 47.

**Consolidation**, 53, 61, 77 ; 139.

**Consommation**, 34, 100, 127, 130 ; restrictions à la —, 99-103.

**Consortiums**, 101, 123, 124.

**Contribuables**, 2, 12, 17-20, 32, 37, 38, 39 ; 86.

**Contributions** : sur les bénéfices de guerre (voir : bénéfices de guerre) ;

— directes, 13, 14, 19, 21, 31 ; 79 ; — mobilière, 18-20 ; — des portes et fenêtres, 13, 18-20.

**Contrôle** : des impôts, 18, 20, 38 ; — du marché des changes, 98 ; 102-104.

**Conventions**, 41, 42, 44, 45, 49 ; 119 ; — du 11 novembre 1911, 41-44, 48 ; — du 30 novembre 1911, 48 ; — 21 septembre 1914, 41-44 ; 45, 48, 51 ; 4 mai 1915, 45 ; — 6 septembre 1915, 48 ; — franco-britannique du 11 février 1916, 108 ; — du 25 avril 1916, 113 ; — 13 février 1917, 45 ; — 2 octobre 1917, 45 ; — 26 octobre 1917, 48 ; — 4 avril 1918, 45 ; — 3 juin 1918, 48 ; — 5 juin 1918, 45 ; — 13 février 1919, 45, 48 ; — 24 avril 1919, 45, 47, 48 ; — 14 avril 1920, 47 ; — 31 décembre 1921, 47.

**Conversion**, convertibilité, 50, 72, 76-79, 81, 85, 90, 117 ; 139 ; — de la rente 3 pour 100 de 1914, 67.

**Coopératives**, 61.

**Coupons** des valeurs mobilières (voir : valeurs mobilières).

**Coupures** émises dans les régions envahies, 46.

**Courage fiscal**, 27 (et voir : effort fiscal).

**Couronne suédoise**, 97, 122, 123, 126.

**Cours forcé**, 41, 42 ; 49, 50 ; 133, 134.

**Couverture** (des billets), 50.

**Création d'impôts** nouveaux, 11-17, 26, 28 ; 52.

**Crédits**, 10, 12, 16 ; 86, 109, 113, 116, 119-124, 126, 133, 135 ; annulation de —, 22 ; — en banque, 126 ; 133 ; — de banque consentis directement au Trésor, 117-118 ; — de banque consentis par personnes interposées, 118-120 ; — directs et — indirects, 116 ; ouverture de —, 12, 13, 14, 22, 59, 69, 93, 97, 105, 107, 108, 113, 118, 119, 120, 123, 133 ; ouverture de — aux succursales de la banque, 42 ; — provisoires, 10, 12, 13, 14, 22, 59, 69, 93, 97.

**Crédit** (le) — de l'Etat français, 3 ; 11 ; 55, 61, 64, 71, 75, 76 ; 80, 82, 85, 87, 110.

**Crédit** (le —) de la Banque de France, 43.
**Crédit Foncier** (le —), 53.
**Crédit Lyonnais** (le —), 118.
**Crises**, 11, 43, 52, 101, 102.
**Critique** de la politique financière suivie en 1919, 29, 30, 51.

D

**Danemark**, 109, 117, 120.
**Déboisement** des forêts, 132.
**Decamps**, Les changes étrangers, 102 ; 111 ; —, Conférence du 5 avril 1918, 105.
**Décimes**, 19, 35.
**Déclaration**, 38 ; — obligatoire, 17, 18, 20.
**Décrets**, 14, 49, 80, 100, 101 ; — rendus en Conseil d'Etat, 49, 58 ; — du 16 juillet 1806, 54 ; — 24 juin 1914, 68 ; — 30 juillet 1914, 81, 84 ; — 31 juillet 1914, 44, 80 ; — 2 août 1914, 80 ; — 5 août 1914, 80 ; — 9 août 1914, 80 ; — 1er septembre 1914, 58 ; — 11 septembre 1914, 70 ; — 13 septembre 1914, 57-59 ; — 27 septembre 1914, 80 ; — 11 novembre 1914, 64 ; — 3 décembre 1914, 58 ; — 11 décembre 1914, 55 ; — 6 et 16 décembre 1914, 64 ; — 10 janvier 1915, 64 ; — 13 février 1915, 65 ; — 3 juillet 1915, 105 ; — 14 septembre 1915, 80 ; — 16 novembre 1915, 80, 81 ; — 22 novembre 1915, 80 ; — 5 mai 1916, 109 ; — 11 mai 1916, 100 ; — 16 septembre 1916, 83 ; 23 septembre 1916, 84 ; — 4 octobre 1916, 118 ; — 2 décembre 1916, 118 ; — 9 février 1917, 66 ; — 22 mars 1917, 101 ; — 1er octobre 1917, 15, 23 ; — 28 octobre 1917, 85 ; — 1er novembre 1917, 85 ; — 5 novembre 1917, 85 ; — 10 novembre 1917, 85 ; — 30 juillet 1918, 88 ; — 24 septembre 1918, 89 ; — 14 mai 1919, 66 ; — 26 mai 1919, 15, 23 ; — 27 mai 1919, 15, 23 ; — 28 mai 1919, 15, 23 ; — 8 juillet 1919, 15, 23 ; — 23 décembre 1919, 15.
**Défense nationale**, 12, 46, 103.

**Déficit** du budget, 1.
**Démobilisation**, 46.
**Département**, 2 ; 53, 88.
**Dépenses**, 1, 3, 4, 6, 9, 11, 24, 25, 28, 29, 35, 40, 52, 64, 72, 82, 121, 128, 129 ; 135-138 ; — budgétaires normales, 11, 24, 94, 140 ; — hors budget, 3 ; — de guerre, 3-6, 10, 11, 13, 24, 25, 40, 42, 48 ; 127, 128 ; leur énormité, 4, 43, 54 ; — recouvrables, 135-137.
**Dépôts** : de fonds, 139, 140 ; — de titres en banque, 38.
**Dépréciation** des billets, 41, 49, 50 ; 133, 134 ; — après la guerre de 1870-71, 40, 41.
**Dérogations**, 100, 101.
**Désorganisation** de la vie économique (voir : vie économique).
**Destructions**, (voir : dévastations).
**Dette** : publique, 1, 2, 24, 25, 43, 45, 47, 50, 61, 64, 71, 72, 73, 77, 86, 112 ; 135-137 ; (et voir : emprunts) ; — à court terme, 29, 53, 57, 126 ; — à long terme, 52, 53, 126 ; — consolidée, 62, 68 ; — extérieure, 29 ; 93-98 ; 124-126 ; 128 ; — de guerre, 4, 86 ; — extérieure de guerre, sa formation, son importance, 93-98 ; son total à la fin des hostilités, 124-126 ; (voir aussi : emprunts) ; — flottante, 29 ; 53, 54, 61, 62, 64, 65, 71 ; 126 ; — politique et — commerciale, 114, 122, 128 ; service des —, 13.
**Dévastations**, destructions matérielles, 3, 4, 5, 24, 28, 29 ; 129, 134 (et voir : régions envahies).
**Dollars**, 45, 97, 112, 116-122.
**Domaine de l'État**, 9 ; produits du —, 26.
**Dommages de guerre** (paiement des —), 139.
**Donations**, 22, 32.
**Doublement** des impôts directs (voir : impôts directs).
**Douzièmes provisoires**, 31.
**Douanes** (voir : droits de douane) ; politique douanière, 99-102.
**Droits** : de diverses sortes, 23, 26 ; — sur les boissons hygiéniques, 23 ; — sur les denrées coloniales, 23 ; — de douane, 14, 15, 21, 23, 29, 33, 34 ; 100 ; — fixe,

17, et — proportionnel, 17 ; — de garantie sur les objets d'or et d'argent, 33 ; — d'importation, 23 ; — de mutation, 23, 32 ; — de préférence, 65, 66 ; — de transmission des titres 38 ; 78 ; — sur les transports, 23.
**Dupont de Nemours** (maison —), 120.

E

**Ecart** entre les ressources normales et les charges de guerre, 24, 25.
**Echéance**, 66, 72, 80, 83, 112, 116, 117, 120, 121 ; — des bons, 59, 61, 62, 64, 65.
**Economies**, 29, 51 ; 129, 130, 132 ; campagne des —, 98.
**Economie nationale** (l' —) (voir vie économique).
**Effets de commerce**, 22, 43, 44.
**Effort fiscal**, 1 ; 11 ; 14, 15, 29, 30 ; 46, 51 ; son intensité, 26, 27.
**Egalité** devant l'impôt, 38, 39, 77, 78.
**Egypte**, 109, 117, 124.
**Emissions**, 10, 12, 29, 40 ; 46, 47, 49, 50, 51 ; 53 ; 57-61, 64-66, 68, 74, 77, 79, 81, 84, 85, 88, 89 ; 93 ; 103, 112 ; 116-117, 123 ; 133, 134 ; — au-dessous du pair, 71, 73-77 ; 81, 84, 85, 88, 89, 90.
**Emprunts**, 5, 6, 10, 12, 16, 24, 27-29 ; 43-47 ; 52, 53, 58, 59, 61, 63-67, 71-76, 78, 80-89 ; 93, 122, 123, 129-132, 134, 135, 137, 139, 140 ; ressources d'—, 135, 139 ; — de consolidation, 7, 29, 45, 51, 59, 60 ; 89 ; leur caractère onéreux, 89 ; — amortissable ou — perpétuel ?, 71-73 ; — au-dessous ou — au-dessus du pair ?, 73-76 ; — à montant limité, 85 ; — à court terme, 53 ; 139 ; — à long terme, — perpétuel, 29, 52, 53 ; 71-73 ; 75 ; 139 ; amortissement des — 13 ; intérêt des —, 13 ; — intérieurs en rentes, 68-92 ; 94 ; 139 ; — en rente 3,50 pour 100 amortissable de 1914, 68-71 ; 74, 78 ; 80 ; — amortissables, 71, 72, 75 ; — de guerre, 68, 69, 70, 73, 74, 77, 79-83, 85, 88, 92, 114 ; 127, 131 ; — de 1915, 73, 77, 79 ; 79-83 ; 114 ; — de 1916, 73, 77, 83-84, 114 ; — de 1917, 73, 75, 77, 82, 85-87 ; 90, 114 ; — de 1918, 73, 75, 77 ; 88-89 ; 90 ; 113, 114 ; caractères communs aux quatre emprunts de 1915-1918, 71-79 ; — par les villes, 118 ; — anglo-french, 119, 126 ; emprunts extérieurs, 7 ; 93-126 ; 127 ; 139 ; 140 ; politique suivie pour limiter les —, 93-110 ; modalités de réalisation des — 111-126 ; — faits en Angleterre, 111-114 ; — faits aux Etats-Unis, 114-122 ; — faits dans divers pays, 122-124 ; total à la fin de la guerre des ressources dues aux —, 124-126 ; — de 1828, 74 ; — à la suite de la guerre de 1870-71, 74 ; — allemands, 90 ; — anglais, 79 ; — russes, 89.
**Encaisse-or**, (voir : or).
**Endossement** des obligations, 65.
**Engagements** du Trésor, 64.
**Enregistrement**, 21, 22, 23, 32, 35 ; administration de l' —, 32.
**Epargne** (l' —), 51, 54, 60, 69-71, 78, 80, 83, 91, 93, 104, 112, 129, 130, 131.
**Equilibre** du budget, 1, 15, 24, 52.
**Escompte**, 109, 112, 113, 117, 118, 119, 123 ; — de la Banque de France, 48, 59.
**Espagne**, 94, 97, 105, 109, 117, 123, 126, 139.
**Espèces** métalliques, 44, 64, 81, 82.
**Etablissements** de crédit, 58, 69, 78.
**Etat**, 1, 6, 9, 11, 12, 18, 21-24, 32, 33, 35, 38-57 ; 60-65, 69-78, 81, 82, 85-88, 90 ; 93, 99, 101, 102, 109, 110, 114, 118, 119, 120, 122, 127, 129-134.
**Etat d'esprit** français au point de vue fiscal, 28-30.
**Etats-Unis**, 5, 45, 58, 96, 102, 109 ; 111-113 ; 115, 116, 118, 120-122, 124-126 ; opérations de crédit faites aux —, 111, 114-122.
**Evaluation**, 82 ; — du produit des impôts, 31, 34, 38.
**Excédent** des dépenses sur les ressources, 135, 137-139.
**Excess Profit Duty**, 16.
**Exemption d'impôt**, 37, 65, 77, 79.
**Exercice**, 14, 15, 22, 52, 53; 135, 136.

**Exploitations** : agricoles, 19 ; — industrielles de l'Etat, 9, 21, 23, 26.

**Exportation**, 95, 96, 98, 100, 103, 104, 118 ; — des capitaux, 93, 98, 102, 103, 104 ; — de l'or, 105.

**Exposé des motifs** (voir : projets de loi, et : projets de budget).


F


**Fabrications de guerre** (voir : industries de guerre).

**Federal Reserve Act**, 109.

**Federal Reserve Board**, 114, 115.

**Fer**, 3, 28.

**Finances** : publiques, 1, 52, 61, 73 ; — de guerre, 1, 31 ; données du problème des finances de guerre en France, 1-6 ; ordre de grandeur des —, 3, 4 ; les ressources normales, leur transformation, 9-25 ; appréciation de la politique fiscale pendant la guerre, 26-39 ; avances par les Banques à l'Etat, 40-51 ; les moyens de Trésorerie, 52-67 ; les bons de la Défense 56-63 ; les emprunts intérieurs, 68-92 ; les emprunts extérieurs, 93-110 ; leur réalisation, 110-126 ; le mécanisme financier de la guerre, 127-134.

**First national Bank**, 116.

**Fisc**, 18, 20, 32, 38, 39, 63 ; 71, 77, 78.

**Florin hollandais**, 97, 126.

**Fonctionnaires**, 54-56.

**Fonds**, 54, 55, 56, 60, 81, 84, 94, 95, 103, 104, 123, 125 ; — d'Etat français, 37 ; 78, 79 (et voir : rentes) : — de rachat, 87 ; — de roulement, — de caisse, 52, 53 ; — de soutien, 86, 87 ; — spécial, 86, 87.

**Fonte**, 3.

**Forêts** (déboisement des —), 132.

**Fourneaux** (hauts —), 3.

**Francois-Marsal**, l'Effort financier de la France, 34, 37.

**France**, 1-6, 11, 13, 15, 17-20, 22, 24, 26-29, 32-39, 46, 48, 50, 51, 53, 61, 74, 77, 79, 80, 85, 89, 90, 93, 94, 95, 98, 99, 102-106, 111-

115, 117, 118, 124, 127, 128, 130, 132, 133.

**Francs**, 1, 3, 4 ; 35, 36, 41, 49, 50 ; 72, 81 ; 94 ; 97, 98, 103-107, 116, 121, 122, 124, 125, 126, 133 ; — suisse, 97, 123.

**Fraudes fiscales** (mesures contre les —), 22, 23.


G


**Gage**, 108, 109, 123.

**Gains** : des agriculteurs, des commerçants, des industriels, 16.

**Gestion financière**, 1 ; 46 ; 51 (et voir : politique, et : finances).

**Gignoux**, 100.

**Gouvernement** (le — français), 2, 3, 10, 12, 13, 14, 16, 23, 27, 29, 31, 39, 40, 41, 42, 46, 49, 59, 60, 61, 70, 80, 91, 92, 93, 97, 98, 100, 102, 108, 109, 112, 113, 114, 116, 118, 121, 123, 124.

**Gouverneur** de la Banque de France, 42, 43, 46.

**Goute** (Albert —), Des principales opérations du Trésor français depuis le début de la guerre de 1914 jusqu'à l'intervention des Etats-Unis, 106, 108, 111.

**Guaranty Trust Cᵒ**, 118.

**Guerre** (en général), 1, 4, 5, 30, 40, 41, 43, 49, 54, 64, 73, 80, 82 ; 128, 129, 131, 132, 134 ; — de 1870-71, 1, 2, 40, 41, 42, 50, 74 ; — de 1914-1918, 1-7 ; 9, 11, 12, 13, 15, 16, 17, 20, 23, 24, 26-32, 34, 40-43, 45, 46, 48, 49, 51, 53-55, 60-65, 68, 69, 71, 72 ; 78-82, 85, 87, 90, 91, 93-96, 98, 100, 103-107, 110, 111, 112, 114, 117, 119, 120, 121, 126, 128-134, 140 ; période sur laquelle a porté la — de 1914, 4, 32 ; 135.


H


**Hausse**, 5, 50, 51 ; 72 ; 75, 78, 87, 95, 97, 98.

**Hollande**, 109, 117, 126.

**Hostilités**, 4, 17, 20, 42, 44, 45, 46, 55, 56, 59, 100, 101, 104.

**Houille**, 3, 28, 94.

## I

**Immunités** conférées aux rentes (voir : privilèges conférés —).
**Importations**, 94, 95, 96, 98-102, 104 ; — des Etats-Unis en France, 115.
**Impôts**, 2, 5, 6, 9, 10, 11, 13, 21, 24, 26, 28, 31, 32, 33, 35, 37, 38, 39 ; 51, 52, 54, 65, 77, 78, 79, 86 ; 94 ; 129-134 ; — directs, 2 ; 13 ; 26, 28 ; 30-32 ; 39 ; leur transformation, 17-21 ; doublement des —, 13, 28, 31 ; thèse de leur insuffisance, 34-37 ; les — directs en Angleterre, 35-37 ; — indirects, 32 ; — général sur le revenu, 2, 11, 13, 17-21, 31, 33-39 ; 63 ; 77 ; 78 ; — complémentaire sur l'ensemble du revenu, 17 ; — cédulaires sur le revenu, 14 ; 17-21, 33, 35-39, 78 ; — sur le revenu des valeurs mobilières, 19, 21, 32, 35 ; — sur les salaires, 39 ; — sur le chiffre d'affaires, 22 ; — foncier, 18, 19 ; 38 ; réforme de l' — sur les terres, 11 ; — sur les propriétés bâties, 18 ; — sur les propriétés non bâties, 18, 19 ; — sur les portes et fenêtres, 18 ; — de la patente, 19 ; — nouveaux, 10-14, 16, 19, 27 (et voir : création d'—) ; — anciens, augmentation de leur taux, 12, 14 ; — de consommation, 21, 23 ; 30-33 ; 37 ; — exceptionnels, 15 ; — réels, 2, 18 ; — forfaitaires, 2, 18 ; — personnel, 18, 20, 31, 36, 39 ; — sur les transports, 21, 23 ; — assis sur le capital, 34 ; — assis sur les revenus du capital et les produits du travail, 34 ; — assis sur la circulation des richesses, 34 ; — de défense économique, 34 ; — sur les bénéfices de guerre (voir : contribution sur —) ; — sur les sociétés en Angleterre, 35.
**Income-tax**, 35, 36 ; 79.
**Industrie**, 19, 28, 38, 86 ; — de guerre, 84, 86, 98, 99, 100.
**Industriels**, 16, 18, 122.
**Inflation**, 46, 49, 50, 62.
**Insaisissabilité** des rentes, 71, 77-79.
**Insuffisance** des impôts directs (thèse de l' —) (voir : impôts directs).

**Interdictions** alimentaires ( voir : restrictions).
**Intérêts** (des sommes), 44, 48, 54-59, 62, 65, 66, 70-76, 112, 116, 117, 123, 126, 127, 128, 131 ; — des avances de la Banque de France, 41, 42, 44, 48 ; — des Bons du Trésor, 41, 42, 58; 59, 62, 63 ; — de la Dette publique, 24, 44, 70, 73, 126 ; 127, 128.
**Invasion** (des Allemands en France), 3, 5, 9, 11, 24, 28, 42, 91, 92, 94, 96 ; 128.
**Inventaire** de la situation financière de la France, 33 ; 111.
**Italie**, 102.

## J

**Japon**, 108, 122, 124, 126.
**Jèze**, 31, 70, 74.

## K

**Klotz**, 97.
**Kuhn Loeb** (banque —), 119.

## L

**Législation** fiscale, 39.
**Lettre** : d'ouverture de crédit, 42 ; — de change, 109 ; — du 18 septembre 1914, 42, 43.
**Libération** des titres d'emprunt, 68-70 ; 81, 82.
**Licence** des débitants (droits de —), 23.
**Ligue nationale des économies**, 99, 100.
**Limite des avances** de la Banque de France, 41, 42.
**Liquidation**, 59, 80 ; — de la guerre, 46.
**Livres sterling**, 35, 36 ; 97, 106, 107, 111, 113, 114, 126.
**Lois**, 14, 27, 41, 42, 49, 57, 58, 77, 80, 86, 118 ; 135 ; — 9 vendémiaire an VI, 77 ; — 8 nivose an VI, 77 ; — 22 floréal an VII, 77 ; — 17 décembre 1814, 100 ; — 4 août 1824, 57 ; — 3 juillet 1877, 63 ; — 20 juillet 1895, 81 ; — 13 juillet 1911,

78 ; — 29 décembre 1911, 49 ; — 23 décembre 1913, 109 ; — 29 mars 1914, 11 ; — 20 juin 1914, 68 ; — 15 juillet 1914, 2, 11, 13, 17, 18, 19, 21, 57 ; — 5 août 1914, 49 ; — 26 décembre 1914, 20, 56 ; — 10 février 1915, 65, 66 ; 79 ; — 8 octobre 1915, 116 ; — 16 octobre 1915, 99 ; — 16 novembre 1915, 77, 79-82, 84 ; — 6 mai 1916, 23, 100 ; — 30 juin 1916, 13, 14, 23 ; — 1er juillet 1916, 14, 16, 86 ; — 15 septembre 1916, 83 ; — 30 décembre 1916, 14, 17, 18, 20, 23, 31 ; — 16 février 1917, 66 ; — 31 juillet 1917, 13, 14, 18, 20 ; — 1er août 1917, 103 ; — 29 septembre 1917, 15, 23 ; — 26 octobre 1917, 85-87 ; — 31 décembre 1917, 15, 16, 22 ; — 17 janvier 1918, 15, 23 ; — 3 avril 1918, 103, 104 ; — 18 avril 1918, 15, 22 ; — 29 juin 1918, 15, 20, 22, 23 ; — 19 septembre 1918, 89 ; — 5 mars 1919, 49 ; — 27 mai 1919, 15, 23 ; — 14 juin 1919, 15, 22 ; — 17 juillet 1919, 49 ; — 25 août 1919, 23 ; — 29 août 1919, 15 ; — 7 novembre 1919, 15, 23 ; — 25 juin 1920, 20 ; — 31 juillet 1920, 18, 49 ; — 22 mars 1924, 19 ; — 15 avril 1925, 49 ; — 27 juin 1925, 49.
**Londres**, 97, 105, 111, 112, 114, 120.
**Louis Marin** (voir : Marin).
**Luxe** (développement du —), 12, 28 (et voir : taxe sur les objets de —).
**Lyon**, 118, 120, 126.

M

**Majoration d'impôts**, 11-14, 22, 26, 28, 29 ; 52.
**Marchandises**, 63, 100, 101, 129, 132, 133 ; — de luxe, 101.
**Marché financier**, 3, 63, 71, 74, 78, 80, 82, 87, 90, 93, 94, 105, 107, 108, 111, 112, 114, 117, 118, 120, 121, 125.
**Marin** (Louis —), 99.
**Marseille**, 118, 120, 126.
**Martin** (Germain —) les Finances publiques de la France et la fortune privée, 87.
**Matières : premières**, 94, 95, 119 ; — imposables, 2, 18.
**Maximum** : de l'émission des billets de la Banque de France, 47, 49, 50 ; — de l'émission des Bons du Trésor, 57, 58.
**Mécanisme** financier de la guerre (le —), 7, 127-134.
**Médecins**, 39.
**Mercantis** (voir : spéculateurs).
**Mesures fiscales**, 6, 10, 11, 14, 15, 16-21 ; 21-25 ; 29, 31.
**Méthode financière**, 41.
**Mines**, 28 ; 111.
**Ministères** : du commerce, 101 ; — des finances, 34, 102.
**Ministres**, 79 ; — des finances, 1, 10, 11, 14, 20, 28, 31, 42, 48, 49, 55, 56-59, 61, 64-66, 69-71, 78-81 ; 84 ; 85, 88, 93, 97, 102, 103, 112 ; — de la guerre, 64.
**Mobilisation**, 2, 3 ; 9 ; 11, 41, 42, 94 ; — économique, 40.
**Mobilisés**, leur proportion en France, 2.
**Moins-value** des ressources budgétaires, 9, 15.
**Monnaie**, 36, 44, 46, 62-64, 72 ; 97, 102-105, 107, 111, 124, 125, 130, 133, 134 ; — métallique, 40 ; (et voir : signes monétaires).
**Monopoles**, 9, 21, 23, 26, 32 ; 102.
**Moratorium**, 3, 44, 60, 61 ; 80.
**Morgan** (banque J. P. —), 108 ; 116-120.
**Moyens de Trésorerie** (voir : Trésorerie).
**Mutation** (voir : droits de —).

N

**National City Bank**, 116-119.
**Navires**, 64.
**New-York**, 97, 116-118, 120.
**Norvège**, 109, 117, 120, 123, 126.
**Note** du 21 août 1914, 63.
**Numéraire**, 82-84, 86, 87, 89 ; (et voir : argent).

O

**Obligations** : du Trésor, 29 ; 53,

54, 83 ; 120, 124, 126 ; 139, 140 ; — de la Défense nationale, 54 ; 64-67 ; 79, 82-84, 86, 87, 89 ; historique des — de la Défense nationale, 64 ; — à lots, 85 ; — à court terme, 1, 29, 70, 79, 81 ; — des chemins de fer de l'Etat, 78 ; — américaines, 108, 115, 117, 120, 122, 123 ; — espagnoles, 123 ; — japonaises, 108.

**Offices** (voir : charges et —).

**Opérations de crédit**, 105, 107, 111 ; — faites en Angleterre, 111-114 ; — faites aux Etats-Unis, 111 ; 114-122 ; d'août 1914 à avril 1917, 115-120 ; après l'entrée des Etats-Unis en guerre, 121, 122 ; — faites dans divers pays, 122-124.

**Opinion publique** (l' —), 16, 17, 29, 47, 68, 71, 85, 89.

**Or**, 33, 41, 50, 98 ; 104, 111, 113, 117 ; encaisse —, 40, 43 ; 50 ; 104 ; utilisation du stock d'or, 98 ; 104-107.

**Ordre de grandeur**, 1, 3, 4, 15, 36, 37 ; 53, 60, 62 ; 95, 128.

**Ordre du jour** du 31 mai 1916, 31.

**Ouvertures de crédit** (voir : crédits).


P


**Paiement**, 16, 17, 53, 62, 65, 70, 78, 80, 86, 88, 89 ; 93, 95, 97, 98, 100, 101, 105, 107, 108, 113, 115, 116, 121, 122, 127, 131-134, 139 ; — des arrérages des rentes, 16 ; — des réquisitions en Bons de la Défense, 63, 64.

**Papier-monnaie**, 5, 51, 53, 62, 64 ; 134 ; sa dépréciation, 5, 51 ; (et voir : signes monétaires, et : billets).

**Paris**, 80, 97, 108, 116-118, 120, 126.

**Parlement**, 13, 16, 17, 20, 21, 27, 28, 31, 35, 39, 47, 104.

**Passeports**, 22.

**Patente** (voir : impôts).

**Pensions**, 4, 19.

**Personnes interposées** (emprunts par —), 118-120.

**Pertes dues à l'invasion**, 3.

**Pesetas**, 97, 123, 126.

**Piastres**, 126.

**Placement** : des valeurs, 62, 63, 67, 69, 86 ; 112, 115 ; — des Bons de la Défense nationale (voir : Bons).

**Plan** de la monographie, 6, 7 ; — de remboursement des avances de la Banque de France, 44, 47, 48.

**Plus-value** des ressources budgétaires, 10, 15, 20, 21.

**Polices d'assurances** (droits sur les —), 22 ; sur les — agricoles, 22.

**Politique** (la —, les politiciens), 1, 11, 17, 21, 27, 31, 32, 38, 68, 78, 85 ; 92.

**Politique fiscale** (la — pendant la guerre) 6 ; appréciation de la —, 6 ; 26-39 ; politique financière du gouvernement français, 10-15 ; 31 ; 46 ; 51, 89 ; 98 ; 105, 106, 112 ; — financière du gouvernement en matière d'emprunts, 89-92 ; en matière d'emprunts extérieurs, 93-110 ; — douanière, 99-102.

**Portefeuilles** : français, 93, 104, 108, 110, 117, 130 ; — de la Banque de France, 41 ; — de valeurs mobilières étrangères, 93, 98, 104, 105, 107-110 ; 111, 117, 130.

**Pouvoirs publics** (voir : gouvernements).

**Prêt d'or**, 106.

**Prime de remboursement**, 65, 66.

**Privilège** de la Banque de France, 48.

**Privilèges et immunités** conférés aux rentes, 77-79 ; 90.

**Production**, 3, 28 ; 97, 99 ; 127, 129, 130.

**Productivité** de l'impôt, 35.

**Produit** de l'impôt, 11 ; — divers du budget, 9, 26.

**Produits**, marchandises, 33, 34 ; 133.

**Professions libérales**, 19, 38.

**Profits**, 28 ; 53.

**Programmes** : ministériel du 18 mai 1916, 13, 14, 27, 31 ; — fiscal du 22 juin 1917, 14 ; — de travaux publics, 73.

**Projets** : de budget, 33, 34 ; 111 ; 119 ; 125 ; — de lois, 10, 12, 14, 17, 27, 35, 59, 69, 79, 93, 99, 135, 136 ; — du 8 mai 1916, 93 ; — du 12 septembre 1916, 97.

**Prorogations** : des avances de la Banque de France, 47 ; — des échéances, 44 ; (et voir : moratorium).

**Protectionnisme**, 33.

**Publicité** des emprunts, 82, 83, 88.


R


**Rapports**, rapporteurs, 30 ; 55, 57, 65, 88, 97, 99, 107, 120 ; — du gouverneur de la Banque de France sur l'année 1915, 97, 120 ; sur 1918, 45, 46 ; sur 1919, 46 ; — aux actionnaires de la Banque de France du 30 janvier 1919, 107,

**Rapport** de l'encaisse-or à la circulation, 50.

**Rationnement** (voir : restrictions).

**Ravitaillement**, 94, 98, 99, 123, 127 ; 132.

**Recettes**, 6, 9, 15, 24, 26, 34, 35, 52, 64 ; 129 ; 135 ; — budgétaires exceptionnelles, 6, 10, 24, 26 ; — budgétaires normales, 6, 9, 10, 11, 24-26, 28, 29 ; — d'ordre, 9 ; (et voir : ressources).

**Reconstitution** : des régions dévastées, 4, 5 ; 46, 68 ; — des stocks consommés, 132.

**Recouvrement**, 53 ; — de l'impôt, 17 ; 54.

**Réforme fiscale**, 13 ; 18, 20, 21.

**Régents** de la Banque de France, 43.

**Régions envahies**, 3, 4, 5, 9, 24, 28, 46, 68, 91, 96 ; 129.

**Reichsbank**, 61.

**Remboursement**, 56, 77 ; 81, 83, 84, 94 ; 106, 116, 117, 123 ; — des emprunts, 6 ; 45 ; 71 73, 75, 76, 85, 88 ; 121-123, 125 ; — nets faits par le Trésor, 135, 140 ; — des avances, 40-47, 50 ; 52 ; plan de — des avances de la Banque de France, 44, 47, 48 ; — des bons et obligations de la Défense nationale, 60, 61, 65, 66.

**Rendement** des impôts, 2, 6, 9, 11, 13 ; 14, 17, 20-23, 26, 28, 29, 31, 34-38.

**Renouvellement** : des Bons du Trésor, 43, 61 ; — des avances, 44 ; — du privilège de la Banque de France, 48.

**Rentes**, 16, 37, 44, 62-68, 70, 74,

76-83, 85-87 ; 130, 131, 133 ; — française 3 pour 100, 74, 76, 79, 81-84 ; — 3,50 pour 100 amortissable de 1914, 68-71, 74, 78, 79, 82-84, 86, 87, 89 ; — 5 pour 100 de 1915, 79-83, 86, 88 ; — 5 pour 100 de 1916, 83-84, 86, 88 ; — 4 pour 100 de 1917, 85-87, 88 ; — 4 pour 100 de 1918, 88, 89 ; 113 ; — 6 pour 100 de 1920, 62, 76 ; — perpétuelles, 52 ; 71-73 ; 74, 77, 84, 85 ; — amortissable, 64, 67, 68, 74, 78, 82, 84, 87, 89 ; — de guerre, 86 (et voir : emprunts de guerre).

**Réparations**, 30, 47.

**Répartition** des revenus, en Angleterre et en France, 36.

**Réquisitions**, 63, 64 ; 110.

**Ressources** (les — en général), 42, 43, 45, 52, 59, 60, 61, 70, 72, 73 ; 94, 102, 103, 112, 124, 125 ; 127, 129, 132, 134 ; 135, 137-139 ; — financières, — fiscales, 1 ; 5, 6 ; 21 ; 32-35 ; 52, 56 ; les — fiscales du budget, 33 ; — normales, 6 ; 9-25 ; composition des —, 9 ; rendement des —, 9-10 ; changements apportés aux — pendant la guerre, 16-25 ; choix des — nouvelles, 30-33 ; — budgétaires permanentes, 24-26, 29 ; 135, 137 ; — ordinaires du budget, 43, 44 ; — extraordinaires, — exceptionnelles, 43, 94 ; 135, 137 ; (et voir : recettes).

**Restrictions** (mesures de —), 98, 99-103 ; 129.

**Revenu** (le — des particuliers), 19, 32, 35, 36, 37, 39, 63, 77 ; 129-131 ; le — national, 5, 36 ; 128-132 ; la somme des — privés, 5 ; 12 ; 36 ; impôt sur le —, 2 (et voir : impôts) ; signes extérieurs du —, 2, 19 ; — mixtes, 19 ; — du travail, 19.

**Revues** : d'Economie politique, 100 ; — des Etudes coopératives, 100 ; — politique et parlementaire, 37 ; — de Science et de Législation financières, 31, 64, 70, 74.

**Révolution française**, 2, 18, 77.

**Ribot**, 10, 31, 38, 42, 57, 69.

**Richesse nationale**, 1, 3 ; 12 ; 28, 36, 37 ; 50 ; 72 ; 91, 100 ; 128, 131, 133, 134.

**Rist** (Ch. —), les Finances de guerre de l'Allemagne, 61, 91.
**Rothschild**, 119 ; — de Londres, 114.

S

**Sacrifices** : des combattants, 12, 29 ; 92 ; — des contribuables, 12, 13, 27, 28, 29 ; 92 ; 134.
**Salaires**, 12, 19, 28, 39 ; 53 ; 133.
**Scandinaves** (pays —), 94, 97, 139.
**Schneider** (groupe —), 119.
**Seligman et C**ie, 120.
**Sénat**, 20, 31, 38.
**Serbie**, 2, 110.
**Services** : civils, 14, 22, 25 ; 135, 137 ; — publics normaux, 25 ; — spéciaux du Trésor, 135-137 ; — combattants, 2 ; — auxiliaires, 2 ; — de l'arrière, 2 ; — des dettes (voir : dette).
**Signes** extérieurs de l'impôt, 18.
**Signes monétaires**, 12 ; valeur du —, ses changements, 5, 6, 36, 46 ; 49, 50 ; 72 ; 97, 98 ; 105, 106 ; 125, 130, 133 ; (et voir : change).
**Sociétés**, 57, 78 ; — financière suisse, 124.
**Souscriptions**, souscripteurs, 59, 62, 65-70, 81-84, 86-89, 91 ; 103 ; 115 ; 130, 131, 134.
**Spéculateurs**, 69, 99.
**Stocks** : de guerre, 121, 122, 126 ; liquidation des —, 6, 10, 126 ; — consommés pendant la guerre, 132.
**Stock-Exchange**, 107, 108.
**Successions** (droits de —), 21, 32, 38.
**Succursales** de la Banque de France (voir : Banque de France).
**Suède**, 109, 117, 122, 126.
**Suisse**, 94, 97, 109, 117, 120, 123, 124, 126, 139.
**Supertax** (en Angleterre), 35, 36.
**Syndicats**, 39 ; 88.
**Systèmes** : fiscal, 9, 10 ; 28, 31, 32 ; 36 ; 37 ; changements apportés au — fiscal pendant la guerre, 15 ; 16-25 ; 28, 33, 34 ; — monétaire, 41, 49.

T

**Tabacs**, 14, 23, 29, 32.

**Tableaux** (dans l'ordre de pagination) : du total des ressources du Trésor pendant la guerre, 6 ; — du rendement des recettes normales, 10 ; — lois portant création ou relèvement d'impôts, 14 ; — du produit de l'impôt sur le revenu, 20 ; — du produit des impôts indirects, 21 ; — de l'excédent annuel des dépenses, 24 ; — des ressources budgétaires normales, 26, 27 ; — de la répartition des ressources fiscales en 1913 et en 1923, 33 ; — des prévisions de recettes pour 1925, 34 ; — du montant des avances de la Banque de France, 45 ; — de l'excédent des avances, 46 ; — des avances de la Banque d'Algérie, 48 ; — de la circulation des billets de banque, 49 ; — des ressources procurées par l'émission de bons, 60 ; — du montant des obligations de la Défense nationale, 67 ; — du produit de l'emprunt de 1915, 82 ; — du produit de l'emprunt de 1916, 84 ; — du produit de l'emprunt de 1917, 87 ; — du produit de l'emprunt de 1918, 89 ; — des ressources obtenues par l'emprunt extérieur, 94 ; — des importations, 95 ; — des exportations, 96 ; — des sommes reçues du Trésor anglais par le trésor français 113 ; — des ressources obtenues en Angleterre, 114 ; — des emprunts contractés aux Etats-Unis, 119-120 ; — des avances de la Trésorerie américaine, 121 ; — du total des sommes obtenues des Etats-Unis, 122 ; — des sommes provenant d'emprunts dans divers pays, 124 ; — du total général des emprunts extérieurs durant la guerre, 124 ; — des remboursement d'emprunts faits durant la guerre, 125 ; — des ressources provenant d'emprunts jusqu'en 1921, 125 ; — des dépenses des années 1914-1919, 135-137 ; — des ressources permanentes et exceptionnelles, de 1914 à 1919, 137 ; — de l'excédent des dépenses sur les ressources, de 1914 à 1919, 137 139 ; — des ressources d'emprunt de

1914 à 1919, 139 ; — des remboursements nets effectués par le Trésor de 1914 à 1919, 140.

**Tarif** des impôts, 19, 20 ; 36.

**Taux,** 44, 48, 57, 61, 65, 69, 70, 73-76, 78, 81, 82, 85, 87, 114, 117, 120, 123 ; — de l'impôt, 16-21, 35, 37, 38 ; — de l'intérêt, 42, 43, 48, 56, 59, 63, 65, 78, 81, 84, 87-89, 118.

**Taxation,** 11, 35.

**Taxes,** 12, 17, 22, 23, 31, 33 ; 78 ; — assimilées (aux impôts directs), 20 ; — sur les biens de mainmorte, 22, 32 ; — sur le chiffre d'affaires, 33 ; — directes, 31 ; — exceptionnelles de guerre, 14 ; 16, 17 ; — sur les marchandises de luxe, 22, 33 ; — militaire, 15 ; — sur les paiements, 22 ; — postales, 23.

**Timbre** (droits de —), 21-23, 32, 33 ; 35, 78.

**Titres** (achats de — et emprunts de —), 108, 109 (et voir : valeurs mobilières).

**Traité de paix,** 4, 30.

**Traitements,** 19.

**Transformations** d'impôts (voir : système fiscal).

**Transports,** 99-101.

**Travail** (le —), 19, 34.

**Trésor** (le —), 3, 4, 6, 41, 47, 50, 52-58, 61, 62, 64-66, 69, 70, 87, 97, 103, 106, 108-110, 112-114, 116-121, 124-126, 135-137 ; — américain, 114-116, 121, 126, 128 ; — anglais, 106, 108, 111-114, 126 ; 128 ; — de guerre, 40.

**Trésorerie** (la —), 6 ; 47, 52, 53, 55, 56, 60, 79, 94 ; 113, 114 ; 136, 140 ; — de guerre. 46 ; 79 ; moyens de —, 7 ; 52-67 ; rôle des moyens de — en temps normal et en temps de guerre, 52-54.

**Trésoriers payeurs généraux,** 53-56 ; 58.

U

**Urquijo** (crédit —), 123.

**Uruguay,** 109, 124, 126.

**Usines,** 12, 99, 100, 132.

**Utilisation** du stock d'or (voir : or).

V

**Valeur :** locative, 18 — du signe monétaire, ses changements (voir : signes monétaires).

**Valeurs mobilières,** 11, 19, 21, 31, 37, 73, 77-79, 95, 104, 105 ; 107, 108, 110, 128-130, 133 ; — au porteur, 38 ; coupon des —, 38, 66, 88, 89 ; 129 ; — américaines, 108 ; — de Bourse, 54, 62.

**Versements,** 83, 84, 87, 114 ; — pour libération, 69, 70.

**Vie économique** (la — nationale), 2, 3, 6, 11, 20, 27 ; 50, 51, 64 ; 72, 92, 96 ; 127, 130-132 ; sa désorganisation, 3, 5, 9 ; 92 ; 96.

**Vincent Auriol,** 30.

**Viticulteurs,** 38.

# TABLE DES MATIÈRES


Préface........................................................................... VII

Introduction. — *Les données du problème des finances de guerre en France.*    1

Chapitre Premier. — *Les ressources normales.*........................ 9

  1. Les ressources normales avant la guerre ; les rendements à partir
     d'août 1914............................................................... 9

  2. La politique financière du gouvernement français ; son évolution .   10

  3. La contribution extraordinaire sur les bénéfices exceptionnels ou
     supplémentaires réalisés pendant la guerre. La taxe excep-
     tionnelle de guerre ...................................................... 16

  4. La transformation des impôts directs. L'impôt général sur le
     revenu et les impôts cédulaires ....................................... 17

  5. Les autres mesures fiscales. Enregistrement et timbre. Impôts
     de consommation. Monopoles et exploitations industrielles
     de l'État.................................................................. 21

  6. L'écart entre les ressources budgétaires normales et les charges
     du temps de guerre...................................................... 24

Chapitre II. — *Appréciation de la politique fiscale de la France pendant
     la guerre.*................................................................ 26

  1. L'intensité de l'effort fiscal ........................................... 26

  2. Le choix des ressources nouvelles. Impôts directs et impôts
     de consommation ....................................................... 30

  3. Les diverses catégories de ressources fiscales du budget fran-
     çais....................................................................... 33

  4. La thèse de l'insuffisance des impôts directs sur le revenu en
     France.................................................................... 34

Chapitre III. — *Les avances faites à l'État par la Banque de France et la
     Banque d'Algérie* ...................................................... 40

  1. Les précédents........................................................... 40

  2. Les conventions du 11 novembre 1911 et celle du 21 septembre
     1914 ..................................................................... 41

  3. Les conventions postérieures à 1914 et le plan de remboursement
     des avances consenties par la Banque. Les avances de la
     Banque d'Algérie........................................................ 44

4. Les conséquences monétaires des avances demandées à la Banque de France. Le cours forcé et l'inflation...    49

CHAPITRE IV. — *Les moyens de trésorerie* ...    52
1. Le rôle des moyens de trésorerie en temps normal et en temps de guerre ...    52
2. Les avances des Trésoriers payeurs généraux ...    54
3. Les bons de la Défense nationale ...    56
4. Le paiement des réquisitions en bons du Trésor ...    63
5. Les obligations de la Défense nationale ...    64

CHAPITRE V. — *Les emprunts intérieurs en rentes* ...    68
1. L'emprunt en rente 3 1/2 0/0 amortissable de juillet 1914. Les mesures prises pour la liquidation de cet emprunt ...    68
2. Caractères communs aux emprunts de la période 1915-1918. Emprunts en rentes perpétuelles ...    71
3. Caractères communs aux emprunts de la période 1915-1918 (suite). Émissions au-dessous du pair ...    73
4. Caractères communs aux emprunts de la période 1915-1918 (suite). Privilèges et immunités conférés aux rentes émises....    77
5. L'emprunt en rentes 5 0/0 de 1915. Ses conditions et ses résultats ...    79
6. L'emprunt en rentes 5 0/0 de 1916. Ses conditions et ses résultats.    83
7. L'emprunt en rentes 4 0/0 de 1917. Ses conditions et ses résultats.    85
8. L'emprunt en rentes 4 0/0 de 1918. Ses conditions et ses résultats.    88
9. Appréciation de la politique française en matière d'emprunts de consolidation. Le caractère onéreux de ces emprunts...    89

CHAPITRE VI. — *Les emprunts extérieurs. Leur nécessité. La politique suivie pour limiter le recours aux capitaux étrangers*...    93
1. L'importance de la dette extérieure de guerre. Pourquoi cette dette extérieure s'est formée...    93
2. Les mesures prises pour restreindre la consommation. La campagne des économies. La politique douanière ...    99
3. Le contrôle institué sur le marché des changes ...    102
4. L'utilisation du stock d'or et du portefeuille de valeurs mobilières étrangères...    104

CHAPITRE VII. — *Les emprunts extérieurs. Les modalités de leur réalisation*...    111
1. Les opérations de crédit faites en Angleterre ...    111
2. Les opérations de crédit faites aux États-Unis...    114
§ 1. Période d'août 1914 à avril 1917 : *a*) Les émissions de titres. *b*) Crédits de banque consentis directement au Trésor français ; *c*) Crédits de banque consentis au Trésor français par personnes interposées ...    115

§ 2. Période postérieure à l'entrée des États-Unis dans la guerre. 121

§ 3. Tableau d'ensemble des opérations de crédit réalisées aux États-Unis... 122

3. Les opérations de crédit faites dans les autres pays... 122

4. Les ressources tirées par la France des emprunts extérieurs dans la période 1914-1919. La dette extérieure de la France à la fin des hostilités ... 124

Chapitre viii. — *Le mécanisme financier de la guerre* ... 127

Annexes... 135

Annexe I. — *Dépenses des années 1914-1919.* ... 135

Annexe II. — *Ressources permanentes et exceptionnelles*... 137

Annexe III. — *Excédent des dépenses*... 137

Annexe IV. — *Ressources d'emprunt*... 139

Annexe V. — *Remboursements effectués*... 140

Index... 141

Table des matières ... 153

# PLAN D'ENSEMBLE

D'UNE

## HISTOIRE ÉCONOMIQUE ET SOCIALE
## DE LA GUERRE MONDIALE

I

## LISTE DES DIRECTEURS ET DES COMITÉS DE DIRECTION

DIRECTEUR GÉNÉRAL : M. JAMES T. SHOTWELL
Membre de droit des Comités de direction

FRANCE

*Comité de direction* :

*Président* : M. Charles GIDE.
*Membres* : M. Arthur FONTAINE.
          M. Henri HAUSER.
          M. Charles RIST.

BELGIQUE

M. H. PIRENNE, *directeur.*

GRANDE-BRETAGNE.

*Comité de direction* :

*Président* : Sir William BEVERIDGE, K. C. B.
*Membres* : M. H. W. C. DAVIS, C. B. E.
          M. Thomas JONES, LL. D.
          M. J. M. KEYNES, C. B.
          M. F. W. HIRST.
          M. W. R. SCOTT, D. Phil.

ITALIE

*Comité de direction* :

*Président* : M. Luigi EINAUDI.
*Membres* : M. Pasquale JANNACCONE.
          M. Umberto RICCI.

## ALLEMAGNE

*Comité de direction :*

*Président* : M. Carl MELCHIOR.
*Membres* : M. A. MENDELSSOHN-BARTHOLDY.
          M. Hermann BÜCHER.
          M. Carl DUISBERG.
          M. Max SERING.

## AUTRICHE

*Comité de direction :*

*Président* : M. Friedrich von WIESER.
*Membres* : M. Richard RIEDL.
          M. Richard SCHÜLLER.
          M. Clemens von PIRQUET.

## HONGRIE

M. Gustave GRATZ, *directeur.*

## RUSSIE

Sir Paul VINOGRADOFF, *directeur de la Première Série.*

## PAYS-BAS

M. H. B. GREVEN, *directeur.*

## PAYS SCANDINAVES

*Comité de direction :*

*Président* : M. Harald WESTERGAARD (Danemark).
*Membre* : M. Eli HECKSCHER (Suède).

## ROUMANIE

M. David MITRANY, *directeur.*

# LISTE DES MONOGRAPHIES

(Cette liste ne comprend que les monographies déjà parues et celles qui sont en préparation. Elle pourra être modifiée ou allongée selon les besoins. Les monographies se divisent en deux catégories principales : celles destinées à former un volume de 300 à 400 pages, et celles qui, ne comportant qu'une centaine de pages, pourront être ultérieurement réunies en un même volume avec d'autres traitant de sujets connexes. Les monographies déjà parues sont indiquées par un astérisque, celles qui ne traitent qu'une partie d'un sujet par un double astérisque.)

### Série Française

* Bibliographie méthodique de l'Histoire économique et sociale de la France pendant la guerre, par M. Camille Bloch.

L'organisation gouvernementale française pendant la guerre :
> * Les Formes du gouvernement de guerre, par M. Pierre Renouvin ;
> * Le Problème du régionalisme, par M. Henri Hauser ;
> Les Services administratifs pendant la guerre (leur histoire et leurs archives), par M. A. Boutillier du Retail ;
> L'Organisation de la République pour la Paix, par M. Henri Chardon.

* Le Contrôle du ravitaillement de la population civile, par M. Pierre Pinot.

* L'Agriculture pendant la guerre, par M. Michel Augé-Laribé.

La Guerre et l'industrie française :
> * L'Industrie française pendant la guerre, par M. Arthur Fontaine.
> L'Organisation des industries de guerre, par M. Albert Thomas ;
> * Les Industries textiles, par M. Albert Aftalion ;
> Les Industries métallurgiques, par M. Robert Pinot ;
> Les Industries chimiques, par M. Eugène Mauclère ;
> Les Combustibles minéraux, par M. Henri de Peyerimhoff ;
> *Les Forces hydro-électriques, par M. Raoul Blanchard ;
> Les Bois d'œuvre pendant la guerre, par M. le général Chevalier ;
> Les Industries de l'aéronautique, par M. le colonel Paul Dhé.

La Guerre et le travail (3 volumes) :

> Salaires, tarifs, conventions collectives, grèves, par MM. William Oualid et C. Picquenard ;
> Placement et chômage, par M. A. Créhange ;
> Le Syndicalisme durant la guerre, par M. Roger Picard ;
> * La Main-d'œuvre étrangère et coloniale, par M. B. Nogaro et M. le lieutenant-colonel Weil ;
> La Santé et le travail des femmes pendant la guerre, par M. Marcel Frois.

Effets économiques de la guerre dans les régions envahies.

> L'Organisation du travail dans les régions envahies de la France pendant l'occupation, par M. Pierre Boulin ;
> Le Ravitaillement des régions envahies, par MM. Paul Collinet et Paul Stahl ;
> Les Dommages de guerre pour la France, par MM. Edmond Michel et Prangey.

Réfugiés et prisonniers de guerre :

> Les Réfugiés, par M. Pierre Caron ;
> Les Prisonniers de guerre en France, par M. Georges Cahen-Salvador.

La Guerre et le commerce :

> La France et la politique économique interalliée (2 volumes), par M. Étienne Clémentel ;
> La Guerre et le commerce français. Étude générale, par M. Charles Rist.

La Guerre et la marine marchande française :

> Transports par mer : la marine marchande, par M. Cangardel ;
> Les Ports français pendant la guerre, par M. Georges Hersent.

La Guerre et les transports :

> Politique et fonctionnement des transports par chemins de fer, par M. Marcel Peschaud ;
> * La Navigation intérieure en France pendant la guerre, par M. Georges Pocard de Kerviler.

La Guerre et les finances françaises :

> * Les Finances de guerre de la France, par M. Henri Truchy ;
> Le Marché monétaire et financier français pendant la guerre, par M. Albert Aupetit.

Le Coût de la guerre pour la France :

> * Les Dépenses de guerre de la France, par M. Gaston Jèze ;
> Le Coût de la guerre pour la France, par MM. Charles Gide et Gaston Jèze.

La Guerre et la vie sociale :

> La Lutte contre la cherté par les organisations privées, par MM. Charles Gide et Daudé-Bancel ;
> Problème du logement et urbanisme, par M. Henri Sellier ;

La Population et les revenus en France pendant la guerre,
par M. Michel HUBER ;
* Le mouvement des prix et des salaires durant la guerre en
France, par M. Lucien MARCH.

La Guerre et la santé publique :
La Défense de la santé publique pendant la guerre, par le
D<sup>r</sup> Léon BERNARD ;
Les Mutilés, par MM. Cassin et DE VILLE-CHABROLLE.

Études d'Histoire locale (2 volumes) :
Paris, par MM. POËTE, Henri SELLIER et BRUGGEMAN ;
* Lyon, par M. Édouard HERRIOT ;
Marseille, par M. Paul MASSON ;
Rouen, par M. J. LEVAINVILLE ;
* Bordeaux, par M. Paul COURTEAULT ;
Bourges, par M. Claude-Joseph GIGNOUX ;
* Tours, par MM. Michel LHÉRITIER et Camille CHAUTEMPS ;
L'Alsace et la Lorraine, par M. Georges DELAHACHE.

La Guerre et les colonies françaises :
L'Afrique du Nord, par M. Augustin BERNARD ;
Les Colonies françaises pendant la guerre, par M. Arthur
GIRAULT.

### Série Belge

La Belgique et la guerre mondiale, par M. H. PIRENNE.
La Déportation et le travail forcé des ouvriers et de la population
civile (1915-1918), par M. Fernand PASSELECQ.
* Le Ravitaillement de la Belgique pendant l'occupation allemande, par
M. Albert HENRY.
* La Législation et l'administration allemandes en Belgique, par MM. J.
PIRENNE et M. VAUTHIER.
Le Secours-Chômage en Belgique pendant l'occupation allemande, par
M. Ernest MAHAIM.
La Destruction de l'industrie belge par les Allemands, par le comte
Ch. DE KERCHOVE.
La Politique économique du gouvernement belge pendant la guerre,
par M. F. G. van LANGENHOVE.

### Série Britannique

* Bibliographie, par Mlle M. E. BULKLEY.
* Archives britanniques de paix et de guerre, par M. Hubert HALL.
* Manuel de l'administration des archives, par M. Hilary JENKINSON.
Le Gouvernement de guerre de la Grande-Bretagne et de l'Irlande,
considéré spécialement au point de vue économique, par M. W. G.
S. ADAMS, C. B.

* Le Gouvernement de guerre dans les Dominions, par M. A. B. Keith. D. C. L.

* Mécanisme de certains contrôles de l'État, par M. E. M. H. Lloyd.

Rationnement et ravitaillement, par Sir William Beveridge, K. C. B. et Sir Edward C. K. Gonner, K. B. E.

* Prix et salaires dans le Royaume-Uni (1914-1920), par M. A. L. Bowley.

Les Impôts et les bénéfices de guerre, par Sir Josiah C. Stamp. K. B. E.
> Les Impôts.
> Les Bénéfices de guerre et leur répartition.

La Guerre et les assurances. Série d'études :
> Assurances sur la vie, par M. S. G. Warner.
> Assurances-incendie, par MM. A. E. Sich et S. Preston.
> Assurances maritimes, par Sir Norman Hill.
> Sociétés de Secours mutuels et assurances sur la santé, par Sir Alfred Watson.
> Le Mouvement national pour l'épargne, par Sir William Schooling.
> Assurances contre le chômage, par Sir William Beveridge.

Histoire générale de la marine marchande britannique pendant la guerre, par M. C. Ernest Fayle.

* Le Contrôle des alliés sur la navigation maritime ; une expérimentation d'administration internationale, par Sir Arthur Salter, K. C. B.

* L'Industrie britannique du charbon et la guerre, par Sir Richard Redmayne, K. C. B.

L'Industrie britannique du fer et de l'acier pendant la guerre, par M. W. T. Layton, C. H., C. B. E.

Les Effets de la guerre sur les industries textiles britanniques :
> Le Commerce de la laine pendant la guerre, par M. E. F. Hitchcock.
> ** La Commission de contrôle du coton, par M. H. D. Henderson.

*Production des denrées alimentaires, par Sir Thomas Middleton, K. B. E.

Les Trade-Unions et la guerre, par M. G. D. H. Cole :
> **Le Trade-Unionisme et les munitions.
> **La Main-d'œuvre dans l'industrie britannique du charbon.
> **Les Organisations ouvrières par ateliers.

*L'Organisation du travail et son contrôle, par M. Humbert Wolfe, C. B. E.

Effets de la guerre sur la santé publique :
> La Santé de la population civile pendant la guerre, par M. A. W. J. Macfadden, C. B.
> La Santé des soldats démobilisés, par M. E. Cunyngham Brown, C. B. E.

*La Vallée de la Clyde pendant la guerre, par M. W. R. Scott et M. J. Cunnison.

L'Écosse rurale pendant la guerre : série d'études sous la direction de M. W. R. Scott :
> Pêcheries écossaises, par M. D. T. Jones ;
> Agriculture écossaise, par M. H. M. Conacher ;
> Le Travailleur agricole, par M. Duncan ;

La Réforme agraire, par M. W. R. Scott ;
    Appendice sur le Jute, par M. J. P. Day.
Les Budgets de guerre et la politique financière britannique, par
    MM. F. W. Hirst et J. E. Allen.
Le Pays de Galles et la guerre, par M. T. Jones.
Manuels pour l'étude de l'économie de guerre :
    Dictionnaire des organisations officielles du temps de guerre, par
    M. N. B. Dearle.
    Chronique économique de la guerre, par M. N. B. Dearle.
Études d'Histoire sociale britannique pendant la guerre mondiale (en
    préparation).
Le Coût de la guerre pour la Grande-Bretagne (en préparation).


### Série Italienne

Bibliographie économique et sociale de la guerre, par M. Vincenzo
    Porri, avec une introduction sur les archives de la guerre, par
    M. Eugenio Casanova.
La Législation économique de la guerre, par M. Alberto De'Stefani.
La Production agricole en Italie (1914-1919), par M. Umberto Ricci.
Les Classes agricoles en Italie pendant la guerre, par M. Arrigo Serpieri.
Alimentation et rationnement, par M. Riccardo Bachi, et Alimentation
    de l'armée italienne, par M. Gaetano Zingali.
Les Finances de guerre, par M. Luigi Epinaudi.
Le Coût de la guerre pour l'Italie, par M. Luigi Einaudi.
De l'inflation en Italie et de ses répercussions sur les prix, les revenus
    et les changes étrangers, par M. Pasquale Jannaccone.
*Statistique de la santé publique en Italie pendant et après la guerre,
    par M. Giorgio Mortara.
Le Peuple italien pendant et après la guerre : étude sociale, par
    M. Gioacchino Volpe.
* Les Répercussions de la guerre sur la vie économique et sociale du
    Piémont, par M. Giuseppe Prato.


### Série Allemande

Aperçu bibliographique de la littérature allemande relative à l'histoire
    économique et sociale de la guerre, par M. A. Mendelssohn-
    Bartholdy et M. E. Rosenbaum, avec une section sur les archives
    impériales, par M. le comte Musebeck.
Effets de la guerre sur le gouvernement et la constitution de l'Allemagne :
    a) Le Gouvernement de guerre de l'Allemagne, par M. A. Mendels-
    sohn-Bartholdy ;
    b) L'Administration politique des territoires occupés, par MM. von
    Gayl, W. von Kries et L. F. von Kohler.
Effets de la guerre sur la morale et la religion :
    a) Les Effets de la guerre sur la morale, par M. O. Baumgarten.
    b) Les Effets de la guerre sur la religion, par MM. Erich Foerster
    et Arnold Rademacher.

    *c)* Les Effets de la guerre sur la jeunesse, par M. Wilhelm FLITNER.
    *d)* La Guerre et le crime, par M. Moritz LIEPMANN.
Effets de la guerre sur la population, le revenu et le niveau de la vie
    en Allemagne :
    *a)* Les Effets de la guerre sur la population, par M. R. MEERWARTH.
    *b)* Les Effets de la guerre sur les revenus, par M. A. GUNTHER.
Les Effets généraux de la guerre sur la production, par M. Max SERING.
La Guerre et le contrôle gouvernemental :
    *a)* Le Contrôle de l'État et sa liquidation, par M. H. GÖPPERT.
    *b)* L'Approvisionnement des matières premières et le contrôle du
        gouvernement, par M. A. KŒTH.
    *c)* La Coopération économique avec les alliés de l'Allemagne et
        l'organisation du ravitaillement, par M. W. FRISCH.
    *d)* L'Utilisation économique des territoires envahis :
        La Belgique et la France du Nord, par M. JAHN.
        La Roumanie et l'Ukraine, par M. MANN.
        La Pologne et la région baltique, par MM. W. von KRIES et
            von GAYL.
Les Effets de la guerre sur le commerce allemand, par M. K. WIEDENFELD
Les Effets de la guerre sur la navigation et les chemins de fer :
    *a)* La Guerre et la flotte allemande, par M. E. ROSENBAUM.
    *b)* La Guerre et les chemins de fer (en préparation).
L'Influence de la guerre sur l'industrie allemande, par M. Hermann
    BÜCHER.
La Guerre et les syndicats ouvriers allemands, par MM. Paul UMBREIT,
    Adam STEGERWALD, Antoine ERKELENZ et Gustave BAUER.
L'Histoire sociale des classes ouvrières pendant et après la guerre.
    *a)* La Guerre et l'ouvrier allemand, par M. DAVID.
    *b)* La Guerre et les salaires, par M. Waldemar ZIMMERMANN.
L'Alimentation et l'agriculture :
    *a)* La Guerre et la population agricole, par M. Max SERING.
    *b)* L'Approvisionnement alimentaire du temps de guerre, par
        M. Ar. SKALWEIT.
    *c)* La Statistique alimentaire du temps de guerre, par M. Ernest
        WAGEMANN.
    *d)* L'Influence de la guerre sur la production agricole, par M. Frie-
        drich AEREBOE.
Effets de la guerre sur les finances allemandes :
    *a)* Effets de la guerre sur la circulation monétaire et les banques
        (en préparation.)
    *b)* Les Finances allemandes pendant la guerre, par M. Walter
        LOTZ.


SÉRIE AUTRICHIENNE ET HONGROISE


*Autriche-Hongrie* :

*Bibliographie des documents imprimés, par M. Othmar SPANN.
*Les Finances austro-hongroises pendant la guerre, par M. Alexandre
    POPOVICS.

Histoire économique militaire ; série d'études écrites sous la direction du professeur von WIESER, du général KRAUSS, du général HOËN et du colonel GLAISE-HORSTENAU. Le Recrutement, etc., par le colonel KLOSE ; Munitions et ravitaillement, par le colonel PFLUG ; Les Transports sous le contrôle militaire, par le colonel RATZENHOFER ; (autres volumes en préparation).

L'Utilisation économique des territoires occupés : Serbie, Monténégro, Albanie, par le général KERCHNAWE ; l'Italie du Nord, par le général LEIDL ; l'Ukraine, par le général KRAUSS ; la Roumanie, par M. Félix SOBOTKA ; la Pologne, par le général MITZKA.

« Mittel-Europa », préparation d'une nouvelle union économique, par MM. GRATZ et SCHÜLLER.

La Ruine et le démembrement de la monarchie des Habsbourg, par M. Friedrich von WIESER, avec une section sur la rupture de l'Union économique entre l'Autriche et la Hongrie, par M. Richard SCHÜLLER.

*Empire d'Autriche* :

Le Gouvernement de guerre en Autriche, par M. Joseph REDLICH.

Réglementation de l'industrie en Autriche pendant la guerre, par M. Richard RIEDL.

Le Contrôle de l'alimentation et de l'agriculture en Autriche pendant la guerre, par M. H. LÖWENFELD-RUSS.

*Le Travail en Autriche pendant la guerre, série d'études sous la direction de M. Ferdinand HANUSCH.

Les Chemins de fer autrichiens pendant la guerre (contrôle civil), par M. von ENDERES.

*Le Ravitaillement en charbon de l'Autriche pendant la guerre, par M. von HOMANN-HERIMBERG.

Effets de la guerre sur la morale et la religion, par le chancelier SEIPEL.

La Guerre et le crime en Autriche, par M. Franz EXNER.

Le Coût de la guerre en Autriche, par M. HORNIK.

*Royaume de Hongrie* :

Histoire générale de l'économie de guerre en Hongrie, par M. Gustave GRATZ.

Les Effets de la guerre sur l'administration gouvernementale et sur l'esprit public en Hongrie, par le comte Albert APPONYI.

Histoire de l'industrie hongroise pendant la guerre, par le baron Joseph SZTERÉNYI.

Histoire du commerce hongrois pendant la guerre, par M. Alexandre MATLEKOVITS.

Histoire des finances hongroises pendant la guerre, par M. John TELESZKY.

L'Agriculture en Hongrie, par M. MUTSCHENBACHER, et le Contrôle alimentaire, par M. Jean BUD.

La Vie sociale en Hongrie pendant la guerre, par M. Desider PAP.

*La Santé publique et la Guerre en Autriche-Hongrie :*

Exposé général de la santé publique en Autriche-Hongrie, par le docteur von PIRQUET.

Études sur la santé publique en Autriche pendant la guerre, par les docteurs HELLY, KIRCHENBERGER, STEINER, RASCHOFSKY, KASSOWITZ, BREITNER, von BOKAY, SCHACHERL, HOCKAUF, FINGER, KYRLE, ELIAS, ECONOMO, MULLER-DEHAM, NOBEL, WAGNER, EDELMAN et MAYERHOFER, avec une introduction par le docteur von PIRQUET.

## PREMIÈRE SÉRIE RUSSE

*(Jusqu'à la Révolution bolchéviste.)*

Effets de la guerre sur le gouvernement et les finances nationales en Russie :

    Les Effets de la guerre sur le gouvernement central en Russie, par M. Paul P. GRONSKY.

    Les Finances de l'État en Russie pendant la guerre, par M. Alexandre M. MICHELSON.

    La Circulation monétaire en Russie pendant la guerre, par M. Michel V. BERNADSKY.

    Le Crédit d'État en Russie pendant la guerre, par M. Paul N. APOSTOL.

Les Municipalités et les Zemstvos pendant la guerre :

    Les Effets de la guerre sur les municipalités russes et l'Union nationale des villes, par M. N. I. ASTROFF.

    Les « Zemstvos » en temps de paix et en temps de guerre, par le prince George E. LVOFF.

    Les « Zemstvos », par le prince Vladimir A. OBOLENSKY.

    L'Union nationale des « Zemstvos » et la « Zemgor » (Fédération de l'Union des Zemstvos et de l'Union des Villes), par M. Serge P. TURIN.

    La Guerre et la psychologie des membres des « Zemstvos », par Isaac V. SHKLOVSKY.

L'Armée russe dans la guerre mondiale, étude d'histoire sociale, par le général Nicolas N. GOLOVINE.

L'Economie rurale en Russie et la guerre, par MM. Alexis ANZIFEROFF, Alexandre BILIMOVITCH et M. O. BATCHEFF.

Les Effets de la guerre sur la propriété foncière et la réforme agraire, par MM. V. A. KOSSINSKY et Alexandre D. BILIMOVITCH.

Le Problème du ravitaillement en denrées alimentaires de la Russie pendant la guerre, par M. Pierre B. STRUVÉ, de l'Académie des Sciences de Russie.

Effets de la guerre sur le mouvement coopératif en Russie :

    Le Crédit coopératif et la coopération agricole en Russie et la guerre, par M. Alexis N. ANZIFEROFF.

Le Contrôle de l'industrie par l'État en Russie pendant la guerre, par M. Simon O. ZAGORSKY.

Les Effets de la guerre sur quelques industries :
    *a*) Les Mines de charbon, par M. Boris N. SOKOLOFF.
    *b*) L'Industrie chimique, par M. Mark A. LANDAU.
    *c*) L'Industrie du lin et de la laine, par M. Serge N. TRETIAKOFF.
Les Effets de la guerre sur les questions ouvrières :
    *a*) Les Salaires, par Mlle Anna G. EISENSTADT.
    *b*) Les Modifications survenues dans la composition des classes
        ouvrières, par Vladimir T. BRAITHWAITE.
Le Commerce russe durant la guerre, par M. Paul A. BOURYSHKINE.
La Russie et la guerre économique, par le baron Boris E. NOLDÉ.
Les Transports en Russie pendant la guerre, par M. Michel B. BRAIKE-
    VITCH.
Les Institutions universitaires russes pendant la guerre, par M. Paul
    J. NOVGORODZOFF.
L'Enseignement primaire et l'enseignement secondaire en Russie
    durant la guerre, par M. Dimitry M. ODINEZ.
L'Histoire sociale de l'Ukraine pendant la guerre, par M. Nicolas M.
    MOGILANSKY.
Statistique de la vie publique en Russie pendant la guerre, par M. S. S.
    KOHN.
La Russie et la guerre mondiale (synthèse historique), par Sir Paul
    VINOGRADOFF.

## SÉRIE HOLLANDAISE

Effets économiques et sociaux de la guerre dans les Pays-Bas :
    L'Effet de la guerre sur le ravitaillement, par M. F. E. POSTHUMA.
    L'Industrie hollandaise, par M. C. P. ZAALBERG.
    Le Commerce et la navigation hollandais, par M. E. P. DE MONCHY.
    Prix, salaires et coût de la vie, par M. H. W. METHORST.
    Banques et circulation, par MM. VISSERING et J. Westerman
        HOLSTYN.
    Les Colonies hollandaises, 1914-1922, par M. M. J. H. Carpentier
        ALTING et DE COCK-BUNING.
**Les Finances de guerre des Pays-Bas, jusqu'en 1918, par M. J. van
    der FLIER.
Les Finances de guerre dans les Pays-Bas, de 1918 à 1922. Le Coût
    de la guerre, par M. H. W. C. BORDEWYK.
Les Effets de la guerre sur le problème du logement, 1914-1922, par
    M. H. J. ROMEYN.

## SÉRIE SCANDINAVE

Les Effets de la guerre en Suède, série de monographies :
    *a*) La Vie et le travail du peuple suédois. Introduction générale,
        par M. Eli F. HECKSCHER.
    *b*) L'Agriculture suédoise et l'approvisionnement alimentaire, par
        M. Carl MANNERFELT.
    *c*) L'Industrie suédoise, par M. Olaf EDSTROM.
    *d*) Les Classes ouvrières, par M. Otto JARTE.

Effets de la guerre sur les finances et le commerce suédois :
   *a)* La Circulation et les finances, par M. Eli F. HECKSCHER.
   *b)* Le Commerce suédois, par M. Kurt BERGENDAL.
La Norvège et la guerre mondiale, par M. Wilhelm KEILHAU.
Les Effets économiques de la guerre sur le Danemark, par M. Einar
   COHN, avec une étude sur l'Islande, par M. Thorstein THORS-
   TEINSSON.

### SÉRIE TCHÉCOSLOVAQUE

*Problèmes financiers et politiques en Tchécoslovaquie pendant la
   première année d'après-guerre, par M. A. RASIN.
Les Effets de la guerre sur le peuple tchécoslovaque. Volume d'études
   rédigées sous la direction du président MASARIK.

### SÉRIE YOUGO-SLAVE

Situation économique de la Serbie avant la guerre, par M. Velimir
   BAJKITCH.
La Serbie pendant la première année de la guerre, par M. Velimir
   BAJKITCH.
Effets de la guerre, série d'études (en préparation).

### SÉRIE ROUMAINE

La Révolution agraire en Roumanie et dans le Sud-Est de l'Europe, par
   M. D. MITRANY.
Conséquences économiques de la guerre en Roumanie :
   Les Effets de l'occupation ennemie en Roumanie, par M. G. ANTIPA.
   Les Effets de la guerre sur la santé publique en Roumanie, par
   M. J. CANTACUZÈNE.
   Les Effets de la guerre sur la vie économique roumaine (volume en
   préparation).

**III**

## LISTE DES MONOGRAPHIES PUBLIÉES
### ET DES ÉDITEURS

(La publication des Monographies est faite sous la direction générale de la *Yale University Press*, avec le concours d'éditeurs, dans les différents pays. Chacun des volumes se trouve donc ainsi non seulement à la *Yale University Press*, mais dans tous les pays, chez les éditeurs de l'*Histoire économique et sociale de la guerre*.)

Les ouvrages suivants ont paru ou vont paraître prochainement :

SÉRIE AUTRICHIENNE ET HONGROISE
*(en allemand)*

Bibliographie des documents imprimés, par M. Othmar SPANN.
Les Finances austro-hongroises pendant la guerre, par M. Alexandre von POPOVICS.
Le Ravitaillement en charbon de l'Autriche pendant la guerre, par M. von HOMANN-HERIMBERG.
Le Travail en Autriche pendant la guerre, série d'études sous la direction de M. Ferdinand HANUSCH.

SÉRIE BELGE
*(en français)*

La Législation et l'administration allemandes en Belgique, par MM. J. PIRENNE et M. VAUTHIER.
Le Ravitaillement de la Belgique pendant l'occupation allemande, par M. Albert HENRY.

SÉRIE ANGLAISE
*(en anglais)*

Le Contrôle des alliés sur la navigation maritime ; une expérimentation d'administration internationale, par Sir Arthur SALTER, K. C. B.
Le Gouvernement de guerre dans les Dominions, par M. A. B. KEITH.
Prix et salaires dans le Royaume-Uni (1914-1920), par M. A. L. BOWLEY.
Manuel de l'administration des Archives, par M. Hilary JENKINSON.
La Commission de contrôle du coton, par M. H. D. HENDERSON.
Bibliographie, par Mlle M. E. BULKLEY.
Archives britanniques de paix et de guerre par M. Hubert HALL.

L'Organisation du travail et son contrôle, par M. Humbert WOLFE. C. B. E.

L'Industrie britannique du charbon et la guerre, par Sir Richard REDMAYNE, K. C. B.

Production des denrées alimentaires, par Sir Thomas MIDDLETON, K. B. E.

Les Organisations ouvrières par ateliers, par M. G. D. H. COLE.

Le Trade-Unionisme et les Munitions, par M. G. D. H. COLE.

La Main-d'œuvre dans l'industrie britannique du charbon, par M. G. D. H. COLE.

Mécanisme de certains contrôles de l'État, par M. E. M. H. LLOYD.

La Vallée de la Clyde pendant la guerre, par M. W. R. SCOTT et M. J. CUNNISON.

### SÉRIE ITALIENNE
#### (en italien)

Statistique de la santé publique en Italie pendant et après la guerre, par M. Giorgio MORTARA.

Les Répercussions de la guerre sur la vie économique et sociale du Piémont, par M. Giuseppe PRATO.

### SÉRIE TCHÉCOSCLOVAQUE
#### (en anglais)

Problèmes financiers et politiques en Tchécoslovaquie pendant la première année d'après-guerre, par M. A. RASIN.

### SÉRIE HOLLANDAISE
#### (en anglais)

Les Finances de guerre des Pays-Bas, jusqu'en 1918, par M. J. VAN DER FLIER.

### SÉRIE FRANÇAISE
#### (en français)

Bibliographie méthodique de l'Histoire économique et sociale de la France pendant la guerre, par M. Camille BLOCH.

Le Problème du régionalisme, par M. Henri HAUSER.

L'Industrie française pendant la guerre, par M. Arthur FONTAINE.

Les Industries textiles, par M. Albert AFTALION.

Les Forces hydro-électriques pendant la guerre, par M. Raoul BLANCHARD.

Lyon pendant la guerre, par M. Édouard HERRIOT.

L'Agriculture française pendant la guerre, par M. Michel AUGÉ-LARIBÉ.

Le Contrôle du ravitaillement de la population civile, par M. Pierre PINOT.

La Vie économique à Bordeaux pendant la guerre, par M. P. COURTEAULT.

Les Formes du gouvernement de guerre, par M. P. RENOUVIN.

Le Mouvement des prix et des salaires durant la guerre en France, par
M. L. March.

Tours et la Guerre. Étude économique et sociale, par MM. Michel
Lhéritier et C. Chautemps.

La Main-d'œuvre étrangère et coloniale, par M. B. Nogaro et M. le
lieutenant-colonel Weil.

La Navigation intérieure en France pendant la guerre, par M. G.
Pocard de Kerviler

Les Dépenses de guerre de la France, par M. Gaston Jèze.

Les Finances de guerre de la France, par M. H. Truchy.

*
* *

Les éditeurs et les dépositaires de ces volumes sont les suivants :

Amérique : *Yale University Press*, New-Haven (Connecticut).

Autriche-Hongrie : *Holder-Pichler-Tempsky, A. G.*, Vienne (Autriche).

France : *Les Presses Universitaires de France*, 49, Boulevard St-Michel,
Paris (France).

Allemagne : *Deutsche Verlags-Anstalt*, Berlin et Stuttgart.

Grande-Bretagne : *Oxford University Press Amen House*, Warwick
Square, Londres, E. C. 4.

Italie : *Casa Editrice Laterza*, Bari (Italie).

Toute personne qui désirerait avoir des renseignements sur les
volumes parus ou à paraître doit s'adresser à l'éditeur de son pays.

Imp des *Presses Universitaires de France*, Paris. — 1926. — 0312.